AS TELECOMUNICAÇÕES NOS DIREITOS INTERNO E INTERNACIONAL: O DIREITO BRASILEIRO E AS REGRAS DA OMC

Jete Jane Fiorati

*Professora livre docente em Direito Internacional pela UNESP;
Mestre e Doutora em Direito; Coordenadora do Curso de
Pós-Graduação em Direito da UNESP-SP; Pesquisadora do
CNPq e Assessora Científica da FAPESP.*

AS TELECOMUNICAÇÕES NOS DIREITOS INTERNO E INTERNACIONAL: O DIREITO BRASILEIRO E AS REGRAS DA OMC

RENOVAR

Rio de Janeiro • São Paulo • Recife

2004

Todos os direitos reservados à
LIVRARIA E EDITORA RENOVAR LTDA.
MATRIZ: Rua da Assembléia, 10/2.421 - Centro - RJ
CEP: 20011-901 - Tel.: (21) 2531-2205 - Fax: (21) 2531-2135
LIVRARIA CENTRO: Rua da Assembléia, 10 - loja E - Centro - RJ
CEP: 20011-901 - Tels.: (21) 2531-1316 / 2531-1338 - Fax: (21) 2531-1873
LIVRARIA IPANEMA: Rua Visconde de Pirajá, 273 - loja A - Ipanema - RJ
CEP: 22410-001 - Tel: (21) 2287-4080 - Fax: (21) 2287-4888
FILIAL RJ: Rua Antunes Maciel, 177 - São Cristóvão - RJ - CEP: 20940-010
Tels.: (21) 2589-1863 / 2580-8596 / 3860-6199 - Fax: (21) 2589-1962
FILIAL SP: Rua Santo Amaro, 257-A - Bela Vista - SP - CEP: 01315-001
Tel.: (11) 3104-9951 - Fax: (11) 3105-0359
FILIAL PE: Rua Gervásio Pires, 545 - Boa Vista - Recife - PE

www.editorarenovar.com.br   **renovar@editorarenovar.com.br**
SAC: 0800-221863

Conselho Editorial

Arnaldo Lopes Süssekind — Presidente
Carlos Alberto Menezes Direito
Caio Tácito
Luiz Emygdio F. da Rosa Jr.
Celso de Albuquerque Mello
Ricardo Pereira Lira
Ricardo Lobo Torres
Vicente de Paulo Barretto

Revisão Tipográfica
Luiz Antônio Ferreira
Andreia Amaral do E. Santo

Capa
Julio Cesar Gomes

Editoração Eletrônica
TopTextos Edições Gráficas Ltda.

№ 0856

CIP-Brasil. Catalogação-na-fonte
Sindicato Nacional dos Editores de Livros, RJ.

F386

Fiorati, Jete Jane
    As telecomunicações nos direitos interno e internacional: o direito brasileiro e as regras da OMC / Jete Jane Fiorati. — Rio de Janeiro: Renovar, 2004.
    386p. ; 21cm.

    ISBN 85-7147-400-1

    1. Telecomunicações. 2. Brasil. 3. Agência Nacional de Telecomunicações. I. Título.

CDD-341.464

Proibida a reprodução (Lei 9.610/98)
Impresso no Brasil
Printed in Brazil

A meus Pais, Wilson e Laura Luiza F. Fiorati
e A meus irmãos Soraia Monique e Wilson Fiorati Junior
companheiros, incentivadores e participantes
de todos os momentos de minha vida

A Marcos Vinicius Fiorati Aguiar, meu sobrinho
Alegria de minha vida

> .... *"Hoje, eu sei, é claro que minha alma foi geneticamente construída para ser a alma de um professor..."*
> (Goffredo Telles Jr., in *A A Folha Dobrada: Lembranças de um Estudante*, p. 8)

Agradecimentos

A realização deste trabalho somente foi possível graças à colaboração direta ou indireta de muitas pessoas e de algumas instituições. Manifesto minha gratidão a todas elas e sou especialmente grata a algumas, as quais gostaria de deixar um testemunho público de reconhecimento e gratidão:

ao *Prof. Dr. João Grandino Rodas,* que acompanhou toda minha carreira acadêmica e que me inspira com seu exemplo

à *Profa. Dra. Neide Aparecida de Souza Lehfeld,*, pela amizade, confiança, auxílio, apoio e estímulo constantes para realização deste livro

ao *Prof. Dr.Luiz Olavo Baptista* pelo estímulo à reflexão sobre a OMC e o comércio internacional e pelo auxílio na bibliografia consultada.

à *Profa. Dra. Elizabete Maniglia,* colega de muitas batalhas na incessante luta que é o Direito.

à *Carla Arena Ventura e Lucas de Souza Lehfeld,* meus ex-orientandos de Mestrado, hoje docentes, pelo inegável auxílio na localização desta bibliografia consultada e pela colaboração ativa neste trabalho como co-autores de um capítulo.

a *Valério de Oliveira Mazzuolli,* meu orientando de Mestrado, que me auxiliou na interpretação de alguns textos deste trabalho

ao **CNPq** que me proporcionou uma Bolsa Produtividade em Pesquisa dois períodos de pesquisas de dois anos respectivamente em 1999 e 2001 que me permitiu custear as pesquisas realizadas

à *Sonia e Rudolf Schallemmüller* cujos ensinamentos me abriram muitas portas nesta minha carreira universitária

à *Sra. Marta Santos e ao Sr. Osmundo Lima Araújo* da Editora Renovar pelo estímulo de sempre

Lista de abreviaturas

AGE	Acordo Geral de Empréstimos
BIRD	Banco Mundial
CADE	Conselho Administrativo de Defesa Econômica
EUA	Estados Unidos da América
FMI	Fundo Monetário Internacional
GATS	Acordo Geral sobre Comércio de Serviços
GATT	Acordo Geral de Tarifas e Comércio
JWT	Journal of The World Trade
MNF	Cláusula de Nação mais favorecida
NGBT	Grupo de Trabalho sobre Telecomunicações Básicas
OMC	Organização Mundial do Comércio
ONU	Organizaçãodas Nações Unidas
PNUD	Programa nas Nações Unidas para o Desenvolvimento
RDM	Revista de Direito Mercantil
SAE	Secretaria de Acompanhamento Econômico
SDE	Secretaria de Direito Econômico
TRIMS	Medidas de Investimento Relacionadas ao Comércio
TRIPS	Acordo sobre Aspectos dos Direitos de Propriedade Intelectual Relacionados ao Comércio
U.E.E	União Européia
UIT	União Internacional das Telecomunicações
UNCTAD	Comissão das Nações Unidas para o Comércio e o Desenvolvimento
UNCITRAL	Comissão das Nações Unidas para o Direito do Comércio Internacional

Prefácio

É inegável que entre os temas da atualidade possuem grande relevância o comércio internacional, as organizações internacionais econômicas, as telecomunicações e a concorrência. Nunca como hoje foi tão importante esquadrinhar-se o comércio internacional do prisma de sua disciplina jurídica. Nunca antes o papel das organizações internacionais econômicas, quer de vocação universal, quer regionais, apresentou-se tão crucial. Nunca como agora a regulamentação jurídica das telecomunicações revestiu-se de tal premência. *Last but not the least,* nunca a necessidade da concorrência, quarto pilar da estrutura econômica governamental, foi tão necessária.

Se tal é verdade para qualquer Estado, máxime o será para o Brasil, que, nos últimos anos, vem dando ênfase ao comércio internacional, utilizando-se, mais amiúde, dos mecanismos da Organização Mundial do Comércio — OMC, preocupando-se com a regulação das telecomunicações; bem como ensaiando o aperfeiçoamento de seus órgãos de defesa de concorrência.

Muito embora os assuntos acima elencados possam parecer, à primeira vista, desconexos entre si, eles possuem um liame que a presente obra se propõe a abordar.

Em um mundo globalizado, despiciendo é enfatizar a importância das telecomunicações, que permitem transmissão à distância, de voz, de imagem e de dados. Daí centrar-se a obra nas telecomunicações, vistas tanto do prisma do direito interno, quanto do internacional.

Possuindo várias vertentes, das quais se destacam a econômica, a jurídica, a tecnológica e a organizacional, as telecomunicações, além de serem o mais internacionalizado dos serviços públicos, constituem-se em infra-estrutura para a realização do comércio internacional. Sem elas, praticamente, seriam impossíveis os negócios internacionais em escala universal, o sistema bancário mundial e, conseqüentemente, os pagamentos internacionais globais.

Quando da negociação do GATS — Acordo Geral sobre o Comércio de Serviços, sob a égide da OMC, todo um Anexo foi dedicado à disciplina da liberalização dos serviços de telecomunicações. No Brasil, esse Anexo entrou em vigor em 1995, por meio da promulgação e da publicação, que se seguiram à ratificação do Tratado de Marraqueche. Sua implementação, em 1997, fez surgir um novo regramento interno sobre a organização e a prestação dos serviços de telecomunicações no território nacional.

Dentro desse contexto, construiu-se a presente obra, cujo capítulo inicial perquire a gênese da OMC, seguido por dois outros, que discutem a natureza do processo de formação de suas normas e o conteúdo do GATS e de seu Anexo de telecomunicações. Os capítulos seguintes analisam as regras, oriundas da lei e do contrato, do vigente sistema regulador das telecomunicações, detendo-se especificamente no setor de telefonia; e três temas relevantes: regras sobre a formação de empresas e estratégias das empresas multinacionais do setor de telecomunicações, a *lex mercatoria* de que se servem tais empresas em suas operações comerciais internacionais; e as regras de defesa concorrencial.

O prazer de apresentar a presente obra, originada de projeto desenvolvido na UNESP, sob os auspícios do CNPq, exalça-se, em virtude de ser sua autora Jete Jane Fiorati,

Professora de Direito Internacional da UNESP. Ex-aluna no curso de graduação de Direito da citada Universidade, foi ela minha orientanda de Mestrado e Doutorado, na mesma instituição, tendo conseguido ambos os títulos com distinção. Após a obtenção, com brilho, do grau de Livre-Docente em Direito Internacional, alçou vôos mais altos, tendo, *inter alia*, realizado pesquisas sobre telecomunicações e OMC, na Alemanha e na Suíça. Atual Coordenadora do Curso de Pós-Graduação em Direito da UNESP, uma de suas preocupações basilares tem sido o ensino e a formação de discípulos. Prova disso é a colaboração no presente livro de dois jovens e promissores docentes: Carla Arena Ventura e Lucas de Souza Lehfeld, ambos mestres em Direito pela UNESP, e, respectivamente, professora de Direito Internacional do Instituto Moura Lacerda e Professor de Direito no Curso de Relações Internacionais da UNESP.

Para mim, que relembro, com carinho e saudade, ter sido o primeiro Professor Titular de Direito Internacional da UNESP, bem como idealizador e primeiro Coordenador do Curso de Pós-Graduação da mesma Universidade, apresentar este livro, de autoria da primeira e colaboração da segunda geração de meus alunos, tem o incomparável sabor de dever bem-sucedido.

JOÃO GRANDINO RODAS
*Professor Titular de Direito Internacional da
Faculdade de Direito da USP
Membro e Antigo Presidente da Comissão
Jurídica Interamericana da OEA
Presidente do Conselho Administrativo de
Defesa Econômica-CADE*

Sumário

Prefácio IX
Lista de abreviaturas XV
Introdução 1
I – A disciplina jurídica do comércio internacional e
a Organização Mundial do Comércio 15
  1.1. Fatores Tecnológicos, Econômicos e Políticos e sua
      Importância para a Disciplina Jurídica do Comércio
      Internacional 15
  1.2. A Disciplina jurídica do Comércio Internacional 24
      1.2.1. O Processo de Criação da Disciplina Jurídica do
           Comércio Internacional 24
      1.2.2. Princípios que Regem a Disciplina Jurídica do
           Comércio Internacional 36
      1.2.3. A Ata Final da Rodada Uruguai e o Acordo de
           Marraqueche 41
  1.3. A Organização Mundial do Comércio 49
      1.3.1. Objetivos, Funções e Estruturas 49

II – Relações jurídico-econômicas entre comércio,
investimentos e finanças: a OMC, o FMI e as organizações
regionais 59
  2.1. A Organização Mundial do Comércio e o Fundo
      Monetário Internacional 59
  2.2. A OMC, o FMI e os Estados em Desenvolvimento 71

2.3. Multilateralismo x Regionalismo 83

III – O Acordo Geral sobre o Comércio de Serviços (GATS), o Acordo de Telecomunicações e os entendimentos de Cingapura 87

3.1. A Regulamentação Internacional do Comércio de Serviços: a Relação entre Serviços e Investimentos 87
3.2. O Acordo Geral sobre Comércio de Serviços: Princípios Gerais e Compromissos 92
3.3. O Acordo de Telecomunicações: Estrutura e Efeitos 96
3.4. O Brasil e seus Compromissos perante o Acordo de Telecomunicações 107

IV – O regime jurídico brasileiro e os serviços públicos 117

4.1. Um Conceito de Serviço Público e o Modelo Jurídico Anterior a 1997 117
4.2. A prestação de Serviços Públicos pelo Estado: as Empresas Estatais de Telefonia 125
4.3. Os Contratos Administrativos no Direito Brasileiro 170
4.4. A Legislação Brasileira para Telecomunicações 185
4.5. O Órgão Regulador: a ANATEL 207
4.6. A Organização do Mercado Consumidor: a Defesa dos Direitos do Usuário 223
4.7. As Modalidades Contratuais Brasileiras e os Contratos de Concessão de Serviços Públicos de Telefonia 251

V – Os investimentos internacionais, a concorrência e a prestação de serviços públicos de telecomunicações. 277

5.1. Telecomunicações e Concorrência no Brasil: O Projeto de Lei quer cria a Agência Nacional de Defesa de Concorrência 277
5.2. Empresas Transnacionais e Lex Mercatoria 302
5.3. Investimentos Internacionais e Empresas Transnacionais 333
5.4. Investimentos Estrangeiros, Concorrência e a Prestação do Serviço de Telecomunicações no Brasil 344

VI – Breve conclusão 351

Bibliografia 357

Introdução

A partir do recrudescimento da Revolução Industrial no século passado e de seu espraiamento da Inglaterra para outros países europeus e depois para os Estados Unidos, foi possível notar que, ao lado do surgimento de uma economia capitalista, surgia também uma economia internacionalizada, fundada na troca de bens e mercadorias em escala além fronteiras. Rivalidades entre Estados que resultaram em guerras mundiais, a existência de grandes extensões de terra na Ásia e África transformadas em colônias européias e as crises econômicas impediram a existência de uma normatização na esfera internacional decorrente do entendimento dos Estados. Havia sim, práticas costumeiras ("Lex Mercatoria) que norteavam o relacionamento econômico dos comerciantes, decorrentes do próprio exercício da atividade comercial internacional.

Tornando-se as relações econômicas internacionais objeto de disputas e normatização entre Estados e Empresas, disputas estas resolvidas por regras e tribunais internos, regras de Direito Comunitário, ou regras oriundas da *Lex Mercatória*, surgiu a necessidade de uma Codificação Internacional abrangente que disciplinasse as relações econômicas em seus aspectos científicas, políticos e tecnológicas, bem como o papel que caberia aos Estados nestas relações. Terminada a 2. Guerra Mundial, foi celebrado o Acordo de Bretton Woods, cujo objetivo era celebrar entendimentos cooperativos para a reconstrução da economia mundial. Segundo estes entendimentos seriam criadas três instituições internacionais: o FMI — Fundo Monetário Internacional —, o Banco Mundial ou Banco Internacional para Reconstrução e Desenvolvimento e a OIC — Organização Internacional do Comércio[1].

O Fundo Monetário Internacional funciona como uma espécie de antídoto para crises econômicas como a de 1929, porque procura manter a estabilidade das taxas de câmbio, auxiliando países com problemas na balança de pagamentos com fundos especiais, impedindo que os estados utilizem regras protecionistas e restrições ao comércio visando equilibrar a balança de pagamentos. O Banco Mundial foi criado para financiar a reconstrução dos Estados participantes da Guerra. Hodiernamente o Banco Mundial também possui créditos para financiamento de infra-estrutura, programas educacionais, de geração de emprego e renda e programas ambientais em países do chamado Terceiro Mundo[2].

A OIC — Organização Internacional do Comércio-possuiria a função de coordenar e realizar a supervisão das negociações para a criação de um regramento para o comér-

---

1. JACKSON, J.H. & DAVEY, W.J. & SYKES, A O — *Legal Problems of International Economic. Relations.* 3. Ed. St. Paul. West Publishings. Co. 1995, pág. 37.
2. JACKSON, J.H. & DAVEY, W.J. & SYKES, A O — *Legal Problems of International Economic Relations.* 3. Ed. St. Paul. West Publishings. Co. 1995, pág.39.

cio global fundamentado nos princípios do liberalismo e do multilateralismo. A delimitação dos objetivos e funções da OIC foi realizada na Carta de Havana, que nunca recebeu ratificação de qualquer dos Estados membros que a assinaram.

Sem acordo sobre o comércio internacional surgiu a Primeira Negociação Comercial Multilateral realizada entre 23 Estados em 1947, que albergava apenas a questão relativa à negociação das tarifas tributárias e regras sobre comércio internacional visando a liberalização do comércio mundial. Surgiram os Acordos Gerais de Tarifas e Comércio (GATT), ligados à Política Comercial, que passaram a ser ampliados e aos quais novos Acordos foram agregados com as sucessivas Rodadas de Negociação. Com o correr dos anos, o GATT[3] tornou-se na prática, mas não juridicamente, um órgão internacional, cujo secretariado com sede em Genebra, passou a constituir o fundamento institucional para as Rodadas e exercer funções como coordenador e supervisor até a data da criação da OMC.

Foram Rodadas de Negociação sendo que nas primeiras; a de Genebra de 1947, a de Annecy-França de 1949, a de Torquay — Reino Unido em 1951, a de Genebra em 1956, a Rodada Dillon — Reino Unido de 1960-61e a Rodada Kennedy, de 1964-67; discutia-se apenas a eliminação de barreiras aduaneiras, através de negociações de reciprocidade nas concessões tarifárias. A partir da Rodada Tóquio, entre 1973-79, novos temas foram discutidos entre os quais a reforma do sistema jurídico, a inclusão de

---

3. Sobre o GATT vide a excelente obra de Araminta Mercadante, a primeira estudiosa no Brasil a fazer um estudo sistemático sobre os Acordos de Comércio.
MERCADANTE, A. A (Coord) —*Acordo Geral sobre Tarifas Aduanairas e Comércio: GATT.* São Paulo. IDIRI. 1988.

temas não ligados à barreiras tarifárias no GATT que agora tinha como participantes noventa e nove membros. Foram nove Acordos: Barreiras Técnicas, Subsídios, Anti-dumping, Valoração Aduaneira, Licenças de Importação, Compras Governamentais, Comércio de Aeronaves, Acordo sobre Carne Bovina e Acordo sobre Produtos Lácteos.

É da Rodada Tóquio também o surgimento de um sistema de arbitragem sobre as regras de liberalização comercial negociadas entre os Estados-Partes. As decisões deviam ser adotadas por consenso, o que levava os perdedores a impedir a adoção de uma decisão não consensual. Com a OMC isto foi modificado, uma vez que não há hodiernamente a possibilidade de bloqueio dos painéis.

Ademais, as rodadas de negociações também possibilitaram a continuidade do processo de liberalização do comércio internacional (sistema multilateral). No intuito de manter esse processo em constante desenvolvimento e permitir a liberalização completa de todo comércio internacional, impossibilitando o protecionismo econômico, defende-se a denominada "teoria da bicicleta", que para ser mantida em pé necessita estar em movimento.

Por outro lado, em razão dos princípios estabelecidos pelo Acordo Geral e sua importância para a liberalização do comércio internacional, aquele participante que não oferecer reduções, ou não consolidar suas novas tarifas, beneficiando-se portanto das reduções alheias e não expondo a sua economia à concorrência internacional, incorre na prática chamada *free riders* (prática dos caronas), que é condenável pelo GATT.

Com relação ao país não participante do Acordo Geral sobre Comércio e Tarifas, e não-membro da Organização Mundial do Comércio, este não faz jus aos princípios e regras desenvolvidos dentro do sistema do comércio internacional. Esses princípios encartados no Acordo Geral, que balizam o comércio internacional, são pressupostos para uma melhor estudo da Rodada Uruguai e a criação do OMC.

Tabela 1[4]
Cronograma das rodadas de negociações multilaterais

DATA	LOCAL	Nº Participantes	Comércio Afetado US$
1947	Genebra – Suíça	23	10 bilhões
1949	Annecy – França	13	Não disponível
1951	Torquay – Reino Unido	38	Não disponível
1956	Genebra – Suíça	26	2,,5 bilhões
1960 – 1961	Rodada Dillon – Genebra	26	4,,9 bilhões
1964 – 1967	Rodada Kennedy – Genebra	62	40 bilhões
1973 – 1979	Rodada Tóquio – Genebra	102	155 bilhões
1986 – 1994	Rodada Uruguai – Genebra	123	3.700 bilhões

As seis primeiras rodadas trataram questões de redução dos direitos aduaneiros, por meio de negociações de concessões tarifárias recíprocas. A sétima e oitava rodada foram as que mais demonstraram avanços na integração comercial internacional, abrangendo assuntos comerciais outros, embora tenham também incluídas em suas pautas reduções tarifárias (quanto ao comércio de bens, tais tarifas diminuíram de 40%, em 1947, para 5%, em 1994, com a Rodada Uruguai).

---
4. THOSTENSEN, V. — OMC: *As Regras do Comércio Internacional e a Rodada do Milênio*. S. Paulo Ed. Aduaneiras.. 1999, pág. 31.

Apesar de sua amplitude o GATT sempre teve como idéia básica a liberalização do comércio, idéia esta que sempre encontrou guarida maior entre os Estados capitalistas desenvolvidos tendo seu contraponto na UNCTAD que congregava muitos Estados subdesenvolvidos e tinha como idéia fundamental a redistribuição de riquezas entre o Norte rico e o Sul pobre. Estados socialistas congregavam-se no COMECON.

A partir da década de oitenta, mais precisamente em 1986, iniciou-se a Negociação Multilateral Comercial do Uruguai, a Rodada Uruguai, que começou em Punta Del Leste e terminou em 1994 em Marrakesh, no Marrocos, envolvendo cento e vinte e três países e disciplinou quase todo o comércio de bens, incluindo setores quase sempre excluídos como agricultura e têxteis, regras sobre serviços, investimentos e de propriedade intelectual, novidades em termos de Negociações Comerciais, visando também a integração comercial internacional entre o chamado Terceiro Mundo e os países ricos que tradicionalmente já participavam do comércio internacional.

Por outro lado, a queda do "Socialismo real" simbolizada pela queda do Muro de Berlin terminou com a Era dos Conflitos Definidos (Norte/Sul, Leste /Oeste) e trouxe a época da multiplicidade de conflitos, valores e conceitos, especialmente acerca da concepção do comércio internacional. Neste sentido é singular a existência da OMC que representa a primeira organização internacional do Pós-Guerra Fria e que congrega os pontos de vista de todas as correntes.

Assim, a conclusão da Rodada Uruguai do GATT e a constituição da Organização Mundial do Comércio (OMC) representa um marco importante na regulação do comércio mundial. Neste sentido, Prates afirma que a "Organização Mundial do Comércio corporifica uma proposta ambiciosa de imposição de uma ordem aperfeiçoada do comércio internacional e constitui o principal instrumento atual para acabar com as guerras comerciais"⁵.

Organização de fato, a OMC, segundo Sacerdoti "preenche um vazio no setor das relações comerciais e remedia um limite fundamental do anterior sistema GATT, uma vez que dispõe de poder apropriado de supervisão, interpretação, solução de controvérsias, atuação e sanção"⁶. Cabe ainda ressaltar que a Ata Final da Rodada Uruguai, assinada na Reunião Ministerial das Partes Contratantes do GATT, em 12 de abril de 1994, na cidade de Marraqueche trouxe inovações como o Acordo Geral sobre Comércio de Serviços (GATS) e o Acordo sobre Propriedade Intelectual (TRIPS).

A Rodada Uruguai terminou em 1993 foi assinado em 15 de abril de 1994 a Ata Final da Rodada Uruguai em Marraqueche, que dentre outras concretizações prescreveu a criação da OMC . Ela entrou em vigor em janeiro de 1995 e, à diferença dos GATTs anteriores, tem personalidade jurídica internacional própria e poderes organizacionais no comércio internacional. Seus objetivos principais são a melhoria do padrão de vida da população global através do comércio internacional, expansão da produção de bens e serviços e produção de mais empregos e de um crescente volume de receitas reais e demandas efetivas. Suas decisões são tomadas por consenso não existindo di-

---

5. in MARTINS, M.A. O Brasil e a Globalização das Comunicações na Década de 90. Dissertação apresentada à Universidade de Brasília como requisito parcial para a obtenção do grau de Mestre em Relações Internacionais, Brasília, 1999, pág. 94.
6. CASELLA, P.B. & MERCADANTE, A, A — *Guerra Comercial ou Integração Mundial pelo Comércio: a OMC e o Brasil*. São Paulo. LTR.1998, pág. 52.

reito de veto, nem voto ponderado. Na OMC as decisões costumam ser fruto de longas negociações que agregam países dos mais diversos.

A Rodada Uruguai trouxe além dos acordos tradicionais de comércio de bens, inclusive agricultura, têxteis e subsídios, que pela primeira vez foram objeto de negociações internacionais, também regras sobre o comércio de serviços, como o de transportes aéreo e marítimo, serviços financeiros e de telecomunicações, bem como Acordo sobre Proteção dos Direitos de Propriedade Intelectual (TRIPS), fator essencial no comércio de serviços.

É digno de menção o fato de que nestes últimos cem anos, foram presenciadas impressionantes modificações no que tange ao comércio internacional suas funções, seu objeto e sua magnitude. Antigamente o comércio internacional era tido como um meio para diminuir preconceitos e promover a cooperação entre os Estados, como dizia Montesquieu, ou um meio para se evitar as guerras como dizia Kant (no seu "Projeto de Paz Perpétua[7]). Hoje a inserção da economia nacional (o Estado e os agentes econômicos privados) no cenário internacional que ele possibilita, é considerada uma das mais rápidas formas de se gerar crescimento econômico e aumentar a riqueza dos Estados, uma vez que o incremento do comércio internacional gera produção, emprego, renda e principalmente a melhoria do nível educacional e consequente melhoria na qualidade de vida.

Este século testemunhou grande avanço no crescimento tecnológico, econômico, científico e populacional, bem como o crescimento do número de Estados, *pari passu a*

---

7. Sobre Kant e Montesquieu aqui citados vide; JASPERS, K. — Kant"s zum Ewigenn Friedem. In K. *Eweigler Wissen und Wirklichkeit. Fetschrift fur Helmut Plesner.* Göttingen. 1957, pág.43.

um grande aumento das desigualdades de toda a sorte entre Estados, grupos de Estados, pessoas e grupos de pessoas. A velocidade em que se processa o aumento do relacionamento entre Estados, pessoas e empresas dos diversos países, bem como o incremento do crescimento populacional que demanda a necessidade de mais recursos alimentares e de novos espaços, exigem uma nova postura dos Estados e Organizações Internacionais para que se possa ter uma normatização mínima nesta sociedade internacional em transformação. Destarte assumiram importância fundamental na Agenda Internacional a disciplina dos direitos fundamentais da pessoa humana, a jurisdicização das organizações econômicas de integração regional e global, a normatização dos espaços comuns da humanidade, dentre eles mares e oceanos e o direito internacional do meio ambiente.

O processo de evolução tecnológica e suas consequências econômicas modificaram o tratamento jurídico dispensado ao comércio internacional. A tecnologia possibilitou a produção de bens e serviços em escalas antes inimagináveis, as telecomunicações ao permitirem negociações em tempo real tornaram possíveis o agigantamento do comércio internacional e conjuntamente com o incremento da pesquisa científica, o comércio de serviços, processos tecnológicos, marcas e patentes transformado no que mais cresce hodiernamente.

As novas tecnologias da Informação e das Telecomunicações constituem a base da recente Sociedade da Informação e o alicerce decisivo do desenvolvimento econômico. Neste sentido, é possível afirmar que as telecomunicações são o "sistema nervoso" da economia global. O papel das telecomunicações na economia mundial reflete-se, assim, no posicionamento crescente das empresas de telecomunicações no mercado globalizado e na conseqüente reestruturação dos sistemas nacionais e transnacionais de comunicações em busca de adaptação às rápidas mudanças tecnológicas, políticas e econômicas. Desta forma, as décadas de 80 e 90 foram marcadas por grandes reformas no setor, motivadas pela necessidade de atração de investimentos capazes de conduzir à modernização, diversificação e melhoria na qualidade dos serviços, culminando em mudanças estruturais legais e políticas, especialmente nos países em desenvolvimento.

O comércio envolvendo as telecomunicações é uma atividade intrinsecamente complexa, uma vez que as telecomunicações consubstanciam-se, ao mesmo tempo, em uma atividade econômica independente e em um meio de transporte para outras atividades, como transmissão de dados, voz, redes de computadores entre outros. São seus instrumentos, o telefone, o telégrafo, o telex, e os mecanismos para a produção de dados, dentre os quais os satélites, computadores, estações receptoras dos mesmos. Por outro lado é um setor que agrega intensiva tecnologia o que demanda grandes investimentos em pesquisa científica e proteção eficiente da propriedade intelectual, o que, por sua vez possibilita um mercado global altamente concentrado, onde grandes empresas multinacionais atuam.

Na imensa maioria dos países que seguem o regime democrático e capitalista de feição ocidental, as telecomunicações configuram-se num serviço público, haja vista sua primordial importância como atividade meio para outras atividades econômicas e sociais. Isso não implica que o Estado exerça diretamente o serviço: normalmente o Estado concede a empresas particulares por intermédio de contrato de concessão o direito de prestar o serviço, fixando obrigações e metas para as mesmas e garantindo a prestação ininterrupta do serviço bem como a defesa do consumidor e usuário. Como esta é uma atividade em que os padrões tecnológicos revolucionam dia a dia são empresas multinacionais que acabam por prestar o serviço e contratar com os Estados.

Na área de telecomunicações este é um processo relativamente novo: antes destes anos noventa, apenas EUA, Reino Unido, Chile e Suíça não possuíam o monopólio constitucional da prestação efetiva do serviço público de telecomunicações pelo Estado. Posteriormente o Japão, Alemanha, a Argentina e a imensa maioria dos outros países acabaram por realizar processos de venda das empresas estatais que prestavam o serviço, mas não a transformação do serviço público em privado. É este o processo que se desenrola no Brasil hodiernamente. Para verificar a qualidade dos serviços e o cumprimento das obrigações estabelecidas nos contratos todos os países criam órgãos e agências especializadas, que normalmente contam com representantes de usuários e da sociedade civil, além dos funcionários estatais. Com a abertura política e a internacionalização da vida econômica do país nos anos noventa, bem como com a crise do Estado que impossibilita investimentos em infra-estrutura, passou-se do regime do monopólio do Estado na prestação dos serviços públicos para o de concessão de serviços públicos para empresas internacionais, inclusive e principalmente empresas estrangeiras, uma vez que como o serviço de transmissão de dados à distância envolve intensiva utilização de tecnologia e a proteção de marcas e patentes, são as grandes empresas multinacionais que o exploram.

O Acordo de Telecomunicações possui normas que se referem aos contratos de concessão de serviços públicos, celebrados normalmente entre Estados e Empresas Multinacionais, criando direitos e obrigações mínimas para ambos, bem como proibindo tratamento que discrimine empresa estrangeira em relação a nacional. Estas modificações se fizeram sentir em junho de 2001 no Brasil, quando se retirou, por via de Decreto do Poder Executivo o limite de participação de empresas estrangeiras nas no capital das empresas que foram privatizadas e que, de antemão, sabem que deverão celebrar contratos com a Anatel para a prestação do serviço de telecomunicações.

O Acordo de Telecomunicações foi objeto de novos entendimentos na Reunião da OMC em Cingapura nos anos de 1996-1997, o que demonstra que este Acordo representa o início da disciplina jurídica internacional sobre o mais internacionalizado dos serviços públicos e um dos motores de propulsão da economia internacionalizada. Tanto na disciplina jurídica da OMC quanto na disciplina jurídica brasileira, há um longo caminho a percorrer.

Finalizando, é necessário salientar que a regulamentação interna, e mesmo a regulamentação internacional sobre os serviços de telecomunicações caminham a passos rápidos mas o desenvolvimento tecnológico desses setores é contínuo, ocasionando uma defasagem e um atraso da regulamentação frente ao desenvolvimento tecnológico. Serviços de telefonia fixa e móvel, comunicação de dados pôr meio de redes de computador (internet 1 e 2), comércio eletrônico e televisão a cabo caminham para uma interconexão que os tornarão inseparáveis em breve futuro. Como são serviços públicos internamente regulamentados, mas cuja prestação evidencia forte internacionalização, caráter competitivo e inovação tecnológica constante, poucas grandes empresas mundiais dominam a prestação dos serviços de telecomunicações, o que ocasionará necessariamente uma regulamentação internacional sobre fusões e aquisições de empresas de tecnologia nessa área, em nome da logística global da eficiência na prestação dos serviços que proporcionam a interconexão dos mercados, do conhecimento e da comunicação.

Foro permanente de discussões sobre as questões relacionadas ao comércio internacional, a OMC representa uma importante evolução no sistema de rodadas do GATT, exteriorizada na roupagem de uma organização internacional. São órgãos da OMC, a Conferência Ministerial, o Conselho Geral, os Conselhos de cada um dos três grandes ramos — Bens, Serviços e Propriedade Intelectual, um Comitê de Comércio e Desenvolvimento, um Comitê de Restrições por Motivo de Balanço de Pagamentos e um Comitê de Assuntos Orçamentários, Financeiros e Administrativos.A OMC incorporou a primeira regulamentação para o comércio de serviços (GATS), para investimentos diretos ligados ao comércio (TRIMS) e para a defesa dos direitos de propriedade intelectual (TRIPS)

Mister a ênfase no fato de que a Rodada Uruguai e o Protocolo de Marrakesh, bem como o Anexo 1 B onde estão disciplinados o Acordo sobre Telecomunicações e IC de Proteção à Propriedade Industrial entraram em vigor no Brasil em 07/12/94 com a Aprovação de ambos pelo Congresso Nacional, encontrando-se em processo de adequação de suas normas internas às prescrições convencionais e às práticas internacionais. Diante da inexistência de estudos sobre tema tão relevante para a soberania e a economia do País e para a melhoria da qualidade de vida de seus cidadãos, esta adequação de normas tornar-se-á mais complexa e tormentosa, o que colocaria em risco o cumprimento das obrigações internacionalmente assumidas pela República Federativa do Brasil.

A partir da delimitação do Tema e da definição das metas a serem alcançadas na efetivação deste estudo é possível a sua divisão em quatro capítulos, cada qual subdividido em subitens que compõem os aspectos essenciais dos assuntos tratados, antecedidos desta Introdução e finalizado com uma Conclusão e uma Bibliografia.

No Capítulo I "A Disciplina Jurídica do Comércio Internacional" serão abordados os fatores tecnológicos, econômicos e políticos que influenciaram a elaboração da disciplina jurídica do comércio internacional, o processo de criação das regras sobre comércio, sua origem histórica e as regras comerciais do GATT, bem como os objetivos, estrutura e funções da OMC presentes no Tratado de Marraqueche.

O Capítulo II enfatiza as relações entre comércio, investimentos e finanças internacionais, estabelecendo relações jurídico econômicas entre a OMC e o FMI. Procura mostrar as conseqüências destas relações para os Estados em Desenvolvimento, bem como estabelecer uma breve discussão sobre o sempre presente tema multilateralismo x regionalismo na disciplina jurídica do comércio internacional.

No Capítulo III é feita uma reflexão sobre o GATS e o Acordo de Telecomunicações celebrado no âmbito da OMC bem como as modificações que ele acarretou no sistema global de telecomunicações, investimentos e concorrência.

Já o conteúdo do Capítulo IV versa sobre a organização do serviço público de telecomunicações no Brasil, os contratos para prestação de serviços, o órgão regulador e o direito do consumidor. Neste capítulo a regulação é tratada *ex pars principis* sendo que o capítulo V versa sobre o a concorrência na prestação dos serviços públicos, enfatizando a organização jurídica das empresas, a lex mercatoria e a defesa da concorrência no setor de telecomunicações no Brasil. Este estudo parte da perspectiva empresarial e privada.

O trabalho será complementado com algumas conclusões e com a bibliografia utilizada.

Capítulo I

A disciplina jurídica do comércio internacional e a Organização Mundial do Comércio

1.1. Fatores Tecnológicos, Econômicos e Políticos e sua Importância para a Disciplina Jurídica do Comércio Internacional

O comércio internacional foi um dos fatores de maior peso no crescimento da economia durante a última década do século XX A estatística da Organização Mundial do Comercio registrou um crescimento médio de 5.7% em valor e 6.2% em volume nos fluxos anuais de comércio, enquanto que a taxa média de crescimento do produto industrial foi de 2%. O comércio mundial de bens cresceu 3,0% em média em volume durante a década e o comércio de serviços, cujos dados estatísticos são recentes atingiu em 1999 o valor de US$1,5 trilhão com prognóstico de crescimento favorável.[8]

---

8. in http://www.wto.org. 1999. Acessado em 12.09.1999.

Fatores de origem tecnológica como o incremento do desenvolvimento tecnológico, tiveram profundas repercussões econômicas. Para Weiss, "até por volta dos anos 80, a interdependência da economia mundial estava principalmente baseada na expansão do comércio e na luta contra as práticas protecionistas. Desde então, os crescentes fluxos de investimento e tecnologia e o desenvolvimento da mobilidade do trabalho, capital, bens e serviços no mundo, o valor da propriedade intelectual e a internacionalização dos mercados financeiros, todos estes combinados, criaram, pela primeira vez na história, uma verdadeira economia global. Como resultado, a interdependência baseada na liberalização do comércio foi rebatizada de "globalização". "Globalização" no sentido de um acesso mais seguro a mercados, é considerada como a chave do dinamismo e crescimento econômico, competitividade e prosperidade(...)"[9].

Muitos fatores influenciaram e ainda influenciam a disciplina jurídica do comércio internacional. Alguns fatores de origem política como a queda do "socialismo real" que terminou com a guerra fria e seu sistema bipolar de relações internacionais substituindo por um sistema multipolar. Outros de origem político-econômica como o surgimento das Organizações Internacionais Regionais de Integração Econômica e o aumento notável da prática de acordos regionais de comércio.

Agigantou-se o papel e as práticas das grandes empresas multinacionais e transnacionais no comércio internacional, com sérias repercussões sobre a economia e a política interna dos Estados, o que fez com que se tornassem indefinidas

---

9. CASELLA, P.B. & MERCADANTE, A, A — Guerra Comercial ou Integração Mundial pelo Comércio: a OMC e o Brasil. São Paulo. LTR.1998, pág. 52.

as fronteiras entre a política econômica interna e as externas dos Estados.

Se se observar o sistema de relações internacionais bilaterais, vigente até o final da década de oitenta do século XX verifica-se que ele caracterizou-se por duas correntes heterogêneas com valores diversos sobre a organização da vida em sociedade, que marcaram a diversidade nos regramentos internacionais inclusive sobre matéria econômica, originando organizações internacionais diversas. A primeira destas concepções bipolares foi expressa pelo chamado "conflito leste-oeste".

A diversidade de ambos dizia respeito aos sujeitos da vida econômica, aos valores por ele expressos e a forma de solução de conflitos. No leste — mundo socialista — entendia-se que o Estado era o principal sujeito da vida econômica e, portanto o valor fundamental era o do comércio administrado pelo Estado, através de um planejamento econômico que estabelecia metas quantitativas a serem atingidas no comércio regional, visando a não concorrência entre si dos parceiros na organização, expresso nas regras do COMECON[10]. No oeste — mundo capitalista — pessoas físicas e jurídicas é que fazem girar as engrenagens da economia, sendo, portanto a livre iniciativa o valor fundamental, necessitando-se da criação de um conjunto de regras entre parceiros na empreitada com o objetivo de proteger a livre concorrência, essencial para a expansão do mercado por meio do livre comércio. Este sistema jurídico-econômico foi o do GATT[11].

---

10. KIMMINICH, O — The United Nation's Contribution to the Development of International Law. in *Law and State. 1996.* Vol. 53-54, 95.
11. PESCATORE, P. & DAVEY, W. J. & LOWENFELD, A- Handbook of WTO/GATT Dispute Settlement. New York. Transnational Publishers. 1995, pág. 102.

A segunda concepção bipolar dizia respeito à questão da noção de "direito ao desenvolvimento" e opôs Estados naquilo que ficou conhecido como "conflito norte-sul". Enquanto o GATT, cujos membros se compunham na maior parte de países do mundo capitalista do norte propugnava pelo livre comércio e livre iniciativa, os Estados do Sul, em sua maioria Estados em Desenvolvimento e Subdesenvolvidos propugnavam pela harmonização das ações do Estado e do mercado para administrar a economia e promover o desenvolvimento, na órbita interna, levando para o âmbito internacional o tema da redistribuição de riqueza em função de critérios de justiça e de equidade[12]. Estes Estados organizaram-se (e organizam-se) em torno da UNCTAD e sua grande participação internacional se deu à época da elaboração da Convenção das Nações Unidas sobre Direito do Mar de 1982.

Hodiernamente um novo sistema, ainda bastante indefinido, surge no cenário internacional. Mais de doze anos após a queda do Muro de Berlin os Estados Unidos tornaram-se a potência militar global, seja por sua liderança na ONU, principalmente quando da constituição das forças de paz, seja por sua liderança na OTAN, seja pela força de seu arsenal militar. Os valores dominantes em matéria econômica também se encontram arraigados na prática político-econômica do mundo anglo-saxônico: desregulamentação, privatização, livre iniciativa dos particulares, eficiência e competitividade como valores a nortear os agentes do mercado.

---

12. LAFER, C. — A OMC e a Regulamentação do Comércio Internacional: uma visão brasileira. Porto Alegre. Livraria do Advogado.1998, pág. 22.

Em matéria comercial e financeira, no entanto, não há uma hegemonia norte-americana, surgindo outros Estados e Organizações para disputar a liderança global: União Européia, Japão e num futuro próximo também a China. Sem um líder inconteste como os EUA são no campo militar, surge uma variada gama de conflitos em matéria econômica, seja entre os Estados-líderes, seja entre estes e os países em desenvolvimento e subdesenvolvidos.

A diversidade e complexidade dos Estados e seus conflitos trouxe a necessidade de uma codificação e de novos instrumentos jurídicos oriundos do consenso entre os diversos Estados, que se assentam sobre o chamado "desenvolvimento progressivo do Direito Internacional"[13], os Estados, fundados na noção de cooperação internacional[14], criassem novo regramento para a ordem internacional, principalmente em matéria econômico-financeira e comercial internacional. Assim apresenta-se a OMC como organização internacional multilateral e com pretensões à universalidade, cujo Tratado Constitutivo, resultado de um processo legislativo internacional, possui como seu conteú-

---

13. Para maiores informações vide: FIORATI, J..J — *A Disciplina Jurídica dos Espaços marítimos na Convenção das Nações Unidas sobre Direito do Mar de 1982 e na Jurisprudência Internacional*: Rio de Janeiro. Ed.Renovar. 1999. Primeiro Capítulo.
14. FRIEDMANN, W. — *The Ghanging Structure of International Law*. New York. Columbia University Press. 1964, Chapter 6. Friedman refere-se neste capítulo a um direito internacional de cooperação em oposição a um direito internacional de coexistência. Enquanto o direito internacional de coexistência possui caráter absenteísta, fundado no resguardo de soberanias nacionais, o direito internacional de cooperação cujo objetivo é promover interesses comuns, dentro da lógica da interdependência das relações internacionais observada no século XX (Tradução da autora). Sobre a teoria da interdependência dos Estados vide:
FONSECA JR., G. & CASTRO, S.H.N. — *Temas de Política Externa*. São Paulo. Paz e Terra. 1994.

do normas originadas do consenso que refletem a necessidade de administrar a interdependência de Estados e Organizações Internacionais num sistema internacional a cada dia mais complexo[15].

O multilateralismo nas relações econômicas internacionais sempre foi defendido pelos Acordos GATT, com seu princípio fundamental de liberalização do comércio. Desde que surgiu, na década de cinqüenta, por intermédio do Tratado de Roma, o Mercado Comum Europeu que consolidou-se com sucesso numa Organização Internacional de Integração Econômica Regional, hoje conhecida como União Européia, terminando por inspirar a formação de outras Organizações Regionais, fenômeno este que ficou conhecido como regionalismo. Dois processos distintos relacionados à interdependência econômica dos Estados desenvolvem-se desde os anos cinqüenta de forma paralela e nem sempre harmoniosa[16].

Grandes Empresas Transnacionais e Multinacionais vem ganhando importância como agentes do comércio internacional, causando impacto na política interna dos estados onde atuam e onde estão sediadas. Em 1998 a UNCTAD estimou que existiam 53.000 transnacionais com 450.000 afiliadas em todo o mundo. As Empresas transnacionais foram responsáveis por um total de vendas de US$ 9.500 trilhões, incluindo bens e serviços[17]. Logicamente que número tão grandioso mostra não só o impacto destas

---

15. LAFER, C. — A OMC e a Regulamentação do Comércio Internacional: uma visão brasileira. Porto Alegre. Livraria do Advogado.1998, pág. 20.
16. Devido a sua complexidade este tema será tratado neste capítulo em tópico específico intitulado MultilateralismoX Regionalismo.
17. UNCTAD, 1998, *World Investment Report, Trends and Determinants*.

empresas no comércio global, mas as conseqüências de suas atividades para a política de exportações e importações, bem como os impactos das decisões do comércio intra-indústria no cenário internacional, que se liga as importações e exportações dentro dos mesmos setores da indústria ou serviços, o que leva alguns Estados a serem especialistas em exportações de determinado tipo de produto.

No seu labor, a UNCTAD realizou estimativas de que dois terços do comércio mundial foi realizado entre as empresas transnacionais, sendo trinta e cinco por cento entre as afiliadas e mais de trinta por cento entre outras empresas transnacionais[18]. Assim as regras da OMC não poderão jamais deixar de levar em consideração os agentes mais importantes do comércio global, que muitas vezes agem além do controle dos Estados, cujos negociadores formulam as regras da OMC.

Tais considerações levam à reflexão de que na verdade está ocorrendo o fim da separação entre as políticas internas e externas de comércio internacional. A globalização pode ser caracterizada como um processo em que capitais e tecnologia privados, cujos titulares são grandes corporações empresariais transnacionais, circulam em todo o globo, independentemente das fronteiras nacionais. Seu objetivo é a produção de um maior número de produtos a menor preço e com maior qualidade que possam disputar com outros concorrentes no mercado mundial, bem assim a obtenção de maiores lucros em investimentos realizados nos mercados financeiros. Esse processo é incrementado pela evolução da tecnologia nos meios de transportes, que permitem que cada etapa de produção de um bem seja efetuada em um país diferente, e das comunicações, que

---

18. UNCTAD 1997, *World Investment Report. Transnational Corporations, Market Structure and Competition Policy.*

eliminam as distâncias na realização das decisões empresariais.

Neste cenário torna-se difícil fazer menção a capitais ou tecnologia nacionais, devendo ser enfatizada a interdependência econômica, propiciada pela redução das distâncias possibilitadas pela evolução tecnológica. A interdependência econômica trazida pela tecnologia e pelas práticas comerciais do capitalismo em conjunto com acordos regionais e preferenciais em matéria de comércio internacional afetaram a maneira de realizar negócios, que antes possuíam caráter nacional e hoje tornaram-se mundiais. Este fenômeno ocasionou uma modificação nos padrões da produção agrícola, industrial e comercial, exigindo do Estado a definição de políticas que desenvolvam as chamadas "vantagens competitivas para a indústria nacional" do jargão dos economistas. Há uma interdependência dos efeitos de decisões tomadas em âmbito nacional sobre as atividades internacionais e de decisões tomadas no âmbito internacional sobre as atividades nacionais. Não há mais como se formular políticas nacionais sem levar em conta o comércio internacional.

Segundo Vera Thorstensen "o cenário atual apresenta uma densa rede de comércio e investimentos, que evoluiu de forma a determinar os contornos de operações de comércio global. Tal fato exige que o comércio de bens e de serviços e o investimento passem a ser coordenados em níveis multilaterais e que as regras de conduta dos parceiros comerciais passem a ser controladas e arbitradas também em nível internacional. Daí a importância da criação e do papel da OMC — Organização Mundial do Comércio, como coordenadora e supervisora das regras do comércio internacional"[19].

---

19. THOSTENSEN, V. — OMC: As Regras do Comércio Internacional e a Rodada do Milênio. S. Paulo Ed. Aduaneiras.. 1999, pág. 26.

Assim é possível concluir quão complexa é a disciplina jurídica do comércio internacional, devido aos múltiplos fatores e agentes que fazem parte da sua dinâmica, bem como suas diversas vertentes. Com muita propriedade e precisão Celso Lafer, no prefácio que realizou à obra de Vera Thorstensen descreve as vertentes fundamentais do comércio internacional: "(i) a dos empresários e a dos operadores de sua dinâmica concreta; (ii) a dos agentes governamentais incumbidos de administrar, no plano interno, o regime-geral da importação e exportação de um país, que hoje em dia caracteriza-se pela crescente interação entre as normas internas e externas do direito econômico; (iii) a dos negociadores internacionais que, sobretudo no plano externo, estão voltados seja para temas e problemas do acesso a mercados — que persistem apesar da intensificação do processo de liberalização comercial — seja para a criação de regras multilaterais, regionais ou bilaterais, que se tornam cada vez mais necessárias para ensejar a segurança das expectativas dos mercados numa economia globalizada; (iv) a dos acadêmicos das distintas disciplinas, como, por exemplo a dos economistas especializados na teoria do comércio internacional, a dos juristas dedicados ao direito do comércio internacional, e a dos estudiosos das relações internacionais que identificam, na lógica do funcionamento da economia internacional, um dos fatores estruturadores da ordem mundial"[20]. É portanto um campo multidisciplinar e que tem suscitado múltiplos entendimentos.

---

20. THOSTENSEN, V. — OMC: As Regras do Comércio Internacional e a Rodada do Milênio. S. Paulo Ed. Aduaneiras.. 1999, pág. 09.

1.2. A Disciplina Jurídica do Comércio Internacional

1.2.1. O Processo de Criação da Disciplina Jurídica do Comércio Internacional

Uma disciplina jurídica abrangente harmônica para o Comércio Internacional somente começou a ser idealizada no Pós-Guerra e sua concretização somente se iniciou na década de noventa do século XX. Viram-se premidos os negociadores das regras da OMC pela lógica da globalização, como já examinado, e pela necessidade de um conjunto harmônico de regras que pudessem nortear as condutas dos agentes internacionais no comércio global. Neste sentido uma escala de valores passou a integrar as negociações, objetivando uma Codificação das regras sobre comércio já existentes, bem como a criação de novas regras sobre temas preementes não contemplados pelo GATT como serviços, agricultura, propriedade intelectual.

Conseqüentemente, foram abandonadas tanto a fonte normativa tradicional costumeira da *Lex Mercatoria*, como a concepção do direito internacional público clássico de que no comércio internacional os acordos bilaterais ou mesmo os acordos do GATT possuíam uma natureza de relação jurídica entre as Partes-contratantes, obrigando apenas a estas Partes-Contratantes e não afetando terceiros. Apenas um Tratado Constitutivo que criasse uma Organização Internacional com personalidade jurídica própria poderia criar regras consensuais novas, válidas e eficazes que se integrariam num conjunto harmonioso de regras sobre comércio internacional.

No processo de codificação, que representa a sistematização jurídica por meio de regras escritas de práticas previamente existentes, o reconhecimento de uma prática internacional como um costume surge, num mundo dividido e relativamente amorfo através de uma *opinio obligationis conventionalis* e não de uma *opinio juris generalis*[21], ou seja é preciso que a transformação da prática em costume seja consentida pela grande maioria dos Estados na sociedade internacional e não mais genericamente percebida pelos mesmos. A realização desta transformação é possível apenas por meio de tratado ou convenção internacional. Enfim é necessário o consenso dos Estados sobre um mínimo de normas até mesmo pela necessidade de se administrar todas as diferenças existentes no cenário internacional. As normas da OMC não existiriam se não houvesse um dever de negociar — *pactum in negotiando"* —, bem como um dever de contratar — *"pactum in contraendo"* — para os Estados em relação ao comércio internacional, possibilitando uma regulamentação de uma integração pacífica pelo comércio feita pelos Estados e criando entre eles um dever de cooperar.

Neste sentido mister citar o preâmbulo do "Acordo de Marraqueche que estabeleceu a OMC" que demonstram este dever acerca da regulamentação do comércio internacional:

"Os Ministros representantes das partes-Contratantes resolveram desenvolver um sistema comercial multilateral integrado, mis viável e durável compreendendo o Acordo Geral de Tarifas e Comércio, os resultados de esforços de liberalização comercial anteriores e todos os

---

21. GÜNDLING, L. — *Die 200 Seemeilen in Wirtschaftszone*. Berlin.Springer Verlag. 1983, pág.185 também em FIORATI, J..J — *A Disciplina Jurídica dos Espaços marítimos na Convenção das Nações Unidas sobre Direito do Mar de 1982 e na Jurisprudência Internacional*: Rio de Janeiro. Ed.Renovar. 1999. Segundo Capítulo.

resultados da Rodada Uruguai de Negociações Comerciais Multilaterais".

A OMC ultrapassou claramente o sistema GATT, que se constituía de regras jurídicas desvinculadas entre si e não sistematizadas, de origem contratual, como um sistema *a la carte*. A OMC atinge um nível institucional conforme se verifica no Artigo II, parágrafo 1. do Acordo de Marraqueche[22].

"A OMC fornecerá um marco comum institucional para a conduta de relações comerciais entre seus membros em matéria relacionadas aos acordos e instrumentos jurídicos incluídos nos Anexos deste Acordo".

Foram criadas normas para organizar o comércio internacional, visando fazer convergir a vontade dos Estados para a promoção de interesses comuns tornando o comércio internacional *bem público internacional*. Para usar a comparação de Jackson, as normas da OMC são destinadas a conectar economias nacionais distintas num mercado globalizado como o mecanismo de *interface* dos programas para computadores é utilizado para fazer conectar computadores que trabalham com *softwares* diversos[23]

As normas da OMC foram criadas como uma codificação jurídica sobre o comércio internacional, repercutindo inclusive sobre o direito internacional econômico. Para tan-

---

22. PETERSMANN, E.H. — *The GATT/WTO Dispute Settlement System*. London. Kluwer Law International. 1997, pág 48.
23. JACKSON, J. H. — The World Trading System. Cambridge. M.I.T. Press. 1992, pág. 218 e LAFER, C. — A OMC e a Regulamentação do Comércio Internacional: uma visão brasileira. Porto Alegre. Livraria do Advogado.1998.

to surgiu o primeiro princípio que norteou a criação das regras, bem como a delimitação das competências[24] da OMC, o chamado *single underfaking* ou empreendimento único, necessário para a criação de uma codificação internacional sobre o comércio global. Para que isto ocorra é necessário que os Estados mirem o objetivo fundamental a ser atingido, qual seja a regulamentação do comércio internacional, e se disponham a participar do processo de criação, implementação de regras e solução de conflitos, bem como aceitem seu resultado e observem as suas normas utilizando-sedo consenso, da busca de acordos através da barganha e argumentação[25].

No jargão diplomático chama-se de normas de *fair play* aquelas normas que regem o jogo das negociações internacionais e podem ser resumidas na seguinte regra: *nada estará decidido enquanto tudo não estiver definido e decidido*. A regra de *fair play* exige um permanente dever de negociar e renegociar a criação de regras sobre o comércio

---

24. O Art. III do Acordo de Marraquesh estabelece que são funções da OMC:

I — Facilitar a implementação, administração, operação e aprofundamento dos objetivos deste Acordo e dos Acordos Multilaterais de Comércio

II — ser o foro para negociações entre seus membros com respeito as relações multilaterais de comércio em matérias tratadas em acordos constantes dos Anexos deste Acordo. A OMC pode também prover um foro para negociações posteriores entre seus membros com respeito a suas relações comerciais multilaterais. Também provê marco para a implementação dos resultados de negociações que forem decididas pela Conferência Ministerial"

III — administrar o Entendimento sobre Soluções de Controvérsias — Anexo 2 deste Acordo.

25. PESCATORE, P. & DAVEY, W. J. & LOWENFELD, A- *Handbook of WTO/GATT Dispute Settlement*. New York. Transnational Publishers, *1995*, pág. 33.

internacional, constituindo um corpo objetivo e integrado de regras que permitam sua ulterior aplicação[26]. As normas de *fair play* funcionam como normas de reconhecimento[27] para a criação do sistema de regulamentação, criando uma obrigação de comportamento, um dever de negociar de boa-fé, voltada para a efetividade dos resultados.

Segundo Hart as normas primárias são aquelas que prescrevem, proíbem, estimulam ou não comportamentos. Normas secundárias ou de reconhecimento são aquelas que disciplinam a criação, aplicação e interpretação de outras normas. O Acordo de Marraqueche prevê todo um procedimento necessário para a criação, regulamentação, interpretação e aplicação das normas sobre comércio internacional, atribuindo poderes, funções e competências ao Conselho, ao Órgão de Solução de Controvérsias e aos próprios estados-membros no que se refere à criação, interpretação e aplicação das normas do Comércio Internacional, que no início do GATT possuía apenas dimensão diplomática. Conclui-se, pois, que a regra de *fair play* é uma regra de reconhecimento.

Por outro lado, qualquer Estado que venha posteriormente a aderir à OMC somente poderá integrar a organização se ratificar todos os Acordos: não é possível aderir a apenas algumas regras e não a outras. As únicas exceções são os chamados Acordos Plurilaterais sobre o Comércio que vinculam somente os Estados que os aceitaram, como é o caso do Acordo sobre Compras Governamentais e dos outros Acordos presentes no Anexo 4.

---

26. ROESSLER, F. — *The Agreement Establishing the World Trade Organization*. Brussels. Europe an Interuniversity Press. 1996, pág. 76.
27. In HART, H.L.A. — *El Concepto de Derecho*. Trad. G. Carrió. Buenos Aires. Abeledo Perrot, 1968.

Assim, segundo Lafer, inspirado em Bilder[28], é necessária a construção de uma confiança mútua, que motive os Estados a participar do processo de codificação, que a doutrina americana denomina *confidence building measures*. Construir a confiança pressupõe seguir um axioma fundamental que é o princípio da transparência. Este princípio tem dois corolários distintos: o primeiro que se liga à obrigação para os Estados Membros de publicar todos os regulamentos, leis, decisões judiciais, decisões administrativas tornadas efetivas para que todos os Estados e agentes econômicos privados que exerçam o comércio exterior possam deles se interar. Tal princípio se encontra encartado no art. X do Acordo de Marraqueche e já era disciplinado no mesmo artigo do GATT 1947.

O segundo corolário diz respeito à obrigação geral de notificar os Estados Membros e parceiros na Organização Mundial do Comércio presente Anexo 3. acerca de quaisquer medidas que afetem o comércio multilateral. Isto evita que medidas unilaterais secretas sejam tomadas por algum Estado-Membro e tais medidas somente venham a ser de conhecimento de outros Estados por intermédio de seus efeitos deletérios e às vezes praticamente impossíveis de serem sanados destruindo o pressuposto fundamental da confiança. Ou seja, a obrigação de notificar pressupõe que os Estados-Membros interagem uns com os outros de forma organizada onde haja cooperação baseada na reciprocidade de interesses e de comportamentos. Neste caso o fundamento cooperativo impõe-se à soberania exclusiva e unilateral, exercida nos idos do Absolutismo, na prática de

---

28. BILDER, R D — Managing the risks of international agreements. 1981 in LAFER, C. — *A OMC e a Regulamentação do Comércio Internacional: uma visão brasileira.* Porto Alegre. Livraria do Advogado.1998, pág. 26.

atos que repercutam no comércio multilateral, dentro da lógica da interdependência das relações internacionais, seja entre Estados, seja entre pessoas, seja entre agentes econômicos[29].

Construir a confiança pressupõe também um mecanismo para solucionar controvérsias entre os participantes da Organização já que os Estados estão impedidos de praticar atos unilaterais aplicando represálias ou retaliações comerciais uns contra os outros. Enfim, apesar da criação de normas pelo sistema do *single undertaking*, sempre existirão dúvidas em relação ao alcance, aplicação e significado das normas. Por outro lado os Estados podem qualificar diversamente certos fatos, seja em virtude de seguirem sistemas jurídicos internos distintos, seja em seu próprio interesse visando legitimar condutas nem sempre legítimas.

No art. 23 do Tratado estão presentes as regras para a criação de normas e procedimentos para a solução de controvérsias bem como de um Órgão de Solução de Controvérsias no âmbito da Organização para fazê-lo. Neste sentido o Órgão de Solução de Controvérsias representou um *plus* ao sistema GATT, visando garantir a segurança de expectativas e a previsibilidade do sistema multilateral de comércio, implicando numa obrigação de resultado para o Estados. Ou seja: o sistema foi criado para garantir que os Estados assegurem reciprocamente o cumprimento das obrigações pactuadas[30].

---

29. PESCATORE, P. & DAVEY, W. J. & LOWENFELD, A- Handbook of WTO/GATT *Dispute Settlement. New York. Transnational Publishers*, 1995, pág. 37.
30. HUDEC, R. E. — *The GATT legal system and world trade diplomacy.* New York- London. Praeger Publishers. 1975. Já em 1975 Hudec na análise sobre o resultado dos painéis do GATT bem como da possibili-

Da leitura dos arts. 7 e 17 do Entendimento sobre Soluções de Controvérsias conclui-se que os Estados têm a si garantidos o "direito à uma jurisdição automática" para assegurar que outros Estados cumpram as obrigações pactuadas. São estes direitos: o direito à instalação de um painel; o direito a um relatório exarado por um grupo de peritos; o direito de recorrer do relatório do grupo de peritos para o Órgão de Apelação e o conseqüente direito de receber deste Órgão um relatório. Para implementação das recomendações e decisões contidas neste Relatório, há o direito à monitoração coletiva por parte de outros membros da Organização, bem como o direito de pedir com base em normas uma compensação ou suspensão de concessões em caso da não implementação do Relatório.

Celso Lafer define o Entendimento sobre Soluções de Controvérsias como contendo obrigações de resultado, contrariamente às obrigações de comportamento existentes nos sistemas anterior ao da Rodada Uruguai. O Entendimento representaria assim um "adensamento de juridicidade"[31] em relação ao GATT 1947.

Construir a confiança significa ainda criar um sistema de decisões no seio da Organização que enfatize o consenso e crie maneiras de administrar o dissenso. O Planeta Terra possui mais de cento e noventa Estados Soberanos, alguns poucos desenvolvidos e muitos subdesenvolvidos, com muitos interesses divergentes. Acrescentar-se-á ainda os diversos interesses dos agentes econômicos transnacionais,

---

dade de bloqueio que as vezes ocorria na sua realização, enfatizava a mudança que depois viria a se concretizar com a criação da OMC, visando a garantir a segurança das expectativas.

31. LAFER, C. — *A OMC e a Regulamentação do Comércio Internacional: uma visão brasileira*. Porto Alegre. Livraria do Advogado, 1998, pág. 31.

bem como o surgimento de Organizações não Governamentais que também possuem interesses divergentes, relativamente a temas também divergentes. Constituindo-se as normas sobre comércio internacional um "empreendimento único", enfim uma Codificação Internacional que se abre para o regramento de novas relações comerciais, é necessário um sistema de decisões sobre novas regras.

A OMC possui um sistema jurídico formal para a prática do consenso[32] e este procedimento é previsto no Acordo de Marraqueche art. IX. A regra normal é a aceitação formal por todos os membros. A menos onde houver disposição diversa, se não houver possibilidade de consenso a matéria será submetida à votação, onde cada membro terá direito a um voto e nenhum membro o direito de veto[33]. Emendas que não alterem os direitos e obrigações das partes podem ser aprovadas por dois terços dos membros, embora somente obriguem aqueles que nelas votaram.

Para criação de regras que interpretem dispositivos já consagrados no Acordo são necessários três quartos dos membros para obrigar todos os membros. Entende-se que

---

32. Uma decisão é tomada por consenso quando nenhum membro presente na reunião em que a matéria foi colocada para deliberação a ela objetou formalmente (Nota da Autora).
33. A Comunidade Européia terá um número de votos igual a de seus Estados membros. Até o presente momento é a única organização internacional com este direito. Se ocorrer uma votação a CE tem 15 votos. É importante mencionar que é a Comunidade Européia e não a União Européia que é membro da OMC. A UE é a representação internacional e política de seus quinze membros, sendo formada por três organismos diferentes: a CE — Comunidade Européia, que detém representação sobre matéria econômica, pela Cooperação em Assuntos Judiciais e Criminais e pela Política Externa e de Segurança Comum. Em temas econômicos quem tem o mandato para negociação é a Comissão Européia, mas para temas ligados a serviços e à propriedade intelectual a responsabilidade é dividida entre a Comissão e os membros.

três quartos dos membros constituem uma maioria esmagadora, necessária para tornar uma norma *Jus cogens* em direito internacional, pois somente elas podem obrigar os Estados a cumprirem regras contra as quais votaram[34].

O mesmo percentual de setenta e cinco por cento dos Estados membros é necessário para a dispensa de obrigações pactuadas, o *waiver*. Algumas delas constantes do GATT 1947 já foram especificadas e são partes integrantes do Acordo de Marraqueche, no artigo XXV. Podem ser citados como casos de *waiver* as importações dos Estados Unidos da América nos termos da Iniciativa da Bacia do Caribe, bem como os acordos do Reino Unido com os países da *Commonwealth* para acesso preferencial aos mercados. O *waiver* foi criado para possibilitar a um membro que o mesmo obtenha uma exceção de cumprimento de uma regra específica em situações específicas, quando em virtude da dinamicidade da economia internacional que muitas vezes se choca com imperativos jurídicos internos, se visse obrigado este mesmo Estado a retirar-se da organização por impossibilidade de cumprimento das regras. Por outro lado o percentual de três quartos dos membros para a sua aprovação torna restrito à circunstâncias excepcionais o seu uso.

Os temas do comércio internacional, objeto de regulamentação pela OMC, são múltiplos, vários são os Estados, com interesses divergentes de regulamentação. Sendo mais de cento e quarenta os Estados-Membros da OMC, as negociações para a criação de regras tendem a agrupar Es-

---

[34]. No entanto o Acordo não é claro acerca da necessidade de haver maioria de três quartos para a adoção sucessiva da mesma interpretação. Se não há esta especificação, o entendimento é balizado pelo princípio geral: basta a maioria simples para que a regra interpretativa seja sucessivamente adotada.

tados em função de interesses comuns. Os agrupamentos em torno da provável regulamentação de um tema começam com alguns poucos Estados e aumentam a partir de instrumentos tradicionais de negociação como a barganha e a argumentação até atingir a esmagadora maioria de seus membros.

Como estes agrupamentos se fazem em função de interesses comuns, e os interesses são múltiplos, eles não são agrupamentos estanques, sendo que cada Estado participa de vários grupos de interesses, com parceiros diferentes, em função dos temas da regulamentação. Um Estado poderá participar de diferentes grupos, constituídos por parceiros diferentes, conforme o tema a ser regulamentado. Isto ocorre porque não há um único Estado em condições de impor-se aos outros, bem como grande desigualdade entre os participantes e entre os temas a serem negociados. Celso Lafer, um dos primeiros autores a escrever sobre a OMC no Brasil, denomina tais grupos de "grupos (ou coligações) de geometria variável[35]".

O grupo mais forte hodiernamente é o chamado QUAD que é composto pelos Estados Unidos da América, União Européia, Canadá e Japão. O Brasil[36] é membro de um atuante grupo, em conjunto com a Austrália, o Canadá, a Argentina e o Uruguai, para formação de regras sobre o

---

35. LAFER, C. — *A OMC e a Regulamentação do Comércio Internacional: uma visão brasileira*. Porto Alegre. Livraria do Advogado.1998, pág. 36.

36. Nota-se que a despeito do desconhecimento da opinião pública interna o Brasil é um país que possui grande participação na regulamentação multilateral na OMC, por ter uma economia diversificada, agricultura, indústria e serviços, um mercado com grande número de consumidores e com bom potencial de crescimento e não possuir inimigos em termos militares e estratégicos. (Nota da autora).

comércio agrícola, conhecido como Grupo de Cairns. Nenhuma regra sobre o comércio agrícola é discutida sem o aval deste Grupo que se compõe de doze Estados, congregando países ricos e em desenvolvimento, dentro do espírito de defesa de interesses conjugados sem deixar de lado o interesse da regulamentação multilateral.[37] Na criação de normas sobre o comércio de têxteis, que foi uma inovação da Rodada Uruguai, foram decisivos os países do chamado "Grupo Asiático", Índia, Hong Kong e Paquistão.

A conformação e a diversidade dos grupos visa a busca de um consenso em torno de novos e velhos temas do comércio multilateral, buscando articular a heterogeneidade de interesses, através da participação e transparência possibilitando a criação de regras sobre comércio global, dentro do princípio de um direito internacional da cooperação. Neste sentido não existem as técnicas de obstrução de discussão de temas, como ocorre na ONU e nem o voto

---

37. Protagonistas de um dos mais sérios conflitos comerciais já ocorridos na OMC, o caso Bombardier-Embraer, envolvendo subsídios às exportações de aviões, Brasil e Canadá são, no entanto, aliados no que se refere à diminuição de subsídios agrícolas da União Européia e do Japão, os principais oponentes no Grupo de Cairns na OMC. No interior do próprio QUAD já houve sérios conflitos (Estados Unidos X União Européia) como o envolvendo importação de bananas pela União Européia que subsidiava a sua produção na África (Acordo EU-ACP) em detrimento da importação de bananas de empresas norte-americanas, que as produziam na América Central. Recentemente o Brasil, a União Européia e o Japão aliaram-se contra os Estados Unidos na discussão de revisão do sistema de medidas *antidumping* da OMC, especialmente em sua aplicação a produtos siderúrgicos.. Estes casos ilustram bem o significado da expressão "grupos de geometria variável". (Nota da Autora)
Para uma melhor compreensão do tema vide:
CARREAU, D. & FLORY, T. & JUILLARD, P. — *Manuel droit international économique*. 4.ed. Paris. LGDJ. 1998. Primeira Parte. capítulos primeiro, segundo e quarto.

ponderado como ocorre no sistema de *Bretton Woods*, já que ambas representam um retrocesso ao direito internacional da cooperação que exige a criação de normas contra as quais não se permite nenhuma derrogação[38].

1.2.2. Princípios que Regem a Disciplina Jurídica do Comércio Internacional

O processo de criação de normas no âmbito da OMC tem como pressuposto a construção da confiança, fundamento o consenso, objetivo o empreendimento único buscando a codificação de normas sobre comércio internacional bem como criação de novas normas que sejam adequadas às novas relações comerciais internacionais. Quais seriam os princípios que uniriam as diversas regras, dando ao conjunto normativo significado, denotando-o como empreendimento único?

O primeiro princípio já foi mencionado[39]. Trata-se do princípio da transparência que possui dois corolários: o da publicidade e o dever geral de notificar sobre os atos, evitando a tomada de atos unilaterais.

---

38. As disposições materiais se encontram fixadas no arts.53, 64 e 71 que disciplinam respectivamente o *Jus Cogens*, o *Jus Cogens* superveniente e as consequências de sua violação, possuindo a seguinte redação
Art. 53 — É nulo o Tratado que, no momento de sua conclusão, conflitar com uma norma imperativa de direito internacional geral. Para os fins da presente Convenção, uma norma imperativa de direito internacional geral é uma norma aceita e reconhecida pela comunidade internacional dos Estados no seu conjunto, como norma da qual nenhuma derrogação é permitida e que só pode ser modificada pôr nova norma de direito internacional geral de mesma natureza.
Art.64 — Se sobrevier uma nova norma imperativa de direito internacional geral, qualquer tratados existente em conflito com esta norma torna-se nulo e se extingue.
39. Vide Capítulo I. Tópico 1.2.1.

O segundo princípio é o "Tratamento Geral de Nação Mais Favorecida", cuja sigla é MNF. Este é um princípio que evoluiu a partir da antiga "cláusula de nação mais favorecida", existente desde os primórdios do Sistema GATT. A regra proíbe a discriminação entre os Estados que são participantes do Acordo Geral. Este é o princípio mais importante do comércio multilateral porque toda vantagem, privilégio ou imunidade que afete direitos aduaneiros impostos, ou quaisquer outras taxas que são concedidos a uma parte contratante, devem ser estendidos imediatamente e incondicionalmente a qualquer outra parte contratante.

O MNF possui, segundo Sutherland uma importante função de política externa na medida em que, ao ampliar os benefícios concedidos a um parceiro comercial a todos os outros parceiros, despolitiza as medidas comerciais e promove relações internacionais pacíficas, bem como não incentiva medidas unilaterais em matéria de comércio internacional. Promove-se pois um maior entendimento entre os Estados que será gerado pelo processo do codificação, através do fortalecimento de um conjunto de regras estáveis universalmente aplicadas num campo grande de atividades como serviços, propriedade intelectual, agricultura, bens.[40] O MNF permitiu grandes reduções tarifárias, através das reduções de tarifas que eram estendidas a todos os membros.

O princípio do MNF é incompatível, *a priori*, com o chamado regionalismo ou com a criação de acordos regionais preferenciais de comércio. O Tratado de Marraqueche compatibiliza o MNF com os Acordos Regionais de Comér-

---

40. *The Role of Law in International Trade Relations*. Palestra proferida por Peter Sutherland na Ordem dos Advogados do Brasil em São Paulo em 06.07.1994.

cio que se sustentam em base de preferências comerciais aos parceiros, segundo alguns pressupostos essenciais: as regras preferenciais devem ser estabelecidas para uma parte substancial do comércio entre os Estados Contratantes; os direitos e outros regulamentos do acordo não devem ser mais restritivos do que a incidência de direitos antes da formação do acordo. Para que este último pressuposto seja cumprido é necessária a existência de listas de direitos a serem aplicados sobre produtos e serviços por um prazo de tempo razoável (aqui quase como sinônimo de indeterminado).

Por outro lado o princípio do MNF também é compatibilizado, como princípio, às questões especiais dos chamado "países em desenvolvimento", quando o GATT, em 1968, criou todo um Capítulo Específico intitulado "Tratamento Especial e Diferenciado", seguindo as recomendações da UNCTAD — *United Nations Commission on Trade and Development*.

O terceiro princípio é o chamado Tratamento Nacional conhecido como "Não Discriminação entre Produtos". Produtos nacionais e produtos importados, uma vez internalizados, terão o mesmo tratamento tributário e a eles se aplicarão as mesmas regras sobre compra, venda, distribuição e transporte de produtos.

O quarto princípio é conhecido como "Listas de Concessões" porque os Estados devem fornecer, no momento da ratificação do Acordo de Marraqueche uma lista dos produtos e das tributação máxima que deve ser aplicado ao setor do comércio internacional. O princípio estabelece que cada parte contratante (Estado) deve conceder ao comércio com outros Estados tratamento não menos favorável que o previsto nas Listas anexadas ao Acordo.[41].

---

41. Os países desenvolvidos já tinham consolidado suas listas para quase todos os produtos antes da Rodada Uruguai e somente podiam alterá-la

Hodiernamente se tem interpretado este princípio em consonância com a noção de que não é suficiente somente a regulamenção de temas tarifários para que haja melhor acesso a mercados para as exportações e melhor defesa contra as importações desleais. É preciso verificar os custos dos compromissos estabelecidos na lista de concessões, para procurar estabelecer uma negociação balanceada temperando concessões tarifárias, com concessões não tarifárias (que não fazem parte da lista), numa espécie de "troca de concessões"que diminuam os custos e aumentem os benefícios para o comércio global.

O quinto princípio é conhecido como Eliminação das Restrições Quantitativas. Não poderá haver nenhuma restrição ou proibição efetivada por meio de quotas, licenças de importação e exportação ou outras medidas sobre importações ou exportações de produtos, bem como são proibidas barreiras não tarifárias e que somente barreiras tarifárias devem ser utilizadas como elemento de proteção, exceção feita à agricultura e a têxteis.

Há que se mencionar também a possibilidade de três exceções ao princípio da Eliminação de Restrições Quantitativas. A primeira é a chamada Exceção Geral, prevista no art. XX, onde está expressamente determinado que nada no Acordo deve impedir a adoção de medidas para proteger a moral pública e a saúde humana, animal ou vegetal; o comércio de ouro e prata; a proteção de patentes, marcas e direitos do autor, tesouros artísticos e históricos; recursos naturais exauríveis e garantias de bens essenciais[42]. Obser-

---

mediante concessões aos outros Estados participantes. Os países menos desenvolvidos somente vieram a consolidar suas listas apenas na Rodada Uruguai (Nota da Autora).

42. No final do ano 1999 o Brasil e muitos outros Estados fundados na proteção da saúde humana e da saúde do rebanho bovino e ovino, determinaram a suspensão de importações de carne bovina, ovina, de

vando o comércio global hoje é possível verificar que a exceção geral, por ser tão genérica pode motivar excessos e atitudes protecionistas por parte dos Estados.

A outra exceção é a chamada salvaguarda ao balanço de pagamentos, prevista no art. XVIII do Acordo. Por esta exceção, qualquer parte contratante do Acordo poderá restringir a quantidade ou o valor das mercadorias importadas para salvaguardar sua posição financeira externa e seu balanço de pagamentos. Pelo art. XII,verifica-se que estas restrições terão a duração necessária para resolver a crise, sendo que países em desenvolvimento podem usufruir de regras especiais para salvaguardar seus balanços de pagamento ou para proteger suas indústrias novas[43].

A terceira exceção diz respeito às salvaguardas ou ações de emergência sobre as importações. Isto ocorre quando o Estado contratante suspende as concessões adotadas, através de tarifas ou quotas, ou retira ou modifica as concessões introduzindo tarifas e quotas para proteção de seu mercado relativamente a um produto que está sendo importado em quantidades crescentes e sob condições que podem causar ou ameaçar causar prejuízo grave aos produtores domésticos[44].

---

rações e de animais vivos da União Européia cuja parcela do gado estava contaminada com BSE, conhecida popularmente como "síndrome da vaca louca" que afeta os rebanhos e pode causar a síndrome mortal de Kreutzfeld-Jakobson no ser humano. (Nota da autora).

43. O Brasil teve em 1996 uma salvaguarda, motivada pelo crônico déficit na balança comercial, que lhe permitiu aumentar o imposto de importação de automóveis de passeio (com exceção dos provenientes do Mercosul) de 32% — alíquota máxima permitida pela OMC — para 70% do valor do bem. Houve aumento de alíquota também para a importação de alguns bens duráveis com a finalidade de salvaguardar posição financeira do Brasil e evitar uma crise maior. (Nota da autora).

44. THOSTENSEN, V. — OMC: As Regras do Comércio Internacional e a Rodada do Milênio. S. Paulo Ed. Aduaneiras, 1999, pág. 34.

Os princípios orientam as rodadas de negociação em especial no momento em que novos temas de regulamentação passam a ser discutidos pela OMC. Estes princípios não se aplicam a Estados que não eram parte contratante do GATT e ainda não são membros da OMC, o que pode prejudicar seu fluxo internacional de exportações e importações e ser discriminado em relação aos Estados membros da OMC. Assim, os princípios examinados regem não somente o Acordo de Marraqueche, mas toda a continuidade do processo de liberalização comercial, feito através de Reuniões, Entendimentos e Novas Rodadas, bem como os Anexos ao Acordo sendo um deles, objeto deste estudo.

1.2.3. A Ata Final da Rodada Uruguai e o Acordo de Marraqueche

As discussões sobre a Rodada Uruguai foram iniciadas em 1986 em Punta Del Este e finalizadas em 1994 em Marraqueche representando a mais complexa negociação já feita na história da humanidade sobre o comércio internacional.

Como primeiro resultado os Estados, não mais cinqüenta, mas sim mais de cento e vinte, confirmaram cláusulas fundamentais sobre o Acordo Geral de Tarifas e Comércio. É mister rememorar que no período da guerra fria Estados da Ásia e Europa Oriental, bem como muitos Estados subdesenvolvidos não eram Partes-Contratantes do GATT. Alguns artigos fazem remissão expressa a princípios. Este Acordo possui trinta e oito artigos e constitui-se parte integrante dos resultados finais da Rodada Uruguai. Estes resultados são divididos em três Partes: a segunda conhecida como GATT 1994 que confirma as cláusulas fundamentais dos Acordos anteriores e a primeira conhecida como Acordo Constitutivo da Organização Mundial do

Comércio, que estabelece os fundamentos para a criação da OMC enquanto Organização Internacional e diz respeito aos temas discutidos especificamente durante a Rodada Uruguai. Às duas partes antecedem dezesseis artigos que estabelecem o status jurídico da OMC, especificando seu funcionamento, acesso de novos membros, objetivos[45].

Segundo Vera Thorstensen o termo *GATT* 1994 é utilizado "para designar todo o conjunto de medidas que inclui: os dispositivos do Acordo Geral de 1947, e todas as modificações introduzidas pelos termos dos instrumentos legais que entraram em vigor até o início da constituição da OMC, isto é janeiro de 1995. Inclui, portanto: concessões tarifárias, protocolos de acesso de novos membros, decisões de derrogação de obrigações *(waivers)* concedidas; uma série de seis entendimentos negociados dentro da área do comércio de bens; e o Protocolo de Marraqueche que estabelece prazos de implementação das concessões tarifárias negociadas na Rodada Uruguai. Os demais acordos multilaterais sobre o comércio de bens, serviços, propriedade intelectual e solução de controvérsias negociados na Rodada Uruguai são definidos como integrantes do Acordo Constitutivo da OMC"[46].

Para uma melhor compreensão da complexidade da negociação e do Acordo mister reproduzir a **ESTRUTURA DOS ACORDOS NEGOCIADOS NA RODADA URUGUAI** em tabelas.

---

45. Para facilitar a compreensão do leitor serão elaboradas três tabelas: a primeira com o conteúdo da Parte inicial do Acordo Constitutivo que estabelece os objetivos, funcionamento da OMC; a segunda com o chamado GATT 1994 que se refere à compatibilização das negociações da Rodada Uruguai com os Acordos Anteriores e a terceira com a estrutura completa do Acordo Constitutivo da OMC a Rodada Uruguai.
46. THOSTENSEN, V. — OMC: As Regras do Comércio Internacional e a Rodada do Milênio. S. Paulo Ed. Aduaneiras, 1999, pág. 39-40.

ATA FINAL DOS RESULTADOS DA RODADA URUGUAI

Tabela 1
A estrutura da Organização Mundial do Comércio

Indice do Acordo

Artigo	Temas
Preâmbulo	
Artigo I	Estabelecimento da Organização
Artigo II	Finalidades e Objetivos da OMC
Artigo III	Funções da OMC
Artigo IV	Estrutura da OMC
Artigo V	Relações com Outras Organizações
Artigo VI	Secretaria e Administração
Artigo VII	Orçamento e Contribuições
Artigo VIII	Personalidade Jurídica Internacional
Artigo IX	Processo Decisório
Artigo X	Emendas
Artigo XI	Membros Originários
Artigo XII	Acessão de Novos Membros
Artigo XIII	Não Aplicação de Acordos Comerciais Multilaterais entre Membros Específicos
Artigo XIV	Aceitação, entrada em vigor e depósito
Artigo XV	Retirada de membro
Artigo XVI	Outras Disposições: Relação entre Ordenamentos Jurídicos nacionais e as regras da OMC

Tabela 2
Acordo Geral Sobre Tarifas e Comércio (GATT 1994)[47]

Índice do Acordo

Artigo	Temas
Parte 1	
Artigo I	Tratamento Geral de Nação Mais Favorecida
Artigo II	Lista de Compromissos sobre Tarifas
Parte II	
Artigo III	Tratamento Nacional sobre Taxação Interna e Regulamentação
Artigo IV	Dispositivo Especial Relativo a Filmes Cinematográficos
Artigo V	Liberdade de Trânsito
Artigo VI	Anti-dumping e Medidas Compensatórias
Artigo VII	Valoração Aduaneira
Artigo VIII	Taxas e Formalidades Relativas às Exportações e Importações
Artigo IX	Marcas de Origem
Artigo X	Publicação e Administração de Regulamentos sobre o Comércio
Artigo XI	Eliminação Geral de Restrições Quantitativas
Artigo XII	Restrições para Salvaguardar o Balanço de Pagamentos
Artigo XIII	Administração não Discriminatória de Restrições Quantitativas
Artigo XIV	Exceções à Regra de Não Discriminação
Artigo XV	Acordo sobre Pagamentos e Câmbio
Artigo XVI	Subsídios

---

47. Fonte: Acordo Geral de Tarifas e Comércio —GATT.

Artigo XVII	Empresas Estatais que Realizam o Comércio
Artigo XVIII	Assistência do governo Destinada ao Desenvolvimento Econômico
Parte III	
Artigo XIX	Ação de Emergência sobre Importação de Determinados Produtos
Artigo XX	Exceções Gerais
Artigo XXI	Exceções de segurança
Artigo XXII	Consultas entre Partes
Artigo XXIII	Anulação ou Prejuízo pelo não Cumprimento de Obrigações pelo Acordo
Artigo XXIV	Zonas de Livre Comércio ou Uniões Aduaneiras
Artigo XXV	Ações Conjuntas pelas Partes
Artigo XXVI	Aceitação, Entrada em Vigor e Registro do Acordo
Artigo XXVII	Suspensão ou Retirada de Concessões
Artigo XXVIII	Modificação da Lista de Concessões
Artigo XXVIII –bis	Negociações tarifárias
Artigo XXIX	Relação do GATT com a Carta de Havana
Artigo XXX	Modificações no Acordo
Artigo XXXI	Saída de uma Parte Contratante do Acordo
Artigo XXXII	Partes Contratantes ao Acordo
Artigo XXXIII	Acessão
Artigo XXXIV	Anexos ao Acordo
Artigo XXXV	Não Aplicação do Acordo entre Certas Partes Contratantes
Parte IV	
Artigo XXXVI	Princípios e Objetivos
Artigo XXXVII	Compromissos
Artigo XXXVIII	Ações Conjuntas

Tabela 3
Estrutura dos acordos negociados na rodada uruguai Acordo constitutivo da Organização Mundial do Comércio[48]

Índice do Acordo

Acordo Constitutivo da OMC: Estrutura da OMC – (Tabela 1)
Acordo Geral sobre Tarifas e Comércio – GATT 1994 (Tabela 2)
ANEXOS
ANEXO 1
Anexo 1 A
• *Entendimento sobre a Interpretação do Artigo XVII (empresas estatais)*
• *Entendimento sobre Disposições Relativas ao Balanço de Pagamentos*
• *Entendimento sobre a Interpretação do Artigo XXIV (zonas de livre comercio e uniões aduaneiras*
• *Entendimento sobre Derrogações (Waivers) das Obrigações do GATT 1994*
• *Entendimento sobre a Interpretação do Artigo XXXV (não aplicação dos acordos a certos membros)*
• *Protocolo de Marraqueche (estabelece as fases de implementação das reduções tarifárias)*
2 – Acordo sobre a Agricultura
3 – Acordo sobre a Aplicação de Medidas Sanitárias e Fitossanitárias
4 – Acordo sobre Têxteis e Confecções
5 – Acordo sobre Barreiras Técnicas ao Comércio
6 – Acordo sobre Medidas de Investimento Relacionadas ao Comércio (TRIMS)
7 – Acordo sobre a Implementação do Artigo VI do GATT 1994 (Anti-dumping)

---

48. Fonte: http://www.wto.org

8 – Acordo sobre a Implementação do Artigo VII do GATT 1994 (Valoração Aduaneira)
9 – Acordo sobre Inspeção Pré-Embarque
10 – Acordo sobre Regras de Origem
11 – Acordo sobre Procedimentos de Licenças de Importação
12 – Acordo sobre Subsídios e Medidas Compensatórias
13 – Acordo sobre Salvaguardas
Anexo 1 B
1. Acordo Geral sobre o Comércio de Serviços – GATS
2. Acordos Específicos
2.1. Acordo sobre Serviços Financeiros
2.2. Acordo sobre Transporte Marítimo e Aéreo
2.3. Acordo sobre Energia Elétrica
2.4. Acordo Básico sobre Telecomunicações (ou Anexo sobre Telecomunicações)
Anexo 1C
Acordo sobre Aspectos Relacionados ao Comércio em Direitos de propriedade Intelectual (TRIPS)
ANEXO 2
Entendimento sobre Regras e Procedimentos para Soluções de Controvérsias
ANEXO 3
Mecanismo de Revisão de Política Comercial — TPRM
ANEXO 4
Acordos Plurilaterais de Comércio

A primeira fase de negociações começou em Punta Del Leste em 1986 demonstrando uma clara divisão entre os Estados Desenvolvidos que pretendiam que o novo Acordo contivesse regras sobre propriedade intelectual e serviços e Estados em Desenvolvimento que pleiteavam a inclusão do comércio em áreas tradicionais como agricultura e o setor têxtil que nunca foram contempladas pelo Acordo Geral de Tarifas e Comércio.

Em dezembro de 1988 foi realizada em Montreal uma conferência de compromisso,a Conferência Ministerial do Meio Termo, visando avaliar os resultados já conseguidos e negociar sua conclusão marcada para o final de 1990. Em dezembro 1990 houve um impasse nas negociações sobre a Agricultura e as negociações somente recomeçaram em 1991 em Genebra onde foi realizada a primeira redação dos acordos. O ano de 1992 presenciou novos conflitos até que em novembro de 1992 a Comunidade Européia e os Estados Unidos chegaram a um Acordo na área agrícola, conhecido como Acordo de *Blair House*.

O ano de 1993 presenciou uma grande discussão em torno da questão do acesso a mercados, principalmente na área de serviços. O Acordo foi finalizado em 1994, ratificado ainda neste ano e em 1995 a OMC começou a ser constituída[49], entrando em pleno funcionamento em 1996.

Como se pode observar nas referidas tabelas os principais resultados da Rodada Uruguai foram: a criação da

---

49. Para maiores esclarecimentos sobre o processo de negociação da criação da OMC vide:

PESCATORE, P. & DAVEY, W. J. & LOWENFELD, A- *Handbook of WTO/GATT Dispute Settlement*. New York. Transnational Publishers. 1995.

KRAUS, J. — *The GATT Negotiations — A business guide to the results of the Uruguay Round*. Paris. ICC Publication. N. 533. 1994.

DILLON, T.J.- The WTO: a new legal order for world trade? *Michigan International Law J*. Vol. 16. 1995. P. 349-402

INTERNATIONAL TRADE FORUM. The Final Act of the Uruguay Round: a summary, n.1. 1994.

OMC, em substituição ao GATT, um rebaixamento tarifário para têxteis e produtos agrícolas, aprofundamento de temas como anti-dumping, subsídios, salvaguardas, regras de origem, licenças de importação, barreiras técnicas, medidas fitossanitárias e investimentos relacionados ao comércio entre outros.

Houve ainda uma série de entendimentos visando a fortalecer o sistema multilateral: criação de um novo processo de soluções de controvérsias, prazo de implementação dos temas variáveis entre cinco e dez anos, observando-se o grau de desenvolvimento dos Estados, sendo que os Estados menos desenvolvidos tiveram prazos diferenciados e negociação de uma série de entendimentos sobre os Acordos Preferenciais de Comércio, problemas relativos ao balança de pagamentos e assistência ao desenvolvimento econômico bem como alterações nas listas de concessões.

1.3. A Organização Mundial do Comércio

1.3.1. Objetivos, Funções e Estrutura

No Preâmbulo do Acordo Constitutivo estão presentes os objetivos da OMC:
a) liberalização do comércio internacional;
b) melhoria dos padrões de vida, propiciada pelo crescimento econômico trazido pelo incremento do comércio internacional;
c) atenção a situação especial dos Estados em Desenvolvimento.

Estes valores em geral são associados ao fenômeno da globalização do comercio, que teve início com a expansão européia (e britânica em particular) no início do século

XIX, e que prossegue até nossos dias se espraiando por todos os recantos do globo, na esteira da expansão do capitalismo, impulsionado por capitais transnacionais, tecnologia, transportes e telecomunicações, fato este que pode ser verificado observando-se que são 145 Estados membros da OMC, sendo que oitenta por cento são Estados Subdesenvolvidos ou em Desenvolvimento.

Ao aproximar continentes e civilizações ficam mais visíveis as desigualdades de toda sorte, desde as culturais, até as econômicas e sociais, algumas intoleráveis segundo os cânones da chamada civilização ocidental. Assim ao lado do incremento do comércio e da expansão dos mercados propiciados pela liberalização e diminuição das restrições ao comércio internacional, surgem outros interesses: melhoria dos padrões de vida, diminuição das desigualdades entre os Estados e desenvolvimento sustentável, atentando para a preservação de recursos vitais para as gerações futuras. Assim a liberalização comercial deve ser vista não como um fim em si mesma, mas como um meio para alcançar o crescimento econômico e a diminuição de desigualdades. Neste sentido claro é o primeiro parágrafo do preâmbulo do Acordo Constitutivo:

> *"As partes reconhecem que suas relações na área do comércio e atividades econômicas devem ser conduzidas com vistas à melhoria dos padrões de vida, assegurando o pleno emprego e um crescimento amplo e estável do volume de renda real e demanda efetiva, e expandindo a produção e o comércio de bens e serviços, ao mesmo tempo que permitindo o uso ótimo dos recursos naturais de acordo com os objetivos do desenvolvimento sustentável, procurando proteger e preservar o meio ambiente e reforçar os meios de fazê-lo, de maneira consistente com*

as necessidades nos diversos níveis de desenvolvimento econômico".

As funções da OMC vêm descritas no artigo III do Acordo que a criou (tabela 1deste capítulo). Sua função primordial é facilitar a execução a administração e o funcionamento dos Acordos Multilaterais bem como dos Acordos plurilaterais de comércio.Ela atuará também como foro para negociações comerciais, criando ou modificando acordos multilaterais de comércio. Deverá ainda administrar o Sistema de Solução de Controvérsias, bem como o Mecanismo de Revisão de Políticas Comerciais (TPRM), com o objetivo de revisar periodicamente as Políticas de Comércio Externo dos Estados membros que estejam em desacordo com as regras da OMC. Enfim a OMC tornou-se uma gestora jurídico-econômica do comércio internacional.

A OMC herdou do GATT não somente os Acordos de Comércio, mas também uma parte da infra-estrutura instalada para sua implementação. Ela é uma Organização Internacional com personalidade jurídica internacional, possuindo autonomia decisória, administrativa, financeira e executiva em relação a seus membros. Possui orçamento próprio, um corpo de funcionários próprios, que gozam dos privilégios e garantias previstos na Convenção de Viena sobre imunidades diplomáticas. Possui capacidade para celebrar acordos internacionais que estejam em consonância com seus objetivos fundamentais bem como responsabilidade internacional.

Existe um certo entendimento leigo, muito comum inclusive na imprensa, que vincula a OMC à ONU, no sentido de constituir-se a OMC numa Agência especializada da ONU como a UNESCO ou a FAO. Tal não procede: a OMC possui composição diversa da ONU, havendo inclusive uma total independência de atividades e finalidades. Nada obsta, no entanto que ONU e OMC celebrem um Acordo como Organizações independentes nos termos dos arts. 57 e 63 da Carta das Nações Unidas.

Ao contrário do seu antecessor GATT, a OMC é uma organização dotada de personalidade internacional, de modo que, enquanto o primeiro era apenas um conjunto de tratados com aspirações à Organização Internacional, a segunda é um corpo institucionalizado. Muitas das deficiências apresentadas pelo sistema do GATT foram sanadas:

a) fim do "*GATT à la carte*": na OMC todos os membros devem participar de todos os acordos (com exceção dos Acordos Plurilaterais) — *single undertaking approach*;

b) normas deixaram de ser programáticas, ocasionando a diminuição do "fator político", a nova instituição passou a ser regulada por normas mais precisas (*rule oriented*);

c) sistema de solução de conflitos mais rígido e sistematizado; cuja produção de normas e tomada de decisões foi aperfeiçoado com possibilidade de adoção de resoluções através de votação.

Diferentemente do GATT, que se tratava apenas de um conjunto de tratados, a OMC, como organismo institucionalizado que é, possui diversos órgãos ramificados por hierarquia e funções.

O principal órgão da OMC é a *Conferência Ministerial*, onde estão representados todos os Estados-Membros[50], na

---

50. Ao contrário do sistema decisório de outras instituições como o FMI ou o BIRD, que possuem uma diretoria representativa do conjunto de participantes, eleitos por eles, mas formada por um número de indivíduos bem inferior a estes, na OMC as resoluções são tomadas pelos próprios membros, através de representantes enviados por eles mesmos. Isto significa que a Conferência Ministerial (assim como o Conselho Geral) será composta por tantos indivíduos quanto forem os Estados signatários dos acordos naquele determinado momento.

proporção de um por país[51]. Reunindo-se no máximo a cada dois anos, ela tem poderes para tratar de todo e qualquer assunto ligado à instituição. É composto pelos Ministros das Relações Exteriores e/ou Ministros do Comércio Exterior e se reúne a cada dois anos. Desde a criação da OMC já foram realizadas quatro Conferências: a de Cingapura em 1996, a de Genebra em 1998, a de Seatle em 1999 e a de Doha em 2001.

Logo abaixo da Conferência Ministerial, encontra-se o *Conselho Geral* da OMC. Órgão permanente, formado, assim como aquela, por representantes de todos os Estados-Membros, o Conselho tem por finalidade administrar as atividades diárias da instituição, bem como executar as decisões do órgão máximo da OMC, devendo reportar-se apenas a ele. Ele atua como:

a) *Conselho Geral* — funcionando como guardião dos Acordos Multilaterais e centro administrativo da OMC

b) *Órgão de Solução de Conflitos* — OSC,: órgão máximo do sistema de solução de litígios

c) *Órgão de Revisão de Política Comercial.*

Seguindo a pirâmide hierárquica, há no mesmo patamar três *Conselhos*, todos formados por representantes de cada um dos Estados participantes da OMC, submetendo-se ao Conselho Geral. Cabe a eles responder respectivamente por uma das áreas comerciais englobadas pela OMC, e referentes às três subdivisões do Anexo 1:

a) Conselho de Mercadorias: referente ao Anexo 1A;

b) Conselho de Serviços: referente ao Anexo 1B;

c) Conselho de Direitos de Propriedade Intelectual Relacionados com o Comércio: referente ao Anexo 1C.

Os Conselhos de Mercadorias e de Serviços possuem ainda organismos subsidiários, cada um especializado e de-

---

51. A União Européia, como membro da OMC, também tem um representante autônomo.

dicado ao estudo de determinados aspectos, em virtude de suas complexidades ou importância fundamental para o comércio, dentro do espectro de abrangido pelo Conselho do qual fazem parte.

O Conselho sobre Mercadorias possui os seguintes Comitês:
  a) Acesso a Mercados
  b) Agricultura;
  c) Medidas Sanitárias e Fitossanitárias;
  d). Barreiras Técnicas ao Comércio;
  e) Subsídios e Medidas Compensatórias;
  f) Medidas *Anti-dumping*;
  g) Valoração Aduaneira;
  h) Regras de Origem;
  i) Licenciamento de Importação;
  j). Investimentos Ligados ao Comércio;
  l) Salvaguardas.
  m) *Órgão de Monitoramento de Têxteis*[52]
  n) Empresas trading governamentais e *Inspeção pré-embarque*.
  o) Grupo dos Participantes sobre Expansão do Comércio de produtos de Tecnologia da Informação

O Conselho de Serviços, por sua vez, conta com os seguintes comitês:
  a) Comércio sobre Serviços Financeiros;
  b) Compromissos Específicos.
  c) Grupo de Trabalho sobre Regras do GATS
  d) Grupo de Trabalho sobre Serviços Profissionais

---

52. Criado para monitorar o delicado processo de internalização na OMC das normas acerca do comércio de vestuário e têxteis, até a Rodada Uruguai sob a regulamentação do Acordo Multifibras (1974), cabem-lhe também as funções de fiscalizar a implementação das normas acordadas, preparar relatórios acerca do andamento das conversações sobre o assunto e servir de órgão consultivo no caso de imposição de salvaguardas unilaterais.

e) Grupo de Trabalho sobre Telecomunicações

Ao lado dos três Conselhos, a OMC conta com outros seis órgãos, cada um composto por representantes de todos os Estados-Partes, que se dirigem diretamente ao *Conselho Geral*, chamados *Comitês*. Tal denominação foi utilizada em virtude de suas áreas de atuação estarem restritas ao estudo de assuntos específicos[53] que, a despeito de não estarem ligados diretamente ao tema do comercio internacional, sofrem, e exercem, fortes influências deste:

a) Comércio e meio ambiente;
b) Comércio e desenvolvimento;
c) *Sub-comitê em países subdesenvolvidos*;
d) Acordos Regionais de Comércio;
e) Restrições na Balança de Pagamentos;
f) Orçamento, Finanças e Administração
g) Grupos de Trabalho de Acesso à OMC
h) Grupos de Trabalho sobre Comércio e investimentos
i) Grupos de trabalho sobre Interação entre Comércio e Concorrência
j) Grupo de Trabalho em Transparência nas Compras Governamentais
l) Grupo de Trabalho sobre Comércio Eletrônico

Em virtude da permanência dos *Acordos Plurilaterais*, criaram-se também Comitês destinados a administrá-los:

a) Comitê relativo ao Comércio de Aviões Civis, e;
b) Comitê relativo às Compras Governamentais.

Finalmente, a OMC conta com o Secretariado, formado por mais de 500 funcionários[54] de mais 60 nacionalidades distintas, dirigida por um Diretor-Geral[55], destinado a:

---

53. *Site* da OMC. http://www.wto.org.
54. Eram 534 em 1 de janeiro de 2001. Fonte: *Site* da OMC. http://www.wto.org.
55. Atualmente, o cargo de Diretor-Geral da OMC é ocupado pelo

a) prover assistência técnica para Membros em desenvolvimento;
b) monitorar e analisar o desenvolvimento do comércio mundial;
c) servir de fonte de informação ao público e imprensa;
d) organizar as cúpulas da Conferência Ministerial;
e) assessorar os governos de Países que desejem adentrar à instituição, e;
f) prestar assistência jurídica e administrativa no processo de solução de litígios[56].

Apesar da complexidade e abrangência de suas funções a OMC possui uma estrutura ágil e eficiente, quando comparada à de outras Organizações Internacionais. Comitês e Conselhos reúnem-se periodicamente, formal ou informalmente. Nas reuniões formais os Estados são representados pelos membros de sua delegação nomeados segundo o ordenamento jurídico de cada Estado e as reuniões são realizadas, gravadas e com tradução simultânea nas três línguas oficiais da OMC, que são o inglês, o francês e o espanhol. Depois as gravações são transcritas em forma de minuta e se transformam em documentos jurídicos da OMC.

Já as reuniões informais são aquelas em que Estados buscam encontrar parceiros que tenham os mesmos interesse relativos aos temas do comércio internacional cuja regulamentação está em curso para fortalecer sua posição nas Negociações, buscando o consenso, realizadas nas reuniões formais. Não há gravações, minutas ou língua oficial, mas são reuniões essenciais para o avanço dos novos temas.

---

tailandês Supachai Panitchpakdi para um mandato de três anos (1/09/2002 — 1/09/2005).
56. Fonte: *Site* da OMC. http://www.wto.org.

ORGANOGRAMA DA OMC

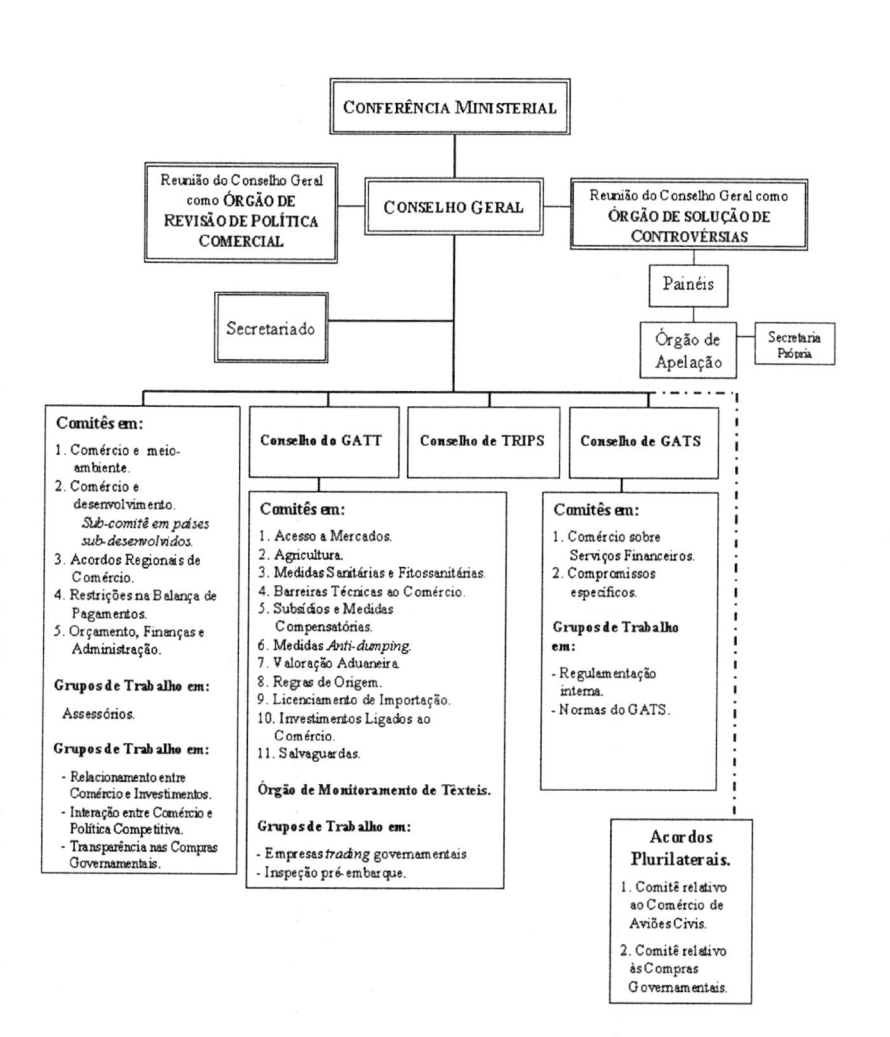

CONFERÊNCIA MINISTERIAL

- Reunião do Conselho Geral como **ÓRGÃO DE REVISÃO DE POLÍTICA COMERCIAL**
- **CONSELHO GERAL**
- Reunião do Conselho Geral como **ÓRGÃO DE SOLUÇÃO DE CONTROVÉRSIAS**
  - Painéis
  - Órgão de Apelação — Secretaria Própria

Secretariado

Comitês em:
1. Comércio e meio-ambiente.
2. Comércio e desenvolvimento.
   Sub-comitê em países sub-desenvolvidos.
3. Acordos Regionais de Comércio.
4. Restrições na Balança de Pagamentos.
5. Orçamento, Finanças e Administração.

Grupos de Trabalho em:
Assessórios.

Grupos de Trabalho em:
- Relacionamento entre Comércio e Investimentos.
- Interação entre Comércio e Política Competitiva.
- Transparência nas Compras Governamentais.

Conselho do GATT

Comitês em:
1. Acesso a Mercados.
2. Agricultura.
3. Medidas Sanitárias e Fitossanitárias.
4. Barreiras Técnicas ao Comércio.
5. Subsídios e Medidas Compensatórias.
6. Medidas *Anti-dumping*.
7. Valoração Aduaneira.
8. Regras de Origem.
9. Licenciamento de Importação.
10. Investimentos Ligados ao Comércio.
11. Salvaguardas.

Órgão de Monitoramento de Têxteis.

Grupos de Trabalho em:
- Empresas *trading* governamentais.
- Inspeção pré-embarque.

Conselho de TRIPS

Conselho de GATS

Comitês em:
1. Comércio sobre Serviços Financeiros.
2. Compromissos específicos.

Grupos de Trabalho em:
- Regulamentação interna.
- Normas do GATS.

Acordos Plurilaterais.
1. Comitê relativo ao Comércio de Aviões Civis.
2. Comitê relativo às Compras Governamentais.

FONTE: http://www.wto.org.. In 06 de janeiro de 2000.

Capítulo II

Relações jurídico-econômicas entre comércio, investimentos e finanças: a OMC, o FMI e as organizações regionais

2.1. A Organização Mundial do Comércio e o Fundo Monetário Internacional

A partir do recrudescimento da Revolução Industrial no século passado que se espraiou da Inglaterra para outros países europeus e depois para os Estados Unidos, foi possível notar que, ao lado do surgimento de uma economia capitalista, surgia também uma economia internacionalizada, fundada na troca de bens e mercadorias em escala além fronteiras. Rivalidades entre Estados que resultaram em guerras mundiais, a existência de grandes extensões de terra na Ásia e África transformadas em colônias européias e as crises econômicas impediram a existência de regras escritas na esfera internacional decorrente do consenso entre os Estados. Havia sim, práticas costumeiras ("Lex Mercatoria) que norteavam o relacionamento econômico dos comerciantes, decorrentes do próprio exercício da atividade comercial internacional.

Com o passar dos anos tornando-se as relações econômicas internacionais objeto de disputas e normatização entre Estados e Empresas, disputas estas resolvidas por regras e tribunais internos, regras de Direito Comunitário, ou regras oriundas da *Lex Mercatória*, surgiu a necessidade de uma Codificação Internacional abrangente que disciplinasse as relações econômicas em seus aspectos científicas, políticos e tecnológicas, bem como o papel que caberia aos Estados nestas relações. Em decorrência desta necessidade de regramento escrito na esfera internacional passa-se a verificar o surgimento de normas convencionais, disciplinando tanto as relações jurídico-econômicas entre Estados na esfera internacional como convenções que disciplinam relações privadas entre comerciantes e empresas.

Tradicionalmente o Direito Econômico, considerado um ramo do Direito Público, disciplina a chamada "intervenção do Estado em matéria econômica", seja ela regulatória ou diretamente realizada na esfera produtiva. No cenário internacional contrariamente ao liberalismo econômico presenciado no século XIX, o mundo viveu uma fase de mudança com o surgimento do intervencionismo após a 2. Guerra Mundial, ou seja, época em que os Estados atuavam diretamente no cenário econômico e criavam regras protecionistas que prejudicavam o comércio internacional. Para evitar muitas disputas foi necessário criar uma ordem jurídico-econômica internacional que zelasse por um equilíbrio entre o liberalismo econômico das empresas e o intervencionismo estatal na esfera produtiva para evitar consequências danosas ao comercio global.

Surgiram as organizações internacionais econômicas que visavam a criar regras, opondo as relações microeconômicas efetuadas pelas empresas através de contratos internacionais às relações macroeconômicas, regidas por Tratados Multinacionais de Comercio, regradas por Estados, dentro da lógica de sua interdependência[57]. Assim o Direito do Comércio Internacional seria oriundo da Lex Mercatoria e de regras internas, bem como de alguns tratados e disciplinaria os negócios privados internacionais, enquanto que as regras oriundas de organizações internacionais multilaterais, compostas e criadas por Estados, constituíria o Direito Internacional Econômico.

O Direito Internacional Econômico abrange as regras provenientes de organizações internacionais econômicas que disciplinam, em caráter macroeconômico, a criação internacional de riquezas e sua circulação[58], especialmente considerando-se a criação de regras internacionais de proteção de investimentos estrangeiros e um regime para circulação de mercadorias, serviços e pagamentos. Fundamenta-se na chamada interdependência dos Estados, bem como da necessidade de harmonização de sistemas jurídicos internos diversos.

Esta distinção resulta hodiernamente não aceita por toda a doutrina, haja vista que atores econômicos privados participam, seja discutindo em foros multilaterais, ou através da formação de lobbys parlamentares, da criação de regras sobre o comércio global. Prosper Weil afirma que o direito internacional econômico é um capítulo entre outros do direito internacional geral, sendo que o termo apenas

---

57. CARREAU, D. & FLORY, T. & JUILLARD, P. — *Manuel droit international économique.* 3.ed. Paris. LGDJ. 1990, pág. 45.
58. CARREAU, D. & FLORY, T. & JUILLARD, P. — *Manuel droit international économique.* 3.ed. Paris. LGDJ, 1990, pág. 46. Depreende-se do texto que para estes autores o Direito Internacional Econômico não possui autonomia científica ou constitui uma disciplina autônoma, mas alberga peculiaridades que lhe garantem a individualização.

descreve determinadas matérias em direito internacional que possuem conteúdo econômico[59].

As normas de Direito Internacional econômico podem ser elaboradas nos sistemas organizacionais internacionais globais ou regionais. A primeira organização internacional de caráter global a ser criada e ainda em vigor é a ONU. Ela é uma organização intergovernamental, com vocação universal e foi criada em 1945 com os objetivos de manutenção da paz e de realização da cooperação internacional econômica respeitando a soberania dos Estados membros. A ONU possui três órgãos principais: a Assembléia Geral, o Conselho de Segurança e o Conselho Econômico e Social. No ano anterior, com a Conferência de Bretton Woods havia sido delineada a criação de uma ordem econômica internacional que poderia auxiliar a ONU na realização da cooperação econômica internacional.

A partir da Conferência de Bretton Woods em 1944, projetara-se três organismos de vocação universal: um com funções financeiras, essenciais para a cooperação econômica, o FMI; outro com funções fomentadoras do desenvolvimento, o BIRD ou Banco Mundial e o terceiro com poderes para regulamentar o comércio global, a OIC, que nunca chegou a ser criada, tendo surgido em seu lugar o chamado GATT. Este sistema complementaria e daria coerência a um projeto de ordem econômica internacional, projetado em Bretton Woods que viria a ser politicamente organizado em consonância com a Carta de São Francisco que criou a ONU. Em 1995 surgiu a Organização Mundial do Comér-

---

59. WEIL, P — El Derecho Internacional Econômico? Mito o Realidad? In *Estúdios de Derecho Econômico*, I, México, UNAM, 1980, pág. 208. Vide também HERDEGEN, Matthias — Internationales Wirtschaftsrecht. München. Verlag C.H. Beck. 2. Auf.1997. seite 1-5.

cio que, todavia possui uma estrutura jurídica, administrativa, econômica independente da ONU.

Ressaltar-se-á que a idéia da criação de uma ordem econômica mundial possui profundas raízes anglo-norte-americanas. Em 1943, a partir de entendimentos e compromissos entre EUA e Reino Unido foi definido o principio fundamental que regeria o futuro sistema econômico internacional: a liberalização do comércio e dos pagamentos internacionais, em acordo com a estabilização das taxas de câmbio, atendendo-se secundariamente os objetivos de ordem interna como pleno emprego ou crescimento. Em 1944 foram criadas duas instituições, o Fundo Monetário e o Banco Internacional para Reconstrução e Desenvolvimento, tendo sido o Acordo de Bretton Woods ratificado em 1945 (o Brasil é membro desde esta época) começando o FMI a operar em 1947. Tanto a ONU quanto o FMI, ao contrário do GATT, contaram desde o início com a participação de Estados desenvolvidos, socialistas e em desenvolvimento.

O Acordo de Bretton Woods criou o chamado padrão-ouro, sendo o valor do dólar, moeda do país economicamente mais forte, lastreado e conversível nas reservas de ouro dos EUA e as outras moedas com flutuação controlada em relação ao dólar (sistema câmbio fixo — dólar — e flutuante — dólar outras moedas, embora houvesse percentuais mínimos e máximos para as desvalorizações, conhecido como *Gold Exchange Standard*).

Em 1961 foi criado um Código de Boa Conduta Monetária visando evitar os chamados câmbios múltiplos, (câmbios diferentes para exportação e importação, câmbios diferentes para importações provenientes de diferentes estados), que representava um sistema discriminatório, bem como as desvalorizações excessivas de moedas em relação ao dólar, para tornar competitivas exportações de produtos. Japão (1971) e Alemanha (1969) tiveram que recorrer a revalorizações monetárias em função do Código, devido a desvalorizações intervencionistas e de caráter protecionista.

A partir de 1971 o dólar deixou de ser conversível e não mais lastreado nas reservas de outro dos Estados Unidos. Tal situação ocorreu entre outros motivos porque os EUA endividados não tinham mais como garantir a conversão do dólar em ouro. Assim de um sistema de câmbio fixo para o dólar passou-se a um sistema totalmente flutuante e fiduciário, sendo as moedas nacionais (algumas mais que outras) elas próprias o padrão para conversão. Como em 1971 três quartos da moeda circulante do comércio internacional era dólar, até hoje o dólar continua a ter expressivo status como moeda global, apesar do alto déficit comercial dos EUA[60].

Assim o Código de Boa Conduta Monetária passou a determinar os padrões internacionais vigentes pelos quais se balizariam os Estados na condução das políticas monetária e cambial. O Código estabelece uma limitação relativa na soberania dos Estados no que se refere à emissão de moedas e a institucionalização de mecanismos de cooperação monetária em que os Estados permitem a verificação do cumprimento de determinadas obrigações quando necessitam de ajudas financeiras em caso de dificuldades financeiras externas.

Os objetivos do FMI são promover a expansão do crescimento harmonioso do comércio internacional e contribuir para a instauração e manutenção do nível de emprego e renda e do desenvolvimento dos recursos produtivos de todos os Estados membros, visando à prosperidade interna

---

60. Hoje este percentual oscila entre 45 e 50 por cento, ou seja os americanos importam muito mais do que exportam. (Nota da Autora).

e internacional dos mesmos. Claramente se observa que os membros fundadores do FMI tinham clara recordação do *crash* econômico de 1929 e da magnitude dos efeitos perversos por ele causados. Assim o FMI deseja criar e tornar-se o gestor e controlador de um sistema multilateral de transações correntes entre os Estados membros contribuindo para a eliminação das restrições de câmbio que poderiam atravancar o comércio mundial

O Acordo de Bretton Woods estabelece pragmaticamente algumas obrigações, minuciosamente detalhadas. A primeira obrigação é a proibição do chamado dumping cambial ou monetário, ou seja, os Estados devem se abster de desvalorizar sua moeda para melhorar a posição concorrencial de suas exportações em mercados estrangeiros. No sistema de câmbio fixo o cumprimento desta obrigação era simples, com o câmbio flutuante isto é complexo, justamente porque hoje o mercado tem muito maior poder para manipular o câmbio do que os Estados, já que o sistema é hoje fiduciário e o grau de confiança dos agentes financeiros é fator fundamental na formação das taxas de câmbio. Por outro lado, há países com crônico déficit fiscal e na balança comercial e outros com fortes desequilíbrios internos.

As regras do Acordo permitem a flexibilidade na fixação do modelo do câmbio: o país pode adotar uma taxa de câmbio fixa (currency board) como a Argentina durante os últimos dez anos, pode adotar um sistema de câmbio flutuante como o Brasil ou os Estados Unidos ou outra taxa (flutuação por bandas, por exemplo, como foi adotado por curto período no Brasil ou flutuação em função de outra moeda como era até recentemente a flutuação do florim holandês em relação ao marco alemão). O Estado deve notificar o FMI sobre o sistema e suas mudanças bem como sobre as medidas tomadas para sanear desequilíbrios fundamentais.

O Estado possui outras obrigações de comportamento: possuir uma política econômica interna orientada para o crescimento econômico ordenado e sustentável e uma estabilidade de preços, visando assim uma estabilidade fiscal, monetária e do comércio internacional.

Cabe ao FMI realizar o controle geral do funcionamento do sistema monetário internacional, bem como verificar o cumprimento das obrigações internas dos Estados (os "fundamentos da economia" do jargão dos economistas). A efetividade deste controle depende em grande parte da exatidão das informações fornecidas, o que motivou o Fundo a criar um sistema de verificações periódicas in loco através de visitas de uma missão de economistas do FMI para todos os países membros. Esta visita pode se transformar numa consulta: a missão do Fundo faz um diagnóstico da economia com sugestões para as Autoridades do Estado.

Não há a obrigação de cumprimento das sugestões, mas o diagnóstico do Fundo tem peso significativo, terminando por reorientar expectativas econômicas, o que dificulta para o Estado o não cumprimento. Existe ainda uma outra forma de controle para os Estados que têm problemas financeiros e necessidade de ajuda, tema que será tratado posteriormente.

Neste sentido, embora o objetivo da criação do Fundo fosse a estabilidade do câmbio para facilitar transações internacionais, portanto um objetivo liberalizante, foi Lord Keynes quem, ao propugnar por um conjunto coerente de regras jurídicas que se orientariam em função das finalidades do sistema financeiro internacional[61] para regrar a co-

---

61. CARREAU, D. & FLORY, T. & JUILLARD, P. — *Manuel droit international économique*. 3.ed. Paris. LGDJ. 1990. Pág. 81. Para Lord

munidade internacional com a criação de uma boa vizinhança entre todos os Estados ricos, em desenvolvimento e socialistas, deu ao FMI o caráter que possui hoje, ou seja, para ele não haveria estabilidade internacional no câmbio se não houvesse estabilidade econômica interna nos Estados.

Sendo um Fundo, o FMI possui um sistema de quotas, que são desiguais. Hodiernamente os Estados Unidos detém oitenta por cento das quotas e outros nove países (Países da União Européia, Japão, Suíça[62] e Canadá) quase dezenove por cento restante. Assim as decisões são tomadas em função das quotas, o que equivale a dizer que, dez Estados citados tomam as decisões relevantes e os Estados Unidos tem, de fato, poder de veto.

Devido a sua responsabilidade pela gestão do sistema financeiro internacional cabe ao FMI zelar pela conversibilidade das divisas que o compõem. Para o FMI moeda conversível é aquela que residentes e não residentes podem utilizar livremente nas suas transações internas e internacionais. Muitos Estados como o Brasil criam a obrigatoriedade do uso de sua moeda em pagamentos internos bem como um sistema centralizado nas autoridades monetárias do Estado para acesso à moeda estrangeira; isto faz com que a mesma acabe tendo aceitação restrita fora do país. Assim embora em tese qualquer moeda possa ser utilizada

---

Keynes as taxas de câmbio realmente contribuiriam para a estabilidade e o equilíbrio da economia mundial se o futuro organismo (o FMI) avaliasse a estabilidade de preços, controle do déficit público, taxa de inflação, taxa de crescimento da economia, a situação da balança internacional de pagamentos, as taxas de juros internas. Assim a estabilidade interna ou o desequilíbrio interno é que condiciona o câmbio, contrariamente ao que pretendiam outros artífices do Acordo de Bretton Woods.
62. A Suíça não é membro do FMI, mas é participante do AGE (Acordo Geral de Empréstimo).

em pagamentos internacionais, apenas aquelas que gozam da confiança internacional o serão.

Confiança internacional que se expressa não apenas em relação à restrição de circulação de moedas, mas principalmente em relação ao estado geral da economia do Estado soberano que a emite. Hodiernamente as moedas mais utilizadas são o dólar norte-americano, o euro, que substituiu as moedas européias, o ien japonês e em alguns setores específicos dos pagamentos internacionais a libra esterlina e o franco suíço.

Algumas questões prementes não são tratadas pelo FMI como a questão da composição e da gestão das reservas cambiais, que geram liquidez internacional (em especial em países em desenvolvimento); a liberdade irrestrita de movimento de capitais, que colocam em risco a estabilidade interna dos Estados; a independência dos bancos centrais para aplicar as sugestões do Fundo, tema que se relaciona com a questão da condução independente da política monetária.

Outro tema sensível não mencionado pelo Acordo de Bretton Woods é a relação entre moeda e comércio em especial no que se refere em muitos casos às chamadas restrições quantitativas e as medidas de investimentos relativas ao comércio, que afetam sobremaneira a balança comercial dos países pobres, tema este que se relaciona às salvaguardas e subsídios agrícolas na Europa, no Japão e nos EUA, bem como com a internacionalização da economia gerada pelos investimentos realizados pelas empresas multinacionais e transnacionais nos Estados de Terceiro Mundo. Timidamente a OMC aborda a temática no chamado TRIMS.

A segunda função do FMI é a da cooperação econômica: O FMI constitui-se num pool de recursos, oriundos da contribuição dos Estados membros que podem ser concedidos como empréstimos a Estados membros que se encontrem em dificuldades temporárias em sua balança de pagamentos, sejam elas causadas por desequilíbrios externos ou por problemas econômicos internos dos Estados. A maior parte destes recursos provém das contribuições dos Estados membros quando eles ingressaram no FMI. Outra parte vem de investimentos do Fundo ou de juros pagos pelos Estados que precisam dos recursos.

Assim como os Estados ricos ingressaram no Fundo desde o início, as contribuições vêm minguando devido ao fato que hodiernamente os que adentram ao sistema são Estados pobres e contribuem com valores menores: na década de 1950-1960 os valores representavam 10% do comércio mundial, na década de 1990-2000 estes valores não chegavam a 2,5% do comércio global[63]. Assim muitas vezes o FMI acaba por recorrer a empréstimos dos Estados Ricos, quando demandados por Estados em crise especialmente os Estados do Terceiro Mundo[64]. Para evitar que o FMI não pudesse mais realizar suas funções foi celebrado o AGE.

Em 1983 houve uma revisão nos estatutos do FMI, que originaram os Acordos Gerais de Empréstimo (AGE), assinado por dez Estados (entre eles EUA, Japão, países da Europa e a Suíça que não fazia parte do FMI, mas passou a

---

63. Vide. www.imf.org/informations&notes divulgado em 11 de fevereiro de 2002.
64. Este foi o caso do México em 1995. Em grave crise na balança de pagamentos, o México recorreu ao FMI pedindo quase vinte bilhões de dólares. Sem possuir este capital, o FMI apelou aos Estados membros, em especial aos EUA para que emprestassem o valor que faltava. Após o México ter concordado com uma série de prescrições do Fundo o dinheiro foi liberado. Na presente situação o mesmo ocorre com a Argentina que não está encontrando a mesma guarida do FMI e dos outros membros do Fundo, justamente por não cumprir as prescrições (nota da autora).

contribuir para o Fundo) que se comprometiam a uma quota suplementar. Por este Acordo os Estados que necessitassem de recursos teriam que se submeter ao controle e a um programa feito pelo FMI, cabendo as decisões aos dez membros de forma ponderada. Hoje são os Estados Unidos e estes dez países que efetivamente decidem as questões ligadas à ajuda financeira. Por isso hoje os mais de cento e setenta países de um total de cento e oitenta participantes do Fundo tanto alertam para a necessidade de reformas no sistema internacional.

Existem duas formas de utilização dos recursos: o saque e o DES (Direito Especial de Saque). O saque se dá quando um membro precisa de divisas em sua própria moeda. Normalmente isto ocorre porque houve um desarranjo interno na balança de pagamentos, ou um excesso de gastos públicos, ou uma estatização de empresa, por exemplo. Neste caso o Estado pode retirar a sua quota e mais cem por cento do valor dela, desde que haja acordo dos outros membros. Já para o Terceiro Mundo como as quotas são pequenas este limite poderá ser maior, dependendo dos compromissos assumidos e da decisão dos participantes do Fundo

Já o DES (Direito especial de Saque) permite uma tiragem em moeda diferente daquela do Estado e sua unidade correspondia inicialmente a 0,888g de ouro. Hoje ele é quotado com base em quatro moedas: dólar, euro, ien e libra esterlina. É possível uma retirada de quantias maiores do que a dos limites de saque em casos de dificuldades econômicas externas. É o instrumento mais utilizado pelos países de Terceiro Mundo justamente porque suas moedas não são na prática aceitas internacionalmente e porque suas quotas são pequenas. Por outro lado quando alguns destes países têm problemas na balança de pagamentos como Coréia, Rússia, México ou Brasil, os problemas podem contagiar os outros Estados e os negócios internacionais.

Deve haver um consenso entre os membros do Fundo (na verdade entre os dez membros do AGE) para a retirada. Como muitas vezes estes empréstimos são muito grandes, os Estados devem submeter suas políticas, fiscais, monetárias e financeiras ao crivo do Fundo, através de uma Carta de Intenções, ou um Plano Econômico. Esta Carta constitui uma condição para recepção de empréstimos e nela deve conter as políticas estas ligadas à inflação, déficit público, taxa de emissão de moeda, projeções de crescimento econômico, regulação e proteção de investimentos estrangeiros, conversibilidade de valores, retirada de entraves para a livre circulação de bens, serviços e pagamentos estrangeiros, a criação de regras de concorrência e de organização do mercado no molde liberal-democrático[65]. Isto termina por motivar uma crítica de muitos setores sobre o grau de interferência do Fundo e de seus principais participantes na condução da economia dos Estados do Terceiro Mundo.

2.2. A OMC, o FMI e os Estados em Desenvolvimento

Os anos do pós-guerra (1945-1973) caracterizaram-se por um desenvolvimento econômico ininterrupto nos Estados Unidos da América, nos Estados Europeus, no Japão e em menor escala em Estados como a Coréia do Sul, o Brasil, a Austrália e o México, bem como no surgimento de um grande número de Estados, muitos sem meios econômicos para sua própria manutenção. Durante este período,

---

65. HERDEGEN, Matthias — Internationales Wirtschaftsrecht. München. Verlag C.H. Beck. 2. Auf. 1997. seite. 229.

Estados desenvolvidos e em desenvolvimento celebraram Tratados de Comércio (o GATT), os Estados Europeus se uniram no Mercado Comum Europeu, hoje União Européia, e os Estados mais pobres se agruparam na UNCTAD (pertencente à ONU). Em termos ideológicos, a guerra fria dominava o cenário internacional.

No final dos anos sessenta e início dos anos setenta ficou patente a desigualdade no desenvolvimento dos Estados. Os Estados pobres surgidos do movimento da descolonização terminaram por celebrar acordos com as suas antigas metrópoles européias (Convenções de Lomé e Yaundée), que instituiu um sistema de financiamento da produção e do comércio de matérias primas tropicais. Na América Latina, muitos Estados terminaram por tornar-se produtores de matérias primas para o mercado norte-americano, embora tenha havido a tentativa de criação de zonas de livre comércio, a ALALC e a ALADI, inspirados pelo Mercado Comum Europeu, tentativa esta que não mostrou os resultados esperados. Um dos maiores problemas da América Latina é a ausência de capital próprio, seja em tecnologia, seja em poupança interna, seja em capital humano bem preparado para implementar o desenvolvimento econômico. Assim era preciso criar um modelo que trouxesse para a América Latina o capital e a tecnologia.

Três Estados em Desenvolvimento da América Latina, Brasil, Argentina e México, seguidos por outros Estados latino-americanos e asiáticos, iniciaram a partir do meio da década de sessenta, um modelo de desenvolvimento fundamentado em capital estrangeiro, conseguido por meio de empréstimos feitos por bancos privados, notadamente norte-americanos, em condições de mercado, cujo garantidor era o Tesouro destes Estados. Este capital era utilizado para viabilizar a montagem de infra-estrutura para o desenvolvimento de um parque industrial que produzisse os bens e serviços necessários ao mercado interno, dentro de um sistema implementado por governos militares (com exceção do México, no qual por mais de cinqüenta anos dominava um partido o PRI, o que impossibilitava de se definir o México como um Estado verdadeiramente democrático), sistema este conhecido como substituição de importações.

O Estado delimitava quais os setores de mercado a serem privilegiados, repassava parte dos valores emprestados de bancos estrangeiros para as empresas e criava altas tarifas para importação dos bens, protegendo a nascente indústria. Isto criou um fluxo de capitais dos Estados ricos para os Estados em desenvolvimento e para a América Latina em particular, fundado em empréstimos com taxas de juros flutuantes. O sistema funcionou até as crises do petróleo da década de setenta, que gerou inflação e crise econômica nos países ricos, com o conseqüente aumento dos juros.

A diminuição de mercados para exportação aos países pobres e o aumento nas taxas de juros tornou proibitivo o custo dos empréstimos para os Estados em Desenvolvimento. Tal fato motivou a crise da dívida externa que foi uma crise da balança de pagamentos internacionais (e também a crise econômica) em 1982, no México, no Brasil e na Argentina, os Estados mais endividados, havendo a decretação da moratória em 1982 no México e de moratória unilateral em 1987 no Brasil.

Os três países recorreram ao Fundo Monetário Internacional, visando conseguir divisas para o pagamento dos compromissos previamente assumidos. Por se tratar de vultuosos recursos, o FIM emprestou uma parte, os bancos credores renegociaram outra parte, no que veio posteriormente a constituir o Acordo da dívida externa. Os países, através das "cartas de intenção", sujeitavam-se ao Código de Boa Conduta bem como a fiscalização do seu cumprimento pelas missões do Fundo e os Bancos concederam uma parcela dos empréstimos[66]. A "década perdida" mostrou a total inadequação deste modelo pós-queda do muro de Berlin, nos anos 90.

A revolução tecnológica, a rápida circulação de capitais e o fim da guerra fria tornaram conhecido um novo modelo econômico, originário do Partido Republicano dos Estados Unidos e do Partido Conservador do Reino Unido. Este modelo propugna pela diminuição do papel do Estado na economia através da desregulamentação e da privatização, com a conseqüente diminuição de gastos dos recursos públicos em setores que poderiam ser financiados pela atividade privada. Houve uma reestruturação dos setores financeiros: bancos, bolsas de valores, novos mercados de crédito e de seguro. Com a queda do bloco comunista este modelo alcançou não somente a Europa continental, mas acabou se espraiando para todos os cantos, levado pelas empresas transnacionais e multinacionais.

Em países em desenvolvimento este ideário motivou inicialmente a reestruturação da dívida bancária não paga com bancos comerciais estrangeiros[67]. Por outro lado, as

---

66. HERDEGEN, Matthias — *Internationales Wirtschaftsrecht*. München. Verlag C.H. Beck. 2. Auf. 1997. seite. 232. Após renegociação o Brasil pediu uma vez recursos ao FMI em 1999 durante a desvalorização cambial, que transformou o câmbio de bandas em câmbio flutuante, mas nem chegou a sacar todo o valor. (Nota da autora).

67. No caso da América latina esta reestruturação foi feita pelo chamado plano Brady. James Brady, ministro do tesouro dos governos republicanos Reagan-Bush propôs que houvesse um recálculo dos valores e parte dele fosse securitizada — transformada em títulos negociáveis no mercados internacionais — os C *Bonds ou Bradies*. A proposta foi aceita e hoje além de ser um título, a valorização ou desvalorização dos *Bradies* é um termômetro da confiança do mercado na capacidade econômica e de pagamentos de um país (Nota da Autora).

moratórias provocaram grande desconfiança dos agentes bancários estrangeiros na concessão de novos empréstimos para estes Estados, o que acabou por gerar sérias crises econômicas na América latina no período de 1988-1992. Ao mesmo tempo nenhum destes Estados conseguiu, nas décadas precedentes, criar um mercado de capitais interno sólido ou aumentar o nível de poupança interna para financiar o seu próprio crescimento. Continuavam pois estes Estados, dependentes do capital estrangeiro para financiar o desenvolvimento.

A forma encontrada foi o ingresso de capitais por meio de investimentos estrangeiros diretos (em atividade produtiva no Estado) ou indiretos (por meio de aplicações financeiras). As empresas e bancos estrangeiros associam-se para explorar a atividade econômica, tornando-se proprietários dos negócios, com lucros e riscos a eles inerentes, e não mais concedentes de empréstimos que recebem juros, sem vincular-se à produção ou o comércio. Surgem os chamados *Project Finance,* os *Bonds* e novas formas de securitização na área financeira e os incentivos e medidas protetivas na área produtiva, também conhecidas como Medidas Relativas a Investimentos em Matéria de Comércio.

Assim muitos setores da atividade econômica no interior dos Estados, ricos ou pobres, passam a ser comandados diretamente pelo investimento estrangeiro privado[68]. Os Estados com sua capacidade econômica exaurida passam a

---

68. Este fenômeno não ocorreu apenas nos Estados em Desenvolvimento, embora em alguns como China e Brasil ele seja muito visível. Ele é mais marcante nos Estados ricos. Segundo a OCDE de cada US$ 100, quase US$ 70 são investidos por empresas de países ricos em outras empresas de países ricos, na chamada tríade (USA, U.E e Japão). Os restantes US$ 30 são investidos no terceiro mundo, sendo que quase a metade tem se dirigido nos últimos dois anos à China e ao Brasil. In www.oecd.org /relatories, consultado no dia 13 /02/2002.

vender o seu patrimônio para estes investidores estrangeiros, empresas, fundos de pensão, bancos de investimentos, fundos de investimentos em geral. Para o Terceiro Mundo isto implicou não somente numa abertura econômica maior, mas também numa inserção maior no sistema produtivo e comercial internacional, o que, além de um crescimento econômico, acarretou-lhes maior vulnerabilidade a crises internacionais.

Cria-se assim na década de noventa uma uniformização do *modus operandi*, na produção e comércio de bens e serviços que não possuía correspondente num modelo jurídico-econômico global, que alcançasse a maioria dos Estados, sendo a primeira tentativa de um regramento internacional oriundo dos Estados iniciada com a criação da OMC. Atualmente o termo globalização é um dos mais utilizados para descrever as transformações econômicas, culturais e trabalhistas, entre outras, pelas quais os Estados têm passado numa velocidade jamais vista.

Todas estas mudanças e seus reflexos não foram objeto de discussão nas Rodadas do GATT anteriores à Rodada Uruguai. Já os Acordos que resultaram na criação da OMC estabelecem inicialmente uma salvaguarda para proteger a Balança de Pagamentos do Estado, conforme art. XVIII do Acordo. Nota-se que houve uma inovação na OMC em relação ao GATT, uma vez que o Acordo Constitutivo deixa claro que um Estado pode adotar medidas para proteção de sua balança de pagamentos. Ocorre que a inovação não foi suficiente: se atentarmos para o interesse dos Estados em Desenvolvimento, além da salvaguarda por motivos de problemas na balança de pagamentos, teria sido melhor se o setor agrícola tivesse sido incluído nas normas gerais do Acordo, já que estes países exportam produtos que precisam competir com os mesmos produtos subsidiados nos Estados ricos. Um das formas de regularizar a balança internacional de pagamentos é importar menos produtos, a outra é exportar mais, uma terceira é receber aporte de divisas conversíveis por meio de empréstimos, o que tende a postergar o problema para o momento do pagamento de juros, e a quarta é receber aporte de divisas conversíveis por meio de investimentos estrangeiros no país em atividade produtiva, o chamado investimento estrangeiro direto.

No que se refere as Estados em Desenvolvimento, em especial Brasil, México e Argentina, suas importações são normalmente em insumos, máquinas, equipamentos e tecnologia, para reaparelhar o setor industrial e de serviços. Conter importações destes produtos significa frear o desenvolvimento. Para exportar mais é preciso, além de Know-how e marcas conhecidas, que não haja barreiras que impeçam suas exportações. Após as moratórias tornou-se praticamente impossível a um Estado em desenvolvimento receber empréstimos de bancos comerciais, salvo quando em crise de balança de pagamentos, que sujeitos a uma série de condições podem exercer os chamados DES. Só restou mesmo a recepção de investimentos, que foi regrada pela primeira vez pelo chamado TRIMS, Medidas Relativas a Investimentos em Matéria de Comércio, que são constante do Acordo de Marraqueche.

Neste sentido a OMC, por ter sido a última organização a ser criada, procura disciplinar um tema que incide fortemente sobre a balança de pagamentos e a taxa de câmbio, eixo central das atribuições do FMI. No entanto esta disciplina ainda é tímida, como será examinado.

É possível mencionar que a questão ligada a investimento e comércio tem seu surgimento quando o Estado passou a exercer uma ativa interferência na economia. Muitas vezes estes Estados criavam condições especiais para que determinados investidores estrangeiros realizassem seus investimentos em consonância com objetivos político-econômicos nacionais. Este comportamento ocorre tanto em Estados ricos como em Estados em Desenvolvimento, mas hodiernamente são mais visíveis nos últimos porque se tornou uma das poucas fontes de recursos para o crescimento do Estado em desenvolvimento, desprovido de tecnologia e capital, nesta nossa sociedade do conhecimento.

Países em desenvolvimento em geral costumam utilizar concessões de incentivos fiscais, criam para os investidores possibilidade de remessa quase total de lucros sem incidência tributária, exigindo por outro lado que estas empresas tenham perfil exportador ou que produzam ou utilizem componentes fabricados no país (o chamado índice de nacionalização)[69]. Para estes Estados trata-se de uma questão ligada à ordem interna. Já os Estados desenvolvidos e as corporações internacionais pensam que exigências e benefícios distorcem o comércio internacional e entravam o livre fluxo de capital entre os diversos mercados. Defendiam um Acordo Geral sobre investimento estrangeiro que estabeleceria os direitos do investidor estrangeiro e reduziria as obrigações das corporações para com o Estado hospedeiro, nos termos dos Acordos sobre Investimentos celebrados no âmbito da OCDE[70].

Nas discussões que originaram o Acordo de Marraqueche (Rodada Uruguai do GATT), os Estados em Desenvolvimento descartaram a adoção de um amplo Acordo sobre investimentos, de caráter liberalizante, que abrangesse

---

69. TROYANO, F.A Medidas de Investimento relacionadas ao Comércio. in MERCADANTE, AA &CASELLA, PB — *Guerra Comercial ou Integração Mundial pelo Comércio?* São Paulo. SP.LTR. 1998, pág. 563.
70. Hodiernamente os países da OCDE realizam Acordos Bilaterais com Estados em Desenvolvimento visando uma maior garantia e proteção contra procedimentos governamentais que prejudiquem os investidores. O Brasil celebrou sete Acordos Bilaterais sobre investimentos, todos eles no Congresso nacional pendentes de aprovação (Nota da Autora).

todo e qualquer investimento. Por outro lado, acordaram os Estados na fixação de regras para a questão ligada as medidas de investimentos relacionadas ao comércio de bens, sem abranger serviços, tecnologia e investimentos indiretos.Os motivos são claros: empresas multinacionais e transnacionais instalam-se no Terceiro Mundo recebendo incentivos para produzir para o mercado interno e exportar e isso compromete o comércio mundial.

Os Estados em desenvolvimento alegam que muitas vezes acabam vítimas de práticas anticompetitivas por parte das empresas transnacionais e multinacionais: preço de transferência superfaturado, que permite que a empresa instalada no Terceiro Mundo receba recursos superfaturados e possa promover maior repatriamento de lucros por meio de mecanismos ligados ao pagamento de royalts, venda subfaturada de produtos da empresa instalada no Terceiro Mundo que termina por reduzir os rendimentos da exportação. Assim é necessário estabelecer compromissos para estas empresas como perfomance exportadora ou índice de nacionalização, compensando a desvantagem competitiva dos Estados em desenvolvimento[71].

Em outros casos, empresas transnacionais e multinacionais fazem acordos para fixação de preços e para repartição de mercado, controlando valores e volumes de exportação e importação que podem comprometer a balança de pagamentos do Estado de Terceiro Mundo, extremamente vulnerável a estas práticas porque normalmente não possui mecanismos jurídicos e econômicos para organizar o mercado e fiscalizar os abusos. Em ambos os casos há questões ligadas à obtenção de divisas em moeda estrangeira, que

---

71. TROYANO, F.A Medidas de Investimento relacionadas ao Comércio in MERCADANTE, AA &CASELLA, PB — *Guerra Comercial ou Integração Mundial pelo Comércio?* São Paulo. SP.LTR. 1998, pág. 565.

por sua vez afetam a balança de pagamentos e repercutem nas taxas de câmbio.

Assim no que se refere ao comércio de bens houve a criação de uma série de compromissos entre os Estados, dentro das chamadas TRIMS, que abrangem inclusive Medidas que tenham repercussão sobre a balança de pagamentos[72]. O TRIMS possui nove artigos e um anexo, tratando dos investimentos no comércio que repercutem na balança de pagamentos em três deles. O propósito do TRIMS é proibir as Medidas Relativas a Investimento que distorcem o comércio e somente elas, levando em conta a situação especial dos países em desenvolvimento e o fato de que nem todas as TRIMS distorcem o comércio. Os Estados devem atentar para o princípio fundamental que é o do tratamento nacional[73].

A primeira Medida incompatível com o Acordo é prevista no Art. III par. I:

"As TRIMS incompatíveis com a obrigação de Tratamento Nacional, previstas no par. 4 do Art. III do GATT 1994 in cluem as mandatórias ou aquelas aplicáveis sob lei nacional ou decisões administrativas, ou cujo cumprimento é necessário para se obter uma vantagem, e que determinam: a).... b) que a aquisição ou utilização de produtos importados por uma empresa

---

72. Devido à temática deste capítulo serão abordadas apenas as Medidas de Investimentos Relativas ao Comércio que afetarem a balança de pagamentos e não todo o TRIMS.(Nota da Autora).
73. Diz o TRIMS Art. III par. 4.:" Os produtos advindos do território que sejam importados para o território de outro país membro devem receber tratamento não menos favorecido do que aquele concedido aos produtos de origem nacional no respeito às leis, regulamentos e exigências que afetam a sua venda interna, oferta para compra a preços mais baixos, transporte, distribuição ou uso...".

limite-se a um montante relacionado ao volume ou valor de sua produção local".

Vê-se que o Estado ao limitar a importação a um montante relacionado com a produção local, acaba na verdade criando a obrigação de produção local, o que é incompatível com o livre comércio, porque exige um equilíbrio na balança comercial de pagamentos, além de privilegiar produtos locais em detrimento dos importados. O Estado pode criar outra Medida de Investimento incompatível com o comércio quando, para dificultar as importações, restringe o acesso a divisas internacionais, condicionando a equivalência de importações ao montante das exportações realizadas. Tal proibição é expressa pelo Anexo Art. XI par. I.

"As TRIMS incompatíveis com a obrigação de eliminação geral das restrições quantitativas prevista no parágrafo 1 do artigo XI do GATT 1994 incluem as mandatórias, aquelas aplicáveis sob a lei nacional ou mediante decisões administrativas ou aquelas cujo cumprimento é necessário para se obter uma vantagem, e que restringem: a).....; b) a importação por uma empresa de produtos utilizados em sua produção local ou relacionados com a mesma, mediante a restrição de seu acesso a divisas estrangeiras em um montante equivalente à entrada de divisas estrangeiras atribuíveis a essa empresa; c)......"

O TRIMS é extremamente limitado, não contemplando exigências de fabricação, exigências de desempenho na exportação, limites da fabricação, exigências de transferência de tecnologia, pagamento de royalts e remessa de lucros. Apenas as Medidas claramente restritivas ao comércio, já citadas, foram disciplinadas porque representaram um compromisso entre Estados ricos e em desenvolvimento: os Estados ricos não aceitarão em nenhuma hipótese que as medidas disciplinadas nos Artigos III e XI já mencionadas sejam adotadas pelos Estados em desenvolvimento, mas não terão objeção a adoção de outras medidas. Por outro lado é vedado ao Estados Desenvolvidos o uso destas Medidas

Somente há uma única exceção à adoção de Medidas incompatíveis e são restritas à desequilíbrios na balança de pagamentos de Estados em Desenvolvimento, sendo que os Estados ricos não poderão adotá-las em nenhuma hipótese. Esta exceção está prevista no Art.IV e diz respeito a balança de pagamentos, que, conforme já exarado neste trabalho, se encontram em posição de maior vulnerabilidade na economia internacionalizada deste Segundo Milênio:

> "Estará temporariamente livre do cumprimento das disposições do Art.2 em conformidade e na medida em que o Artigo XVIII do GATT 1994, o Entendimento sobre as Disposições Relativas ao Balanço de pagamentos do GATT 1994 e a Declaração sobre Medidas Comerciais Tomadas por razões de Balanço de Pagamentos adotada em 28 de novembro de 1979 (BISD 26S/205-209) permitam ao referido membro deixar de cumprir as disposições dos Artigos III e XI do GATT 1994".

A internacionalização da economia, as crises econômicas e cambiais de um grande número de Estados em Desenvolvimento motivaram uma reflexão inicial dos Estados sobre os riscos enfrentados pela Ordem econômica internacional. Esta reflexão teve como consequência o surgimento da OMC e uma rediscussão da ordem internacional, bem como do elo entre equilíbrio na balança de pagamentos com o equilíbrio no comércio internacional, desigualdades de desenvolvimento entre Estados, bem como relativo ao sistema internacional de crédito que apresentou um enorme crescimento do setor privado no cenário internacional e um adensamento do poder de Estados Ricos no FMI através da celebração do AGE.

Para uma disciplina mais adequada do tema haveria necessidade de se tratar o as Medidas de Investimento em consonância com o tema de Investimentos Internacionais, eliminação de práticas anticompetitivas internacionais e disparidades de desenvolvimento entre Estados. Seria necessário um regramento que envolvesse comércio internacional, investimentos, concorrência internacional, havendo uma mudança no tratamento de restrições quantitativas, subsídios, salvaguardas e propriedade intelectual, bem como uma cooperação maior entre a OMC, a ONU, através da UNCTAD e UNCITRAL e as Instituições de Bretton Woods, notadamente o FMI. Não há como dissociar estabilidade na balança de pagamentos, taxas de câmbio e fluxos de capital, investimento, comércio internacional e tecnologia. Também não há como esquecer toda a sorte de desigualdades entre Estados, muitas delas inaceitáveis.

2.3. Multilateralismo x Regionalismo

Pari passu ao processo de internacionalização da economia, o sucesso do Mercado Comum Europeu, hoje União Européia, inspirou a criação de Organizações Regionais de Integração Econômica, sejam zonas de livre comércio, sejam uniões aduaneiras. Hoje existe quase uma vintena destas Organizações, em sua maior parte constituídas por países pobres. Surge portanto uma questão crucial: qual é o relacionamento normativo entre a OMC e as organizações regionais?

Frente aos problemas econômicos enfrentados pelos Estados neste início de milênio, que formulação jurídico-econômica seria eficaz? A OMC que permite o acesso de qualquer Estado, que se comprometa com seus ditames? A criação de blocos regionais que fortalece o comércio entre estados geograficamente próximos? Um modelo jurídico que permita a compatibilização de ambos das esferas global e regional?

Admitindo-se que hodiernamente coexistem os dois modelos, será necessária a realização uma análise crítica sobre ambos e sua eficácia. A primeira diferença que sobressai entre os modelos regional e global é a questão da profundidade das obrigações assumidas pelos Estados.

A OMC possui um conjunto amplo de normas que pretende constitui-ser num paradigma de organização da economia internacional pós-guerra fria. São normas dirigidas aos Estados como um todo, bem como a cada Estado individualmente no que se refere à sua própria organização econômica. Alguns exemplos são clássicos.

Quando a regra da OMC dizem que Estados devem utilizar procedimentos na esfera administrativa ou judicial que permitam a uma empresa acusada de dumping se defender, ela está prescrevendo aos estados que criem órgãos e procedimentos específicos, independentes e transparentes para que tal ocorra, mas não cria regras uniformes para o funcionamento do órgão. E em caso de não atendimento a esta exigência, através do Órgão de Solução de Controvérsias a OMC poderá punir o Estado que fixou medida antidumping irregularmente.

No momento em que as regras da OMC determinam que nenhum Estado poderá impedir um prestador de serviço estrangeiro na área de telecomunicações de prestar serviços no seu território, elas estão a condicionar toda a sistemática jurídica interna relativa à prestação de serviço público de telecomunicações, impedindo, por exemplo, monopólios públicos ou privados que exerçam posição dominante. Quando as regras da OMC determinam a proteção da propriedade intelectual, elas estão determinando aos Estados que possuam regras próprias, respeitantes dos paradigmas da OMC para disciplinar esta matéria, bem como a de investimentos estrangeiros no setor, mas de nenhuma forma estão obrigando que as regras sejam uniformes ou uniformizadas entre os 145 membros.

Já na questão do regionalismo o que existe é minimamente uma uniformização de tarifas de produtos e serviços ligados ao comércio intrabloco, como é o caso do Mercosul. Por outro lado, cada bloco regional possui seus interesses específicos: o Mercosul enfatiza tarifas para o comércio de produtos, bem como acordos de produção em alguns setores econômicos importantes como o automotivo; o NAFTA privilegia a liberdade e a proteção para investimentos estrangeiros e a ASEAN tem sua tônica nos investimentos e Acordos de integração de mercados na produção de bens especializados entre membros do bloco.

Enfim a integração econômica procura uniformizar certos aspectos do comercio (tarifas, investimentos, antidumping, concorrência) ou praticamente toda a economia como no caso da União Européia entre os membros. Costumam ser acordos mais aprofundados que os presentes nas regras da OMC.

Sintomático deste entendimento é o grande respaldo que a União Européia, que é hoje o exemplo mais profundo de integração econômica, concede à OMC, enquanto Estados que não participam de blocos econômicos, mas são membros da OMC como a Índia e o Paquistão são extremamente críticos às regras da OMC, bem como ao avanço do regramento do comércio internacional. Quanto menos integrado na economia regional, maior é a desconfiança com a integração global, o que mostra que no fundo, há uma complementaridade nos processos de integração econômica global e regional. Os Estados Unidos são o grande exemplo: antes do início do funcionamento do NAFTA, em 1995, os americanos cogitaram se iriam ou não integrar a OMC. Hoje isto é assunto fora de discussão na agenda político-econômica americana.

O artigo XXIV do GATT 1994[74] expressamente prevê que o princípio da subsidiariedade, atribuindo expressamente à OMC mandato para verificação nas zonas de livre comércio e uniões aduaneiras da disciplina e prática do comércio internacional no que se refere à exceção ao princípio do MNF (cláusula de Nação mais favorecida). Cabe à OMC verificar se as preferências estabelecidas no comércio efetuado dentro das zonas de livre comércio ou uniões aduaneiras não prejudicam os demais membros da OMC.

A internacionalização da economia traz para os Estados em Desenvolvimento uma enorme gama de mudanças, sendo que muitos deles não possuem organização jurídica para disciplinar os seus interesses. Por outro lado, noções como eficiência e resultados esperados não fazem parte do vocabulário de muitos Estados em Desenvolvimento e Subdesenvolvidos, mas representam o *modus operandi* de empresas transnacionais. E são as grandes empresas transnacionais que dominam o fluxo de investimentos internacionais, essencial para o comércio de serviços, em especial o serviço de telecomunicações, que pode ser considerado como o mais internacionalizado dos serviços públicos.

Cabe portanto iniciar o tratamento jurídico do GATS e do Acordo de Telecomunicações no âmbito da OMC.

---

74. Vide tabela 2 deste capítulo.

Capítulo III

O Acordo Geral do Comércio de Serviços (GATS), o Acordo de Telecomunicações e os Entendimentos de Cingapura

3.1. A Regulamentação Internacional do Comércio de Serviços.: a Relação entre Serviços e Investimentos

Tradicionalmente os Acordos Internacionais envolvendo o comércio internacional sempre tiveram por objeto o comércio de bens. A inclusão do comércio de serviços dentro da regulamentação sobre comércio internacional é um feito produzido pela Rodada Uruguai. Nas negociações anteriores do GATT houve apenas negociações em torno do comércio de serviços, mas dessas negociações não resultaram Tratados internacionais.

Foi com a Rodada Uruguai que surgiu a primeira regulamentação para o comércio de serviços (GATS), para investimentos diretos ligados ao comércio (TRIMS) e para a defesa dos direitos de propriedade intelectual (TRIPS).O comércio de serviços, apesar das dificuldades de mensuração do imaterial, vem crescendo e aumentando sua contribuição no produto nacional bruto dos países desenvolvidos e, em menor proporção, dos países em desenvolvimento. Segundo o Embaixador Paulo Flexa de Lima a necessidade de regulamentação do comércio de serviços decorre das mudanças causadas na economia em decorrência da especialização crescente das atividades, bem como dos avanços da tecnologia que repercutiram nos setores bancários, de telecomunicações, de transmissão eletrônica de dados e de licenciamento da tecnologia. Assim verifica-se que o aumento da competitividade internacional de produtos tecnologicamente avançados, tem como causa os serviços intensivos em conhecimento. Segundo o mesmo autor os serviços têm importância estratégica, pois sua quantidade e qualidade são fatores determinantes para a definição do nível econômico dos Estados[75].

Mercadante ao citar Carneiro afirma que a expressão comércio de serviços surgiu pela primeira vez no relatório de um grupo de peritos convocados pela OCDE (Organização para a Cooperação e Desenvolvimento Econômico), em 1972, para examinar as perspectivas comerciais a longo prazo dos Estados-Membros, em face das transformações estruturais das sociedades industrializadas[76]. No relatório desse grupo, a expressão "comércio de serviços" foi utilizada em substituição às "transações invisíveis".

O conceito de serviços não é pacífico. Nem mesmo a OMC tem uma definição de comércio internacional de serviços, limitando-se a estabelecer suas modalidades. To-

---

75. IN CASELLA, P.B. & MERCADANTE, A, A — *Guerra Comercial ou Integração Mundial pelo Comércio: a OMC e o Brasil*. São Paulo. LTR.1998, pág. 414.
76. CASELLA, P.B. & MERCADANTE, A, A — Guerra Comercial ou Integração Mundial pelo Comércio: a OMC e o Brasil. São Paulo. LTR.1998, pág. 414.

davia, Araminta Mercadante conceitua o comércio internacional de serviços como o conjunto de atividades econômicas em que há movimento transfronteira de trabalhos invisíveis ou de pessoas que os executam, sem envolver mercadorias[77]. Neste sentido, Thorstensen[78] também argumenta que bens e serviços podem ser distinguidos através de suas características, sendo que bens são tangíveis e visíveis, ao passo que serviços são, na maioria das vezes, intangíveis e invisíveis, além de não poderem ser estocáveis. Atesta também que outro problema do setor de serviços é a grande lacuna de dados estatísticos, e a falta de uma metodologia que possa tornar os dados comparáveis.

Nos anos 70, os Estados Unidos propuseram a inclusão dos serviços na pauta das negociações, mas encontraram grande resistência, especialmente dos países em desenvolvimento. Considerando a estrutura do GATT, estes países temiam que questões relacionadas ao mercado de bens interferissem em seus mercados de serviços, com a possibilidade de retaliações cruzadas.

O comércio internacional de serviços era caracterizado por forte intervenção estatal, seja na regulação ou na prestação dos serviços, por uma regulamentação internacional anticoncorrencial, pela falta de regras jurídicas internacionais específicas para a atividade, o que permitia aos Estados estabelecerem regras internas e práticas de natureza protecionista e restritiva à participação de prestadores estrangeiros.

---

77. CASELLA, P.B. & MERCADANTE, A, A — Guerra Comercial ou Integração Mundial pelo Comércio: a OMC e o Brasil. São Paulo. LTR.1998, pág. 419.
78. THOSTENSEN, V. — OMC: As Regras do Comércio Internacional e a Rodada do Milênio. S. Paulo Ed. Aduaneiras.. 1999, pág. 179.

Enquanto o comércio de bens pode ser disciplinado com a utilização de tarifas, restrições quantitativas ou quotas, o comércio de serviços é regulado diretamente por meio de regras internas, como no caso dos chamados serviços públicos ou indiretamente através da criação de regras sobre investimentos estrangeiros, excluindo-se empresas, empresários e prestadores de serviços estrangeiros de poderem possuir ou exercer determinadas atividades no ramo de serviços dentro do território nacional.

No caso dos serviços públicos, o aspecto anticoncorrencial do setor de serviços não se manifesta apenas porque os Estados nacionais consideram a regulação da prestação do serviço público como um dos desdobramentos do seu poder soberano. Em alguns casos, como o Brasil até 1998, era o próprio Estado, por meio de entidades da administração indireta quem prestava o serviço diretamente ao usuário.

A falta de concorrência também se manifesta no fato de que o setor de serviços exige maciço investimento prévio relativamente ao seu efetivo oferecimento no mercado de usuários. Portanto é necessário além da regulação estatal, que prescreve as modalidades, as tarifas e os deveres do prestador eliminando um potencial número de concorrentes, um regramento sobre os investimentos no setor. Nos Estados em desenvolvimento o estoque de capital para investimento costuma ser insuficiente, seja porque se exige do prestador o acesso a vultuosas somas, que ele não possui e nem consegue acesso a ele por meio do mercado de capitais, que é pequeno devido ao baixo nível de renda da sociedade em geral, e nem por meio de empréstimos bancários, uma vez que a taxa de juros em Estados em Desenvolvimento é excessivamente alta, devido ao risco mais alto que representam para os investidores que provêem os recursos que os bancos destinam para empréstimos.

Assim estas grandes somas tendem a ingressar nos Estados em Desenvolvimento por meio de investimentos estrangeiros. Estes investimentos podem ser feitos tanto em moeda quanto em tecnologia, essenciais, nos setores prestadores de serviços públicos que exigem alta tecnologia. Poucas são as empresas que reúnem mão de obra superqualificada, tecnologia sofisticada e facilidade de acesso ao capital e como não poderia deixar de ser, são empresas multinacionais originárias de Estados Desenvolvidos. Daí a resistência dos Estados em Desenvolvimento de não participarem de um "Acordo Geral sobre Investimentos" no âmbito das Negociações da Rodada Uruguai, preservando minimamente o seu poder regulamentador sobre investimentos estrangeiros e seu poder de exigir contrapartidas em função destes investimentos.[79] O único Acordo possível foi o expresso na TRIMS.

Assim não existe um "direito ao investimento"[80] no setor de serviços, havendo apenas compromissos relativos a cada setor, numa regulamentação que ficou conhecida como liberalização progressiva. Eles sofrem ainda uma série de restrições de cada Estado, ligadas ao seu grau de desenvolvimento e suas orientações políticas, na sua disciplina jurídica.

Destarte é complexo falar num comércio internacional de serviços. Embora não exista um direito ao investimento, na prática é quase impossível dissociar os fluxos internacionais de serviços dos fluxos internacionais de investimento. "Em estudo sobre a indústria norte-americana de serviços constatou-se que em apenas dois subsetores havia efetivamente um comércio de serviços. Assim sendo, a regulamentação multilateral do setor, ainda que parcial, está en-

---

79. Vide capítulo anterior.
80. SAUVÉ, P — *Developing Countries and the GATS 2000 Round*. In *Journal Of the World Trade*. London. Kluwer Law International. N. 34. vol. 2, pág. 85-92.

volvida em questões complexas, tais como a geração de emprego ou ajustamento de contas externas, sem falar das implicações para a própria estratégia nacional de desenvolvimento, seja do país que recebe, seja do que envia os fluxos"[81]. Por outro lado, muitos Estados, em especial Estados em Desenvolvimento, exigem que os investidores estrangeiros realizem investimentos diretos na prestação de serviços no seu território como condição necessária para que ocorra o comércio internacional de serviços[82].

Somente em 1986, com o início da Rodada Uruguai, que os países membros do GATT aceitaram a inclusão dos serviços nas negociações. Todavia, visando evitar a possibilidade de retaliações cruzadas, foram concluídos dois Acordos distintos (bens e serviços).. O GATS (Acordo Geral sobre Serviços) é, assim, uma das principais realizações da Rodada Uruguai e será estudado a seguir.

3.2. O Acordo Geral sobre Comércio de Serviços (GATS): Princípios Gerais e Compromissos

O Acordo Geral sobre Serviços (GATS) é o primeiro acordo multilateral abrangendo os setores de serviços. Visando encorajar o acesso aos mercados e a sua progressiva

---

81. KUME, H & CARVALHO, A — O Comércio de Serviços: Notas para uma Avaliação da Posição Brasileira. In BRAGA, C A P. & MARTONE, C l & PELIN, E R — *O Brasil, o GATT e a Rodada Uruguai.* IPE/USP/FIPE. 1994, pág. 249.

82. No Caso brasileiro, há necessidade de que o investidor estrangeiro, e neste caso se trata de investimento estrangeiro direto, tenha um parceiro brasileiro, pelo menos na fase inicial do investimento estrangeiro direto no comércio de serviços. Por isso o contrato joint venture e o consórcio são utilizados para estabelecer as obrigações entre os parceiros. (Nota da Autora).

liberalização, pretende-se que o GATS estimule o crescimento do comércio de serviços. O fundamento básico do acordo é o da flexibilidade, não se criando índices tarifários, mínimos ou máximos, ou exigência de imediata abertura do mercado de serviços para prestadores estrangeiros. Na verdade o Acordo de Serviços (GATS) constitui-se na moldura jurídica, possuindo natureza de Acordo Quadro, contendo regras multilaterais juridicamente obrigatórias, que orientará os acordos do comércio de serviços de maneira flexível, visando a sua liberalização progressiva[83].

De acordo com Thorstensen[84] o acordo foi negociado em quatro partes distintas. A primeira estabelece um quadro de regras para regulamentar o setor de serviços, incluindo princípios gerais e obrigações, além de conceitos gerais que se aplicam à medidas que afetam o comércio de serviços. A segunda contém anexos que determinam princípios e regras para setores específicos, demonstrando a diversidade dos serviços prestados (movimento de pessoas físicas, serviços financeiros, telecomunicações e serviços de transporte aéreo). A terceira estabelece, para cada membro do acordo, uma série de compromissos de liberalização para cada setor ou de acesso a mercado e de tratamento nacional nas áreas de comércio e investimento, que foram incluídos nas listas nacionais de cada membro do Acordo. A quarta estabelece listas em setores onde os membros não estão aplicando temporariamente o princípio de nação mais favorecida, que proíbe a discriminação entre os países.

---

83. TREPTE, P.A — *Article 90 and Services Monopolies*. London. ULR.1991, pág. 28.
84. THOSTENSEN, V. — OMC: As Regras do Comércio Internacional e a Rodada do Milênio. S. Paulo Ed. Aduaneiras.. 1999, pág. 180.

O Acordo de Serviços foi negociado sob motivação divergente dos Acordos sobre bens. Ele não se fez, como já examinado, por meio de um direito ao investimento sem quaisquer atendimentos às regras do mercado interno. Por outro lado, estas regras internas deverão possuir um caráter razoável, em consonância com os princípios do GATS.

O GATS define o comércio de serviços como a prestação de um serviço: a) do território de um Estado-Membro ao território de qualquer outro membro; b) no território de um Estado-Membro aos consumidores de serviços de qualquer outro Estado-Membro; c) pelo prestador de serviços de um Estado-Membro, por intermédio da presença comercial, no território de qualquer outro Estado-Membro; e d) pelo prestador de serviços de um Estado-Membro, por intermédio da presença de pessoas naturais de um Estado-Membro no território de qualquer outro Estado-Membro .

Os princípios básicos do Acordo de Serviços são semelhantes aos do GATT:

a) o tratamento nacional pelo qual os fornecedores estrangeiros de serviços devem ser tratados como os prestadores e fornecedores. Mister a ênfase de que o princípio não poderá ser utilizado para exigir de qualquer membro compensações por desvantagens competitivas que ocorram em virtude da qualidade de não nacionais dos serviços e prestadores dos mesmos

b) tratamento de nação mais favorecida, não devendo haver discriminação entre os membros do Acordo com relação ao tratamento acordado para prestação de serviços. Se um Estado deseja manter uma medida em dissonância com o tratamento de nação mais favorecida, deverá fazer constar esta medida em sua lista nacional quanto aos compromissos efetivamente assumidos.

c) transparência:políticas relevantes, como as barreiras de acesso aos mercados devem ser públicas, e toda legislação nacional, bem como as medidas de aplicação geral que afetem o comércio de serviços seja administrada de forma objetiva e imparcial. Isto significa que os Estados deverão prever a existência de tribunais judiciais, arbitrais ou administrativos ou procedimentos que permitam a revisão de decisões administrativas por entidades que tenham relativa independência do poder público. Todos estes procedimentos, políticas, medidas e legislação deverão ser notificados à OMC

d) liberalização progressiva: compromissos para a liberalização são irreversíveis, fornecendo a base para negociações futuras, visando a elevar o nível geral dos compromissos assumidos pelo país. Neste princípio está também inserida a questão dos monopólios e os casos de prestadores exclusivos de serviços. A eles, segundo o GATS devem ser aplicadas as regras de concorrência e do antitruste para evitar que infrinjam a cláusula de nação mais favorecida

O GATS contém 29 artigos, subdivididos em Preâmbulo, Parte I — Alcance e Definição, Parte II — Obrigações e Disciplinas Gerais, Parte III — Compromissos Específicos, Parte IV — Liberalização Progressiva, Parte V — Disposições Institucionais, Parte VI — Disposições Finais e 08 Anexos.

O acordo é formado, ainda, pelas Listas de Compromissos Específicos e pelas Listas de exceções à Cláusula da Nação mais Favorecida apresentadas pelos Estados-Membros.

Durante a assinatura da Ata Final da Rodada Uruguai, em 15 de abril de 1994, foram apresentadas e firmadas 95 listas de compromissos específicos na área de comércio de serviços e 61 listas de exceções ao princípio da nação mais favorecida. Cabe assinalar que o texto do acordo quadro preserva a necessária flexibilidade para que o Estado-Membro possa assumir compromissos compatíveis com a situação jurídica de cada setor.

Segundo Araminta Mercadante "a essência das obrigações está contida nas listas dos compromissos nacionais específicos dos Estados signatários, e estes só estarão obrigados pela liberalização progressiva dos setores de serviços negociados, ou seja, os membros indicam expressamente os serviços que serão liberalizados e as exceções a eles referentes; todos os demais serviços não indicados pelas partes continuam regidos pelas respectivas legislações nacionais, ainda que em caráter restritivo"[85]. Assim o Acordo representa um primeiro passo com uma liberalização progressiva no setor de serviços, a ser conduzida através de negociações sucessivas e não a instalação do livre comércio no setor de serviços.

Os compromissos específicos encontram equivalência na consolidação tarifária do comércio de bens, pois os Estados-membros que os redigiram assumem junto aos agentes econômicos dos outros Estados membros o dever de não modificar ou alterar as obrigações assumidas com eles e que lhes traga prejuízo, respeitando o direito dos mesmos de operacionalizar o serviço previsto na Lista. Somente será possível realizar alterações que favoreçam os compromissos assumidos.

3.3. O Acordo de Telecomunicações: estrutura e efeitos

Alguns serviços mereceram tratamento jurídico especial no GATS, sendo por isso sua disciplina jurídica no

---

85. CASELLA, P.B. & MERCADANTE, A, A — Guerra Comercial ou Integração Mundial pelo Comércio: a OMC e o Brasil. São Paulo. LTR.1998, pág. 420.

âmbito da OMC ter sido feita em Anexos em separado. São eles: serviços bancários, serviços transporte marítimos, serviços de telecomunicações, serviços de transporte aéreo e serviços de energia elétrica. Estes serviços sempre sofreram forte regulamentação estatal por serem considerados a infraestrutura do comércio internacional: afinal sem energia não se produz, sem telefone não se negocia, sem transportes aéreo e marítimo não se transfere fisicamente os produtos e sem serviços bancários não se recebe.

Devido a sua enorme importância tanto social quanto econômica estes serviços ou são prestados diretamente pelo Estado, ou são regulamentados por ele, sendo a prestação concedida a particulares. Todos são considerados serviços públicos e produzem uma utilidade pública. Por outro lado são serviços que por serem públicos, devem ter seu fornecimento contínuo, devem ser universalizados, em especial os serviços de telecomunicações e energia elétrica. Com a evolução tecnológica que gera a inovação, novos serviços surgem e assim se expande a demanda por eles.

Surge então um enorme mercado potencializado pela universalização do acesso ao serviço público e que demanda enorme investimento prévio. Isto modifica a regulamentação tradicional e torna difícil para o Estado prover, ele mesmo, as demandas pelos serviços. Assim a tecnologia em permanente evolução e a falta de capital do Estado, caracterizada pela crise do *Welfare State*, para investir enfraquece os monopólios públicos, criando um mercado muito mais próximo daquele em que atuam as empresas privadas. Nesta conjuntura surge a regulamentação da OMC.[86]

---

86. TREPTE, P.A — *Article 90 and Services Monopolies*. London. ULR.1991, pág. 46. O autor analisa a questão dos monopólios de serviços na União Européia. Em países em desenvolvimento, onde as carências são maiores do que a organização dos serviços públicos prestados pelo Estado, maior foi o enfraquecimento dos monopólios.

Por outro lado, ao setor de telecomunicações agregam-se a cada dia novas modalidades de serviços: transmissão de dados por celular, celular digital, transmissão de dados e imagens por cabo e por celular. Tais serviços exigem tecnologia de alta definição e compatibilização entre os padrões tecnológicos utilizados para que o usuário possa desfrutar do serviço e se comunicar com outros usuários em outros Estados. Poucas são as empresas, notadamente as transnacionais que detêm a propriedade intelectual destes padrões tecnológicos. Isto faz com que o número de prestadores seja muito restrito, mas com abrangência no mercado global. Por isso a importância de um regulação mais efetiva da concorrência internacional no âmbito das OMC.

As telecomunicações são tratadas em um Anexo do Acordo sobre o Comércio de Serviços. Possuem um caráter dual, ou seja, são vistas como um setor distinto da atividade econômica e como meio de fornecimento de outras atividades econômicas. Celli[87] afirma que tradicionalmente, o setor de telecomunicações tem sido dos mais protecionistas e menos abertos à livre concorrência. Na União Européia, por exemplo, esse setor constitui uma das últimas barreiras a uma economia amplamente aberta e competitiva (...). É justamente neste contexto de restrições que o Anexo sobre Telecomunicações pode ser considerado como um avanço.

Assim, os serviços de telecomunicações foram objeto de grandes debates e oposições por parte dos países periféricos que temiam que a liberalização de seus mercados domésticos para as grandes corporações transnacionais de serviços, como as operadoras de telecomunicações, sufocasse os monopólios estatais. Com o Acordo, o que ocorreu

---

87. CELLI, U in CASELLA, P.. & MERCADANTE, A, A — *Guerra Comercial ou Integração Mundial pelo Comércio: a OMC e o Brasil*. São Paulo. LTR.1998, pág. 518.

foi a compra dos velhos monopólios estatais pelas empresas multinacionais do setor de telecomunicações, na esteira do gigantesco movimento de privatizações que se seguiu a implementação do Acordo.

O Anexo sobre Telecomunicações deverá ser aplicado em todas as medidas dos Estados-Membros que afetem o acesso e o uso das redes e serviços públicos de telecomunicações (principal seção dentre as sete seções do Anexo). Contudo, suas disposições não se aplicarão as medidas que afetem a distribuição de rádio e televisão via cabo.

Ainda, as "telecomunicações" são definidas, na seção III do Anexo, como transmissão e recepção de sinais por meios eletromagnéticos. Os "Serviços públicos de transporte de telecomunicações" são qualquer tipo de serviço solicitado por um Estado-Membro para ser oferecido ao público em geral. Esses serviços incluem telégrafo, telefone, telex, transmissão de dados envolvendo transmissões de informação em tempo real entre dois ou mais pontos sem alterações no conteúdo da informação. Já, "Rede Pública de Transporte de Telecomunicações" é considerada como a infra-estrutura que permite a comunicação entre pontos definidos. E, as "Comunicações Intra-Corporações" são os meios de telecomunicações através do qual uma empresa se comunica com ou entre suas subsidiárias, sendo submetidas à legislação ou regulamento interno dos Estados-Membros.

A seção IV do Anexo corrobora o princípio da transparência. Neste contexto, na aplicação da Seção III, os Estados-Membros devem assegurar que as informações relevantes sobre as condições que afetam o acesso e o uso das redes e serviços públicos de transporte de telecomunicações estejam publicamente disponíveis, incluindo: tarifas e outros termos e condições do serviço, especificações de interfaces técnicas com essas redes e serviços; informações sobre órgãos responsáveis pela preparação e adoção de padrões que afetem o uso e acesso; condições para a inclusão de terminais ou outros equipamentos; notificações e requisitos para registro ou licença.

A Seção V estabelece que cada Estado-Membro deve assegurar a prestador de serviço de Estado-Membro o acesso e uso dos serviços e redes públicas de transporte de telecomunicações em condições e termos razoáveis e não-discriminatórios, ou seja, proíbe a existência de monopólios nas telecomunicações dos países membros. A OMC relaciona o termo "não discriminatório" aos princípios de nação mais favorável e de tratamento nacional.

A Seção V afirma que deverão os prestadores de serviços ter acesso a qualquer rede pública de transporte de telecomunicações ou serviço oferecido dentro do território ou através de cada Estado-Membro, incluindo-se os circuitos privados arrendados e, para tal finalidade, deverá cada Estado-Membro permitir:

a) a compra, arrendamento e conexão a equipamento terminal ou outro que faça interface com a rede e seja necessário à prestação do serviço pelo prestador. Assim a rede de telecomunicações deve ser de utilidade pública, e portanto se configurar como aberta, e não ser de propriedade pública, pertencente a um monopólio estatal.

b) a interconexão de circuitos privados, arrendados ou próprios com redes públicas de transporte de telecomunicações ou serviços ou com circuitos arrendados ou de propriedade de outro prestador de serviço. Além de aberta, ela não pode excluir qualquer interessado de seu uso.

c) a utilização de protocolos de operação de sua escolha na prestação de qualquer serviço, salvo quando for necessário, de outra forma, assegurar a disponibilidade das redes de transporte de telecomunicações e serviços para o público em geral.. Por outro lado os Estados não devem obstar que os prestadores utilizam tecnologias mais avançadas e eficientes. Elas devem ser compatíveis entre si, daí a necessidade de investimentos em tecnologia, que exige capitais e mão de obra superqualificada, conduções que os monopólios estatais tem dificuldade para atender.

O parágrafo (c) da mesma seção, dispõe que cada Estado-Membro deverá assegurar aos provedores de serviço de outros Estados-Membros o uso das redes públicas de transporte de telecomunicações e serviços para a movimentação de informação internamente e entre fronteiras, inclusive para comunicações entre corporações ou o acesso a informações contida em bases de dados no território de qualquer membro. Neste sentido, qualquer medida nova de Estado-Membro afetando o mencionado uso deverá ser notificada e objeto de consulta à OMC, corroborando mais uma vez o poder atribuído à esta Organização Internacional de fiscalização dos processos de liberalização das telecomunicações nos países membros.

Visando a atender ao uso eficiente e universalizado da rede pública de telecomunicações o Estado pode impor restrições de acesso e uso da rede pública de transporte de telecomunicações e serviços. O próprio Anexo oferece uma lista de restrições possíveis e de sua leitura depreende-se que, são proibidas restrições que favoreçam setores econômicos ou competidores na utilização da rede pública de transporte de telecomunicações e serviços. São elas:

a) medidas de salvaguarda da responsabilidade dos provedores de serviços públicos de telecomunicações, em especial a sua habilidade em disponibilizar redes e serviços ao público em geral. Trata-se de restrição de caráter jurídico, visando proteger o usuário;

b) proteção a integridade técnica dos serviços e redes públicas de transporte de telecomunicações (restrição técnica);

c) medidas que assegurem que os provedores de serviços de qualquer Estado-Membro somente realizem serviços permitidos nas Listas do Estado-Membro (exceção de reciprocidade).

Uma vez satisfeitos os critérios acima mencionados, as condições para o acesso e uso das redes públicas de transportes de telecomunicações e serviços abrangem:

a) restrições com relação à revenda ou uso compartilhado desses serviços;

b) obrigatoriedade do uso de interfaces técnicas específicas, como protocolos de interface para interconexão como redes e serviços;

c) cumprimento de requisitos, quando necessários, para a operacionalização dos serviços e para estimular a consecução das metas estabelecidas;

d) aprovação do terminal ou outros equipamentos que realizam interfaces com a rede e os requisitos técnicos relacionados ao uso destes equipamentos nas redes;

e) restrições com relação a inter-conexões de circuitos privados com as redes e serviços ou com circuitos arrendados ou de propriedade de outro provedor;

d) notificações, registros e licenças.

Além das restrições, o Anexo sobre Telecomunicações enfatiza que os países em desenvolvimento devem estabelecer condições razoáveis ao acesso e uso das redes públicas de transportes de telecomunicações e serviços, visando fortalecer a sua infra-estrutura doméstica e a capacidade dos serviços, bem como aumentar sua participação no comércio internacional de serviços de telecomunicações.

O Anexo é finalizado com o reconhecimento da importância de uma infra-estrutura eficiente de telecomunicações nos países, principalmente em desenvolvimento, como pré-requisito para expansão da participação desses no comércio de serviços. Assim, a OMC estimula a participação de todos os Estados em entidades e organizações internacionais como a UIT, BIRD e PNUD, bem como o aumento da cooperação entre os países em desenvolvimento na área de telecomunicação em níveis sub-regional, regional e internacional.

Observa-se, pois que, na verdade em nenhum momento o Acordo de Telecomunicações determina que monopólios não deverão existir e nem obriga os Estados monopolistas a se desfazer dos mesmos. O que deseja o Acordo é a abertura para que outros prestadores que não os monopólios, possam prestar o serviço, sejam estes outros empresas nacionais ou estrangeiras. A questão é que quando um monopólio estatal que deve seguir rígidos procedimentos legais na condução de suas atividades econômicas é colocado para competir com empresas privadas que operam no mercado internacional, adotando tecnologia avançada, procedimentos ágeis e flexíveis de gerência, os mesmos monopólios sucumbem.

Assim torna-se mais fácil tanto para o Estado quanto para a empresa a divisão da empresa pública monopolista (para evitar um monopólio privado) e sua privatização posterior. Não é a toa que as privatizações dos monopólios estatais de telecomunicações começaram na Europa que se comprometeu a cumprir o GATS a partir de 1996 e foram para a América Latina, onde Argentina passou a cumpri-lo em 1997 e o Brasil que se comprometeu a cumprí-lo em 1998, ano em que realizou as privatizações do setor de telecomunicações.

A OMC enfatiza também a importância de padrões internacionais para que haja compatibilidade global e possibilidade de inter-operacionalização das redes e serviços de telecomunicações entre os Estados-Membros. Assim, no âmbito do GATS foi criado o Grupo de Negociações sobre Telecomunicações Básicas (NGBT — Negotiating Group on Basic Telecommunications) que deveria iniciar suas discussões em Maio de 1994 visando concluir as negociações e elaborar um relatório final até 30 de abril de 1996.

Ao mencionar o NGBT, Celli[88] expõe que o objetivo do Grupo é o de chegar a um acordo final sobre os termos e condições específicas da liberalização global do setor. Elucida, também, que o sucesso dessas negociações é tido por muitos analistas como crucial para a consolidação da autoridade da OMC e de suas pretensões de expandir a liberalização comercial ao setor de serviços.

Neste contexto, o NGBT tinha como função estabelecer disciplinas regulatórias, avançar a quantidade e a qualidade dos compromissos, e examinar as possíveis distorções no comércio de serviços. Entretanto, as negociações não foram tão fáceis como se previa. Martins[89] comenta que durante as negociações finais, entretanto, o NGBT foi obrigado a buscar uma solução política, para não prejudicar os acordos até então obtidos, pela posição de retrocesso assumida pelos Estados Unidos, nas vésperas do encerramento dos trabalhos. Os norte-americanos pretendiam retirar da proposta inicial a abertura ao seu mercado de satélites e incluir restrições para o acesso do mercado doméstico de telefonia de longa distância, alegando que, no caso do segmento de satélites, as ofertas dos demais países não eram, para os Estados Unidos, suficientemente compensadoras. Apesar da questão envolver principalmente os sistemas de satélite de baixa e média órbitas, a intenção dos norte-ame-

---

88. CELLI, U in CASELLA, P.. & MERCADANTE, A, A — *Guerra Comercial ou Integração Mundial pelo Comércio: a OMC e o Brasil*. São Paulo. LTR.1998, pág. 521.

89. MARTINS, M.A. — *O Brasil e a Globalização das Comunicações na Década de 90*. Dissertação apresentada à Universidade de Brasília como requisito parcial para a obtenção do grau de Mestre em Relações Internacionais, Brasília, 1999, pág. 83.

ricanos era excluir também os sistemas de satélites geoestacionários.

O mencionado autor[90] salienta, ainda, que o impasse somente foi superado com a intervenção do Diretor-Geral da OMC, o italiano Renato Ruggiero, mediante a seguinte solução: a) dar por concluídas as negociações sobre telecomunicações, adotando a melhor oferta de acesso ao mercado, apresentada pelos países-membros; b) adiar, para 30 de novembro de 1997, o limite para a formalização da aceitação do Protocolo de Telecomunicações junto à OMC, mantendo a data de 01 de janeiro de 1998 para sua entrada em vigor; c) estabelecer o período entre 15 de janeiro e 15 de fevereiro de 1997 para que os países pudessem suplementar ou modificar suas ofertas.

A solução apresentada por Ruggiero permitiu a países, como Egito e África do Sul, que até o momento não haviam formulado propostas para a liberação, pudessem participar das negociações. Foi também importante, para que países em processo de liberalização interna, apresentassem propostas que incorporassem os avanços em suas legislações nacionais, como Brasil, Austrália, Noruega e Suíça.

O Pacto Multilateral de Liberalização do Setor de Telecomunicações, que é uma das partes dos Entendimentos de Cingapura, foi assinado em janeiro de 1998 e entrou em vigor em 05 de fevereiro do mesmo ano. Resultado de três anos de negociações, o Pacto foi discutido por 69 Estados-Membros, entre eles 40 países em desenvolvimento, representando mais de 91% da rede global de telecomunicações.

---

90. MARTINS, M.A. — *O Brasil e a Globalização das Comunicações na Década de 90*. Dissertação apresentada à Universidade de Brasília como requisito parcial para a obtenção do grau de Mestre em Relações Internacionais, Brasília, 1999, pág. 84.

Através do Pacto Multilateral de Liberalização os Estados começaram a implementar os compromissos assumidos. Assim nota-se que a partir já do final de 1997 iniciou-se uma abertura do mercado de telecomunicações na Europa, na América Latina, no Extremo Oriente. Esta abertura começou com a quebra dos monopólios, que são tecnicamente incompatíveis com o Acordo, incrementou-se com a participação do capital estrangeiro nos diversos setores e prossegue hoje em colaboração com a UIT[91] que é uma Agência Internacional Especializada, na criação de um modelo para a regulamentação do chamado *"unbundling"* com a finalidade de aumentar a concorrência interna e internacional no setor de telecomunicações.

Na União Européia desde 1987 está em pauta uma reforma estrutural para o setor de telecomunicações. Em julho de 1993, a partir de uma resolução da Comissão Européia, definiu-se a liberalização total do mercado, atingindo a telefonia pública e estabelecendo-se a data de 1º de janeiro de 1998 para início dos processos de liberalização em todos os países, à exceção de Portugal, Espanha e Grécia. Esta política colocou fim aos monopólios estatais no setor, modelo dominante nos sistemas europeus desde o início do século, criando um mercado continental único para os serviços de telecomunicações.

Nesta perspectiva, na União Européia, o setor de telecomunicações caracterizou-se em 1999 pelo aprofundamento da concorrência em telefonia básica e por um enorme crescimento das conexões móveis[92]. A partir de

---

91. A União Internacional de Telecomunicações conta com representantes de Estados e de empresas na criação dos modelos jurídicos que irão regrar a compatibilização tecnológica no setor.
92. PLAZA, C. Evolução das Telecomunicações Mundiais. IN; WOHLERS, M & PLAZA (org.), C. *Informe Anual de Telecomunicações e Tecnologias da Informação*. São Paulo: CELAET, 2000, pág. 36.

2002 a União Européia começou a regular e implementar o *unbundling*, através do ONP (Provisionamento de Rede Aberta), preparando estudos, normas e criando possibilidades para a desagregação total as redes, separando propriedade de infra-estrutura e prestação de serviços de telecomunicações.

A fiscalização para a implementação está a cargo da Comissão Européia, mas cabe às empresas concessionárias definir contratualmente, por meio de contratos-tipo, o compartilhamento da infra-estrutura. O modelo preferido tem sido o da empresa holding: as proprietárias de infra-estrutura criariam uma holding que se encarrega de contratar com as concessionárias prestadoras de serviços, o que faria com que as empresas que não possuam infra-estrutura possam concorrer em igualdade de condições.

Por outro lado o sistema permite um rebaixamento geral das tarifas ao usuário final, já que ao compartilhar as redes todas as empresas teriam diminuição de custos, seja para mantê-las, seja para operá-las, seja utilizá-las.Esta regulamentação terá também um grande impacto sobre a organização das empresas e dos contratos para a execução dos serviços de telecomunicações em todo o mundo.

3.4. O Brasil e seus Compromissos perante o Acordo de Telecomunicações

A modificação no regime jurídico brasileiro sobre prestação de serviços de telecomunicações é resultado de uma tendência mundial e irreversível de liberalização do comércio de serviços, consolidada pelo Acordo Geral sobre Serviços (GATS) da Organização Mundial do Comércio (OMC), como se pode depreender da análise realizada no item anterior.

Nesta perspectiva, o Brasil mantém também relações efetivas de cooperação com a União Internacional de Telecomunicações amparadas pelo "Acordo Básico de Assistência Técnica entre o Brasil e a Organização das Nações Unidas, suas Agências Especializadas e a Agência Internacional de Energia Atômica" de 29 de dezembro de 1964. Neste contexto e em consonância com o disposto no Anexo das Telecomunicações do GATS, assinou com a UIT, em 19 de fevereiro de 1998, um acordo de cooperação técnica com o objetivo de obter assessoria técnica especializada na implementação da Agência Nacional de Telecomunicações e no desenvolvimento dos aspectos fundamentais da regulamentação do setor brasileiro de telecomunicações.

Como consequência deste processo, em 1996, com a Lei Mínima iniciou-se o processo de liberalização no Brasil, com a implantação de um modelo de competição para a telefonia celular com quatro operadoras de banda B, consolidado posteriormente pela privatização das empresas da banda A em 1998. Através de um movimento inverso, a Lei Geral de 1997 estabeleceu as bases para a privatização das empresas do Sistema Telebrás, criando um sistema de competição que se conformou posteriormente à concretização das concessões. Neste sentido, a Lei Geral alterou profundamente o modelo brasileiro de telecomunicações, colocando o Estado como regulador dos serviços de telecomunicações e indutor das forças do mercado.

Cumpre ainda ressaltar que o adiamento nas negociações do NGBT favoreceu a apresentação pelo Brasil de propostas liberalizantes vinculadas também às diretrizes estabelecidas pela Lei Geral de Telecomunicações.

Dentre as propostas, cabe enfatizar o compromisso de acabar com o monopólio no setor e formular regulamentos, através da Anatel, para a abertura de competição nos serviços de transporte por satélite, e o estímulo a concorrência nos serviços de valor adicionado. Com a Lei Mínima, a Lei Geral de Telecomunicações, o Plano Geral de Outorgas, o Plano de Universalização, o Plano de Metas e Qualidade e as várias regulamentações implementadas pela Agência Nacional de Telecomunicações, o Brasil está tentando encontrar um modelo adequado de liberalização, buscando estimular a competição e para cumprir os objetivos de universalização do acesso aos serviços básicos.

Observado o quadro regulatório nacional do setor de telecomunicações, passa-se a analisar o seu enquadramento às necessidades do mercado internacional. A integração do país ao comércio multilateral, principalmente com a sua participação dos Acordos Gerais sobre Comércio e Tarifas (GATT) e sobre Comércio de Serviços (GATS), resultados da Rodada Uruguai, exigiu-lhe certa adaptação regulatória, em seus setores econômicos (como as telecomunicações), aos princípios e regras determinados pela Organização Mundial do Comércio — OMC.

O Acordo ressalta a necessidade de sucessivas rodadas de negociações para que esse processo de liberalização se viabilize, principalmente para aqueles países que ainda possuem um mercado imaturo para essa abertura. Portanto, respeitar-se-á os objetivos de políticas nacionais e o nível de desenvolvimento dos distintos membros, bem como deve haver flexibilidade apropriada para que os diferentes países em desenvolvimento abram menos setores, liberalizem menos tipos de transações, aumentem progressivamente o acesso a seus mercados, em função de sua situação em matéria de desenvolvimento econômico (Artigo XIX, 1 e 2).

Os Compromissos Específicos assumidos pelo Brasil situam o país em grau intermediário no que se refere à liberalização do setor de telecomunicações. O maior número de compromissos assumidos pelo país dizem respeito à chamada presença comercial de empresas que aqui prestam serviços, ou seja, o Brasil abriu seu mercado à concorrência nacional e internacional, atribuindo-se poderes para regular, fiscalizar, conceder e autorizar a prestação do serviço público.

No entanto o Brasil cria algumas restrições relativas à presença comercial de empresas. Em seus Compromissos expressamente diz o Brasil: "empresas estrangeiras prestadoras de serviços devem unir-se a empresas brasileiras sob uma forma legal específica (o consórcio); o sócio brasileiro deve deter a direção. O contrato que estabelece o consórcio deve definir claramente seus objetivos"[93].

No mesmo sentido a Lei 9295/96 estabelece limites à participação de investimentos estrangeiros no setor de telecomunicações. Em seu artigo 11 a Lei prevê que: *"Nos três anos seguintes à publicação desta lei, o Poder executivo poderá adotar, nos casos em que o interesse nacional assim o exigir, limites na composição do capital das empresas concessionárias de que trata este artigo, assegurando que pelo menos 51% do capital votante pertença, direta ou indiretamente, a brasileiros".* Pode o Presidente da República ainda, se considerar as exigências do interesse público vetar a realização de investimentos estrangeiros na área de telecomunicações.

Conforme o Artigo XX do Acordo Geral sobre o Comércio de Serviços, cada Estado membro deve indicar e uma lista os compromissos específicos por ele assumidos. Observada a orientação dada pelos princípios do Acordo Geral sobre o Comércio de Serviços — GATS, bem como pelas regras específicas do Anexo de Telecomunicações,

---

93. ORGANIZATION DE COOPERATION ET DÉVELOPPEMENT ECONOMIQUE. Assessing the effects of the Uruguay round. Paris. OCDE. 1997, pág. 63.

passa-se a analisar o quadro regulatório assimétrico de telecomunicações brasileiro, pós-privatização, frente a esse processo liberalização.

Não obstante a experiência internacional da legislação específica do setor, capitaneada pela Lei Geral de Telecomunicações — Lei nº 9.472/97, o poder fiscalizador do Estado, através da Agência Nacional de Telecomunicações — ANATEL, mostra-se insuficiente na aplicação de sanções que efetivem o cumprimento, por parte das operadoras, das regras relativas a competitividade e universalização, princípios orientadores do processo de abertura do mercado. Tal fato demonstra a fragilidade da executividade normativa, através do Órgão regulador competente, no intuito de preservar a eficiência do serviço público frente aos interesses particulares das empresas multinacionais, que vislumbram no processo de desregulamentação previsto pelo Anexo sobre Telecomunicações do GATS a possibilidade de incrementar sua atuação no mercado nacional, por meio da concentração econômica — fusões e aquisições.

A preocupação com a questão das fusões e aquisições insere-se num contexto de políticas anticoncorrenciais, ou de defesa da concorrência. Na realidade, o tratamento jurídico da concentração econômica está presente em todos os fóruns e acordos multilaterais, como a OMC. No âmbito do Acordo Geral de Tarifas e Comércio — GATT, desde 1960 há fóruns para a tomada da decisão sobre práticas anticompetitivas. No entanto, somente após a criação da OMC, a busca da uniformização das políticas antitruste ganhou importância institucional, tendo sido criado, em 1998, o *WTO Working Group in the Interaction between Trade and Competition Policy*.

No contexto internacional, a grande maioria dos Estados estabeleceu um conjunto de regras mínimas de defesa da concorrência. Entretanto, a aplicação de leis nacionais, quando se trata de transações comerciais entre produtores e consumidores que residem em outros países, torna-se bastante complexa. O direito de um só Estado tem sérios limites para ser eficaz no controle de condutas anticompetitivas desenvolvidas no comércio internacional. Os órgãos reguladores tendem, por um lado, amenizar os efeitos de ações realizadas em seu território que afetem países vizinhos e, por outro, a ter poucos poderes sobre as ações realizadas em outros países, mas cujos efeitos repercutam em seu território. Em geral as grandes empresas do setor de telecomunicações são dominantes em mercados de diversos países e suas ações ficam sujeitas ao controle e à aprovação de órgãos reguladores em mais de um Estado.

Em razão dessa dificuldade, sugere-se, no âmbito da OMC, a criação de uma corte internacional, com competência internacional, para o tratamento das ações contrárias às práticas concorrenciais[94]. Entretanto, discute-se as vantagens e as desvantagens de a OMC assumir a posição de órgão multilateral de defesa da concorrência, tendo em vista que o atual tratado geral de comércio e serviços é considerado insuficiente para tratar de condutas anticoncorrenciais, já que as regras atuais da OMC não lhe investem poderes para obter informação e submeter as empresas privadas às suas decisões, como exemplo, a imposição de penalidades[95]. Assim, em virtude de tais limitações, também se vislumbra a possibilidade de criação de um órgão multilateral independente.

Tendo em vista que não houve a possibilidade de um acordo entre os membros da OMC, na 3º conferência mi-

---

94. PINKS, L. Aplicação extraterritorial da lei antitruste. *Revista de Direito Mercantil*. v. 115. São Paulo: Malheiros, 1999.
95. LLOYD, P. Multilateral rules for competition law? *The World Economy*, v. 21. nº 8. Oxford: Blackwell Publishers, nov. 1998.

nisterial ocorrida em dezembro de 1999, na cidade de Seattle, EUA, sobre o lançamento de uma nova rodada de negociações multilaterais de comércio, não se apresentam em curso negociações relativas ao comércio e a concorrência. Por outro lado, o grupo de trabalho relativo à questão apresentou o seguinte quadro multilateral de regras de concorrência[96]:

a) todos os membros devem introduzir regras de concorrência e aplicá-las;

b) adoção de princípios básicos comuns para garantir coerência e uniformidade;

c) criação de instrumento multilateral para viabilizar a cooperação entre os órgãos responsáveis pela concorrência nos países membros.

Por ser um setor intensivo em tecnologia e capital e cuja abertura se faz progressivamente somente em 2002 surgiu o primeiro conflito no âmbito da OMC envolvendo a prestação de serviço de telecomunicações. Trata-se de uma disputa envolvendo Estados Unidos e México em função do acesso a mercado e do regime de concorrência na prestação do serviço. A OMC estabeleceu um painel (comitê de arbitragem), no dia 17 de abril de 2002, para investigar as acusações, feitas pelos EUA de que o México estaria dificultando o acesso ao mercado de telecomunicações, apesar de ter assumido compromisso de liberalizar o setor. É a primeira disputa no setor de serviços na história da OMC e Washington também alega que a Telmex — estatal mexicana — estaria cobrando taxas "exorbitantes" das operadoras americanas para completar ligações no Mé-

---

96. PIRES, J. C. L. & DORES, A., B. Fusões e aquisições no setor de telecomunicações: características e enfoque regulatório. Texto para discussão nº 83. Rio de Janeiro: BNDES, outubro de 2000, p.36.

xico. A taxa, de US$ 0,13 por minuto, impede que as operadoras americanas ofereçam taxas competitivas aos clientes segundo afirma o governo americano[97]. Assim, segundo os norte-americanos, estaria a empresa violando o princípio do tratamento nacional. É de se mencionar que não há uma compreensão clara nem dentro da OMC sobre extensão(denotação) e nem sobre a intensão (conotação) do conceito de tratamento nacional para efeitos da sua interpretação e aplicação aos casos práticos[98].

O Brasil já pediu à Organização Mundial do Comércio (OMC) autorização para acompanhar as discussões envolvendo os Estados Unidos e o México, pretendendo ainda participar da disputa como terceira parte, para acompanhar o debate entre os dois países e ter acesso aos documentos. Isto ocorre em função dos EUA pressionarem o Brasil para

---

97. in http://www.wto.org. Consultado em 20 de abril de 2002.

98. Como a interpretação não é clara os americanos podem considerar que o tratamento nacional estará satisfeito somente com a igualdade de acesso, enquanto os mexicanos podem compreendê-lo como Kume e Carvalho. Enfatizar-se-á que a posição brasileira é a mesma destes dois autores. Para Kume e Carvalho: "O princípio do tratamento nacional assume importância no comércio de serviços devido à forte regulamentação praticada pelos governos nesta atividade. Entretanto, tratamento nacional não significa necessariamente igualdade de acesso ao mercado, pois o fluxo internacional de serviços requer, na maioria dos casos, a presença do fornecedor do país consumidor, isto é, a ocorrência de investimento estrangeiro. Neste caso o tratamento nacional significa, na verdade, direito de estabelecimento(...) ou pelo menos, direito de venda (...).Em resumo, dentro do Código de tratamento nacional os serviços produzidos por firmas estrangeiras teriam livre acesso aos mercados nacionais por intermédio de sua presença direta ou indiretamente (via de firmas nacionais). Portanto o princípio de tratamento nacional aplicado à atividade terciária interfere na política de investimento estrangeiro e nas regulamentações estabelecidas pelo governo". In CASELLA, P. & MERCADANTE, A, A — *Guerra Comercial ou Integração Mundial pelo Comércio: a OMC e o Brasil*. São Paulo. LTR.1998, pág. 521.

que assuma compromissos em relação aos investimentos estrangeiros realizados no setor de telecomunicações.

Os americanos querem que o Brasil revogue o artigo da Lei do Mercado de Capitais que dá ao presidente da República o poder de vetar qualquer investimento estrangeiro no setor. O artigo nunca foi utilizado e, segundo o governo, a prova de que não se trata de uma barreira é o fato de as privatizações terem atraído um grande número de estrangeiros. Mesmo assim, os americanos acham que a lei pode ameaçar as empresas americanas que queiram ampliar os investimentos no País. Brasília, porém, garante que não se trata de uma lei que compromete investimentos já realizados no Brasil[99].

Conforme se pode verificar desta discussão jurídica é muito difícil no setor de telecomunicações dissociar a abertura de mercado e as regras de concorrência da questão dos fluxos de investimento. A problemática quanto ao controle das práticas anticompetitivas, principalmente no setor de telecomunicações, torna-se ainda mais aguda quando não se verifica, na legislação nacional de um país, delimitação de procedimentos entre os órgãos reguladores setoriais, bem como uma adequação do quadro regulatório às diretrizes traçadas pelos acordos multilaterais, como no GATS. Tal fato se verifica no Brasil, já que as regras de regulação não estabelecem uma atuação conjunta entre a ANATEL e o CADE. Os procedimentos, na prática, não se mostram delimitados, provocando, em muitos casos, conflito de competência entre os referidos órgãos[100].

---

99. in http://www.valoronline.com.br. 2. Caderno. Consultado em 23 de abril de 2002.
100. O artigo 7º da Lei 9.472/97 submete à apreciação do CADE, por meio da ANATEL, os atos de concentração econômica. Entretanto, não estabelece como é realizado esse controle, ou seja, quais são as compe-

Resta muito a fazer para se alcançar um controle econômico capaz de evitar práticas de concentração econômica, como fusões e incorporações de grandes empresas de telecomunicações[101], que venham a prejudicar a concorrência e universalização do setor. É bastante complexo para uma determinada autoridade nacional (ANATEL e CADE) realizar uma avaliação sobre a aprovação ou rejeição de uma fusão com base em seus efeitos positivos ou negativos, tendo em vista apenas os benefícios ou cursos desse processo de concentração econômica no âmbito nacional. É necessário também a avaliação de como os custos e benefícios dessa fusão se distribuem internacionalmente[102].

---

tências de cada um desses órgãos na apuração dos referidos atos, o que vem causando burocratização (duplicidade) e demora na resolução dos casos.

101. Tendência a formação de um monopólio privado, pois o setor de telecomunicações, em razão de seus altos custos fixos e constante necessidade de inovação, necessita de grandes investimentos, que somente podem ser realizados por poucas empresas do setor, em sua quase totalidade empresas de capital estrangeiro.

102. FALVEY, R. Mergers in open economies. The World Economy. v. 21. n° 8. Oxford: Blackwell Publishers, nov. 1998. O autor faz um estudo crítico sobre a aplicação extraterritorial das regras americanas e européias sobre concorrência, onde principalmente a União Européia não tem permitido que empresas fusionadas nos Estados Unidos operem em conjunto no continente europeu se elas colocarem em risco a existência de outros concorrentes.

Capítulo IV

O regime jurídico brasileiro e os serviços públicos

Capítulo redigido em conjunto com
Carla Arena Ventura e
Lucas de Souza Lehfeld

4.1. Um Conceito de Serviço Público e o Modelo Jurídico Anterior a 1997

O Estado, seja na concepção fundamentada na solidariedade e no pacto social idealizado por Rosseau, ou como resposta racional à anarquia natural do Homem, segundo a visão hobbesiana, enfim, independentemente das teorias que justificam sua formação, sempre foi considerado *necessário*, ou ao menos contemplado como a estrutura mais moderna e eficiente de agrupamento humano, inobstante às variações quanto ao seu destino ou fundamentos.

Ao longo dos tempos, a finalidade e modo de atuação estatal foram modificados: no início, havia a confusão do Estado com a pessoa do monarca. O Estado, nesta fase, não era concebido como "personalidade jurídica", mas uma extensão dos poderes conferidos ao rei, fundamentada no chamado "Direito Divino".

Após a Revolução Francesa e a Independência dos Estados Unidos, no final do século XVIII, houve a formação do Estado-"Sistema", tal qual se conhece atualmente: estrutural e politicamente definido, operando através de um mecanismo que possibilita a atuação estatal com personalidade jurídica própria e, ao mesmo tempo, protege os cidadãos através dos limites conferidos para esta atuação do Estado.

Como conseqüência, houve durante todo o século XIX e início do século XX, o Estado chamado "liberal", de atuação restrita, que não impedia ou controlava as desigualdades sociais que se formavam, e muito menos as atividades dos particulares. O chamado "interesse público" concentrava-se nas atividades básicas concedidas ao Estado, que não ultrapassava os limites do *état gendarme.*

Porém, no século XX, especialmente após as duas Grandes Guerras, a figura do Estado agigantou-se, transformando-se na única entidade capaz de reorganizar a convivência social resultante do pós-guerra, independentemente da concepção capitalista ou do socialismo, ideologias dialéticas e dominantes no cenário político da época. No âmbito do capitalismo, surgiu o Estado-Provedor, influente, único capaz de reestruturar a sociedade destruída pela guerra e impossibilitada de gerir atividades e a imensa massa de necessitados que foi criada. Quanto ao socialismo, podia-se caracterizá-lo como o Estado-Tutor, gerenciador e concentrador de todos interesses, que passavam a ser coletivos e, portanto, intangíveis de apropriação pelo particular.

Portanto independentemente do fundamento ideológico dado ao fortalecimento dos poderes e estrutura do Estado, o certo é que, mundialmente, o Estado passou a ser a personalidade mais importante, seja no cenário internacional, seja em seu próprio território. Formou-se, então o chamado "Welfare State", o Estado Bem-Estar, interventor, política e economicamente: é o Estado-Indústria, Serviços, Pesquisa, Previdência, Saúde, enfim, o Estado que atua em todas as direções, inclusive no setor econômico, antes, palco exclusivo da atividade privada. Todos estes interesses e atividades, passaram a ser considerados "públicos".

No final da década de setenta e início dos anos oitenta, entretanto, os "efeitos colaterais" desta atuação indiscriminada do Estado, começam a exigir medidas de correção e restrição à atividade estatal. A estrutura burocrática formada, os índices de ineficiência das empresas estatais, o descontentamento com os serviços públicos prestados, todos estes sintomas, aliados ao desenvolvimento exacerbado da atividade privada, deram início ao movimento que hoje é presenciado: o Estado, volta a retrair-se, transfere aos particulares as empresas e os interesses e serviços considerados "públicos", buscando com estes mecanismos a eficiência perdida, passando a se concentrar novamente naquelas atividades consideradas "essenciais", porém, com uma nova tendência, talvez resultante do embate Capitalismo X Socialismo: o Estado passa a ser Regulador, Fiscalizador, evitando-se assim, o Estado-Alheio do século XIX.

No âmbito da atividade privada, observa-se o surgimento do capitalismo no mais amplo sentido e atuação: sem fronteiras capazes de o deter, sem forma previamente definida, que obriga a "integração" dos povos, auxiliado pelo desenvolvimento tecnológico nunca visto.

Neste contexto, os Estados, enfraquecidos, buscam novas alternativas, e sem dúvida, a criação de Organizações Internacionais é uma delas. Porém, se em um primeiro plano, a constituição e estruturação destas Organizações depende precipuamente da vontade soberana dos Estados, o seu desenvolvimento e atuação, a cada dia, distancia-se da necessidade da vênia dos mesmos. É o chamado Direito Supranacional, o direito criado e sistematizado por meio destas Organizações.

Também, como já dito anteriormente, nota-se que os "interesses" não são mais particularizados ou restritos aos limites de atuação de cada Estado. Hoje, os interesses são os "da humanidade", da "comunidade internacional", e não mais desta ou daquela nação — trata-se certamente do fenômeno da "desterritorialização", vislumbrado por Irineu Strenger.[103]

Observa-se, portanto, que a noção do que venha a ser o Estado, ou melhor, do que se espera que este seja, é mutante, partindo da concepção "clássica" de Estado[104] originada a partir das Revoluções Francesa e Americana, no século XVIII, limitado à garantir o exercício dos direitos individuais, sem entretanto, influir diretamente nas atividades privadas, passando pelo chamado Estado "Bem-Estar", a desempenhar as funções de propulsor, fiscalizador e principal agente no exercício das atividades econômicas, tal como ocorrido no início do século XX, principalmente na década de 30, com incremento das atividades desenvolvidas pelo Estado, na busca de suprir as necessidades da sociedade, até à constatação do crescimento desordenado da máquina estatal, tal como vislumbrado nas décadas de 70 e 80.

Paralelamente, na década de 80 e, principalmente nos anos 90 o mundo, de forma geral, passou por um desenvol-

---

103. STRENGER, I., *Relações Internacionais*, São Paulo. LTR. 1998 p.232.
104. MARTINS, I. G., *O Estado do futuro*, São Paulo. Pioneira. 1998, pág.14.

vimento tecnológico antes sequer imaginado. Com o desenvolvimento de novas tecnologias e principalmente como a revolução constatada no setor de comunicações, o mundo assistiu o desmoronar de toda a geopolítica existente, fundamentada em forças "estatais" bilaterais estamentadas em ideologias político-econômicas opostas e resguardadas pela força ou pela *potencialidade* de força bélica.

Observa-se ainda que, ao lado do desenvolvimento tecnológico ocorreu o incremento de todas as atividades ligadas ao setor privado, que impulsionado pelo desenvolvimento das novas tecnologias, adquiriu força e passou a controlar de forma mais efetiva os rumos da economia mundial, o que passa a exigir uma nova postura na atuação dos Estados.

Importante ainda notar que não apenas as funções e atividades estatais passam a ser questionadas. A própria noção do que venha a ser "interesse público" vem sofrendo modificações e atividades antes consideradas essenciais para o desenvolvimento e até mesmo para a "segurança nacional", são paulatinamente, destinadas e desenvolvidas por empresas privadas.

Ademais, observa-se que no mundo contemporâneo, é a posse e desenvolvimento de tecnologias avançadas que passa a ser o maior diferenciador entre os Estados. Produtos advindos da siderurgia, petróleo e todos os demais ligados à chamada indústria de base, sem dúvida ainda possuem grande importância no mundo atual, porém esta dependência fica cada vez mais distante, com o desenvolvimento de tecnologias mais avançadas e alternativas.

Assim, vê-se o Estado em busca de novos perfis de gerenciamento e dimensão de suas atividades. Verifica-se ser uma tendência de reformulação das atividades estatais, como conseqüência mais visível e imediata da nova concepção do que venha a ser "Estado", que parece se instalar: a de um Estado não mais concentrado no fomento e dirigismo da atividade econômica, mas de atuação restrita a atividades consideradas, pela sua própria natureza, atividades inerentes ao chamado "interesse público". Assim, em um primeiro momento, o Estado quebra monopólios, passando a seguir a se desfazer das empresas estatais e das atividades a estas vinculadas, tornando-as empresas do setor privado. Em um segundo momento, o Estado efetua nova ingerência na economia, agora em movimento completamente oposto ao realizado no auge do "Welfare State", buscando por meio de regras garantir a concorrência, buscando uma pacificação social entre os diversos setores privados e sociais, que se constituem em forças amorfas e variáveis em sua composição.

Também como espécie de "resposta" do Estado às mudanças requeridas e perpetradas pela atividade privada, observa-se a criação de novas formas associativas dos Estados, com a criação de Organizações de Integração Econômica Regional, tais como a Comunidade Européia e o Mercosul.

É deste modo que se vislumbra o Estado contemporâneo: é o chamado "Estado plurinacional", que corresponde à uma sociedade também e mais do que nunca pluralista, na medida da fragmentação e diversificação de seus interesses, uma sociedade exposta a um nível de informação jamais imaginado, sociedade esta que exige do Estado a satisfação de novas necessidades, não apenas relativas a serviços ou bens mas principalmente à necessidade de obtê-los de forma rápida e eficaz.

Neste contexto, e paralelamente à mutação sofrida pelo Estado através dos tempos, especialmente às mudanças ocorridas a partir da formação do Estado Moderno, nota-se o desenvolvimento da relação do Estado junto à iniciativa privada, que acabou por realizar-se através dos contratos.

As recentes inovações tecnológicas nos campos da computação e da micro-eletrônica, aliadas a um processo cada vez mais latente de globalização econômica, política e cultural, têm precipitado uma reestruturação radical nos sistemas nacionais e transnacionais de comunicações. Para se adaptar a essas rápidas mudanças tecnológicas, os governos nacionais, a partir da reformulação das legislações vigentes, passaram a incentivar a abertura do mercado monopolizado pelo Estado na realização de atividades ligadas à prestação destes serviços, acompanhada, sobretudo nos países periféricos, da privatização das antigas empresas estatais detentoras de monopólios públicos. Em quse todos os Estados este processo teve início com o setor mais internacionalizado dos serviços públicos que são as telecomunicações.

Este impulso de liberalização do setor de telecomunicações, seguido ou não pela privatização, pode ser explicado pela necessidade de atração de investimentos — nacionais ou estrangeiros, privados ou estatais, por parte dos Estados, capazes de conduzir a uma modernização e ampliação das infra-estruturas de redes, assim como a uma diversificação e melhoria na qualidade dos serviços.

O conceito de serviço público não é uniforme na doutrina. A noção orgânica considera como tal apenas o que é prestado pelos órgãos públicos. Celso Antônio Bandeira de Mello define o serviço público como "toda atividade de oferecimento de utilidade ou comodidade material fruível diretamente pelos administrados, prestado pelo Estado ou por quem lhe faça as vezes, sob um regime de direito público — portanto consagrador de prerrogativas de supremacia e de restrições especiais — instituído pelo Estado em favor dos interesses que houver definido como próprios no sistema normativo".[105]

Assim, serviço público é todo aquele prestado pela Administração ou por seus delegados, sob normas e controles estatais, para satisfazer as necessidades essenciais ou secundárias da coletividade ou simples conveniências do Estado.[106]

A partir da segunda metade do século, passa-se do Estado-polícia, cuja função principal era a manutenção da segurança pública e a administração da justiça, ao Estado-prestador de serviços, com a ampliação da atuação estatal no meio social, extendendo o âmbito de ação da Administração e o conceito de serviço público. A prestação do serviço público é, portanto, um dos fins do Estado.

Por serem tão importantes para a coletividade, a doutrina concebeu para sua prestação uma série de princípios jurídicos que dominam o serviço público: o da generalidade — serviço igual para todos, o da eficiência — serviço sempre atualizado, o da modicidade — as tarifas devem ser razoáveis, o da cortesia — bom tratamento ao usuário, o da continuidade do serviço público — permanente oferecimento do serviço.[107]

Para Celso Antonio Bandeira de Mello "a distinção entre serviço público e atividade econômica do Estado é óbvia. Se está em pauta atividade que o Texto Constitucional atribui aos particulares e não atribui ao Poder Público, admitindo, apenas, que este, excepcionalmente, possa em-

---

105. Mello, C. A B. — *Prestação de Serviços Públicos e Administração Direta*. São Paulo. RT. 1997.
106. AZEVEDO, E. A & ALENCAR, M.L.M. — *Concessão de Serviços Públicos*. São Paulo. Malheiros. 1998, pág. 27.
107. MUKAI, T. *Concessões, Permissões e Privatizaçõesde Serviços Públicos*. São paulo. Saraiva.1998, pág.25.

presá-la quando movido por 'imperativos da segurança nacional' ou acicatado 'por interesse coletivo relevante', como tais 'definidos em lei' (tudo consoante dispõe o art. 173 da Lei Magna), casos em que operará basicamente, na conformidade do regime de direito privado, é evidente que em hipóteses quejandas não se estará perante atividade pública e, portanto, não se estará perante serviços públicos".[108]

Deste modo, o serviço público traz em si mesmo o interesse público. Em contrapartida, a atividade econômica traz um interesse público subjetivo, na medida em que depende da valorização da Administração. A Carta Magna Brasileira estabelece em seu artigo 175, caput, que "incumbe ao Poder Público, na forma da lei, diretamente ou sob o regime de concessão ou permissão, sempre através de licitação, a prestação de serviços públicos". A prestação direta do serviço público é feita por meio da chamada Administração Indireta: Autarquias, Empresas Públicas e Sociedades Anônimas de Economia Mista, sendo que esta últimas ficaram conhecidas nacionalmente por *Empresas Estatais*.

4.2. A Prestação de Serviços Públicos pelo Estado: As Empresas Estatais de Telefonia

As características do Estado determinam a criação das empresas estatais e a conseqüente intervenção federal em importantes setores da economia. No Brasil, as empresas constituídas pelo Estado não são o resultado de uma política global de estatização, mas sim resultam da combinação de diferentes fatores de natureza econômica, política, administrativa e social.

---

108. MELO, C.A B. — *Prestação de Serviços Públicos e Administração Direta*. São Paulo.RT.1997, pág.355.

Dutra[109] elenca os fatores de ordem econômica: a) fornecimento de infra-estrutura de base para o desenvolvimento econômico; b) produção de bens e serviços que, apesar da existência no mercado das empresas privadas, permitem ao Estado obter vantagens de que se beneficia a iniciativa privada; c) promoção, estímulo e financiamento de negócios privados considerados de interesse para o desenvolvimento do país e que asseguram um melhor equilíbrio regional dos investimentos privados; d) obtenção de vantagens do monopólio econômico onde equilíbrios econômicos regionais desestimulam a existência tanto da pluralidade das empresas privadas quanto das empresas do Estado. Os fatores administrativos aparecem como motivos subsidiários para a criação das empresas públicas objetivando descentralizar a Administração, através de instituições autônomas, mais flexíveis e que possam imprimir maior eficácia às suas decisões. Os fatores de natureza social visam produzir bens e serviços para população de menor poder aquisitivo.

Como fatores de natureza política, Dutra[110] salienta: a) manutenção do controle nacional sobre as indústrias consideradas estratégicas ou vitais para a segurança do país e b) produção de bens e serviços que exigem uma intervenção do Estado de natureza monopolística a fim de assegurar interesses políticos mais amplos, como no caso das empresas de telecomunicações, objeto de nosso estudo.

No período anterior a 1930, o Estado Brasileiro limitava-se a exercer o seu poder fiscal, numa perspectiva protecionista e era relativamente não intervencionista. Seguindo

---

109. DUTRA, P P A. *Controle de Empresas Estatais*. Ed. Saraiva, São Paulo, 1990, pág. 36.
110. DUTRA, P P A. *Controle de Empresas Estatais*. Ed. Saraiva, São Paulo, 1990, pág. 38.

esta tendência, os serviços telefônicos foram inaugurados no Brasil em 1877 e em 15 de novembro de 1879 foi outorgada a primeira autorização para a exploração privada da telefonia do país, tendo como beneficiário o norte-americano Charles Paul Mackie, que obteve o direito de operar nas cidades do Rio de Janeiro e Niterói[111]. Todavia, esta exploração comercial somente efetivou-se em 1881 quando foi concedida à *Telephone Company of Brazil* a substituição da autorização anterior.

Em 02 de maio de 1881, através de decisão imperial, foi reconhecida a identidade entre os serviços telegráficos e telefônicos e a exclusiva competência do governo federal para a sua outorga. Reafirmando o monopólio do poder concedente à União, em 21 de abril de 1883, pelo Decreto nº 8.935, foi aprovado o "regulamento para a concessão e colocação de linhas telefônicas".A Constituição de 1891, entretanto, estabeleceu em seu artigo 9º a possibilidade de os estados explorarem linhas telegráficas e telefônicas em áreas não servidas pela União, resultando em um descontrole generalizado por parte da União do número de operadoras, padrões técnicos utilizados, equipamentos instalados e políticas tarifárias implementadas. Em 1911, a situação agravou-se quando passou a ser permitido aos estados competir com os serviços que estavam sob a tutela federal.

O Decreto nº 3296 de 10 de julho de 1917 revogou a disposição constitucional de 1891 e voltou a limitar o poder de outorga à competência da União, mantendo a possibilidade de exploração privada, inclusive por companhias estrangeiras, dos serviços telegráficos e telefônicos. Em contrapartida, quase quatro anos depois, o Decreto nº 4262 de 13 de janeiro de 1921 restringiu à empresas brasi-

---

111. BRITO, M. *Subsídios para a História da Telefonia no Brasil*, NEC, Rio de Janeiro, 1976, pág.29.

leiras a exploração dos serviços telegráficos e telefônicos no Brasil.

O modelo de exploração dos serviços de telecomunicações no Brasil caracterizou-se assim por uma confusão normativa, com a decretação de regulamentações ora permitindo, ora não, a exploração por empresas privadas estrangeiras, bem como outorgando ou não, o poder de conceder a prestação de serviços exclusivamente à União. O quadro somente foi alterado em 1921, com a permissão de exploração das telecomunicações exclusivamente à empresas nacionais, seguindo a mesma trajetória da maioria dos países em desenvolvimento da América Latina.

A crise econômica dos anos 30, intensificada pela quebra da Bolsa de Valores de Nova York foi agravada por uma crise política que culminou com a Revolução de 30 e o fim da República Velha no Brasil.Vitoriosa a Revolução de 1930, foi organizado um governo provisório (1930-1934), chefiado por Getúlio Vargas, com a incumbência de convocar uma Assembléia Constituinte e eleições para a Presidência da República. Eleito presidente em 1934, pelo Congresso Nacional, para um mandato que expiraria em 1938, Vargas liderou o golpe que inaugurou a ditadura, alcunhada de Estado Novo.

O fortalecimento do Executivo residiu na transferência para o Governo Federal, de funções antes reservadas aos governos estaduais. Além disso, uma nova concepção do papel do Estado determinou a sua intervenção profunda na economia, não apenas para resguardar alguns interesses, mas sobretudo para promover o desenvolvimento.

Ao relatar este período, Martins[112] afirma que Getúlio Vargas pregava a modernização política do Estado brasilei-

---

112. MARTINS, M. A — O Brasil e a Globalização das Comunicações na Década de 90. *Dissertação apresentada à Universidade de Brasília*

ro, a partir do fortalecimento e centralização do poder na União em detrimento das oligarquias agrárias regionais, estimulando assim a urbanização do País e a industrialização da economia nacional. Em consonância com suas diretrizes políticas, manteve o poder de outorga sobre qualquer um dos serviços de telecomunicações como competência exclusiva da União.

Contudo, o referido autor em sua análise da história das telecomunicações no Brasil, adverte que em 1934, com a promulgação da nova Constituição, foi restabelecida a duplicidade na competência de outorga para os serviços de radiocomunicação. Apesar de seu artigo 5º instituir a capacidade exclusiva do governo federal em explorar e conceder licenças, foi aberta a possibilidade de os estados, além de manterem esses serviços para suas atividades administrativas, legislarem de forma complementar sobre eles. Esses mesmos dispositivos, mantidos pela Constituição de 1937, que regulou o período ditatorial do Estado Novo, reforçaram a multiplicação desordenada de serviços, sobretudo telefônicos, dificultando, por muitos anos, o seu desenvolvimento no Brasil

A Revolução de 30 inaugurou uma nova fase na economia brasileira, em que seu eixo deslocou-se da agricultura exportadora para as atividades industriais. O fortalecimento do keynesianismo e a consolidação da política de substituição de importações reforçaram a intervenção do Estado em setores chave da economia, em particular, nos que exerciam papel crucial para o desenvolvimento de uma infra-estrutura nacional de produção industrial. Neste sentido, a substituição de importações foi a diretriz básica que orientou a política de desenvolvimento no período, com

---

como requisito a obtenção do grau de Mestre em Relações *Internacionais, Brasília, 1999*, pág. 19.

fundamento na crença de que a viabilidade econômica do Brasil dependia do crescimento e fortalecimento do mercado interno.

Na década de 40, foram criadas várias empresas do Estado. Em virtude de serem setores chave para o desenvolvimento industrial, a Constituição de 1946 estabeleceu o poder exclusivo de outorga da União sobre a telegrafia, a radiodifusão e os serviços telefônicos interestaduais e internacionais. Por exclusão, aos estados ficou reservada a competência para exploração e outorga dos serviços telefônicos em âmbito estadual e municipal, possibilitando, mais uma vez sem nenhum controle efetivo, o crescimento do número de operadores de telefonia no País.

Nos anos 50, a industrialização do país foi acelerada e em 18 de setembro de 1950 foi inaugurada a PRF-3-TV Tupi de São Paulo cujo proprietário era Assis Chateaubriand. No decorrer da década de 1950, outras emissoras de televisão foram criadas. De 1947 a 1957 foi discutida uma codificação para o setor: o projeto do Código Brasileiro de Telecomunicações.

Martins[113] assevera que a década de sessenta foi marcada pela consolidação das atividades já exercidas pelo Estado. Em 27 de agosto de 1962, foi aprovado o Código Brasileiro de Telecomunicações pelo Senado Federal na forma da Lei nº 4.117.Enviado então para a sanção do Presidente da República, João Goulart, o Código teve vetado 42 de seus 129 artigos, boa parte deles relativos à exploração dos serviços de radiodifusão.

---

113. MARTINS, M. A — O Brasil e a Globalização das Comunicações na Década de 90. *Dissertação apresentada à Universidade de Brasília como requisito a obtenção do grau de Mestre em Relações Internacionais, Brasília, 1999*, pág. 25.

Com relação aos serviços telefônicos e telegráficos, o País contava, no início da década de 1960, com cerca de 1.200 companhias[114], a maioria empresas de âmbito municipal de pequeno porte e cobertura restrita, e seis grandes operadoras, controladas por multinacionais estrangeiras e amparadas por concessões estaduais e federais. A maior dessas empresas era a Companhia Telefônica Brasileira — CTB, que com 99,99% de seu capital pertencente à canadense *Brazilian Traction, Light and Power Company* concentrava oitenta por cento do número de terminais telefônicos existentes no País, sendo então responsável pelo tráfego local e interurbano entre o Rio de Janeiro, São Paulo, Belo Horizonte e Vitória. A *International Telegraph and Telephone* — IT&T, norte-americana, detinha a concessão no Rio Grande do Sul, Paraná e alguns estados do Nordeste, a partir do controle da Companhia Telefônica Nacional. As ligações interurbanas e internacionais, exploradas a partir de concessões outorgadas pelo governo federal, eram divididas entre a inglesa *Western Telegraph*, as norte-americanas *Radional* e *Radiobrás* e a italiana *Italcable*, que exploravam as telecomunicações por cabos submarinos e pelo espectro radioelétrico[115].

Ao analisar este cenário, Martins[116] afirma que o grande número e a heterogeneidade entre as operadoras, além das dificuldades de fiscalização decorrentes da descoordena-

---

114. O número aproximado de 1.200 companhias foi apresentado em 1996 pelo Ministério das Comunicações.
115. VIANNA, G. *Privatização das Telecomunicações*, Ed. Notrya, Rio de Janeiro, 1993, pág. 41-42.
116. MARTINS, M. A — O Brasil e a Globalização das Comunicações na Década de 90. *Dissertação apresentada à Universidade de Brasília como requisito a obtenção do grau de Mestre em Relações Internacionais*, Brasília, 1999, pág. 24.

ção entre os poderes concedentes, foram responsáveis por graves problemas de caráter técnico como, por exemplo, as dificuldades de interconexão entre as redes, provocadas por uma ausência de padronização, criando gargalos de comunicação entre as localidades. Ou seja, com redes de diferentes padrões algumas cidades ficavam isoladas, impossibilitadas de comunicarem-se com regiões fora da área de atuação de sua companhia telefônica. Além disso, eram comuns problemas de remuneração das ligações interurbanas e de distorções nas taxas pagas pelos usuários, já que não existia uma política tarifária comum. Havia também uma enorme demanda reprimida de telefones, sobretudo em áreas remotas sem valor de mercado ou nas periferias dos grandes centros, que não eram atraentes às companhias devido aos altos investimentos de instalação e à necessidade de longos períodos para sua amortização.

Verificava-se, assim, o início da década de 60, marcado pela instabilidade legal relacionada ao setor de telecomunicações e pela descentralização no oferecimento destes serviços causando sérias deficiências técnicas e a conseqüente falta de um planejamento efetivo para a regulamentação das telecomunicações no Brasil.

A promulgação do Código Brasileiro de Telecomunicações, através da Lei nº 4.117, em 27 de agosto de 1962, alterou o cenário das comunicações no Brasil, especialmente em relação aos sistemas de telefonia. Segundo Martins[117], a nova regulamentação possibilitou uma estruturação orgânica do setor e forneceu os instrumentos necessá-

---

117. MARTINS, M. A — O Brasil e a Globalização das Comunicações na Década de 90. *Dissertação apresentada à Universidade de Brasília como requisito a obtenção do grau de Mestre em Relações Internacionais*, Brasília, 1999, pág. 25.

rios para o Poder Executivo centralizar sua organização, inclusive criando condições à participação direta do Estado como explorador dos serviços. Além disso, previu mecanismos capazes de estipular regras mais precisas em relação à fiscalização dos operadores privados, ao controle do processo de outorgas, ao estabelecimento de uma política tarifária, à criação de investimentos e financiamentos, ao incremento da rede e do número de terminais telefônicos, à padronização da infra-estrutura e à ampliação dos sistemas, locais e de longa distância.

O mesmo autor[118] afirma que o Código destacou-se pela a) a criação do Sistema Nacional de Telecomunicações, para a integração dos serviços, e a previsão legal para a implementação de uma empresa estatal que operasse os troncos interestaduais de telefonia, a Empresa Brasileira de Telecomunicações (Embratel), inaugurada em 1965; b) a instituição do Conselho Nacional de Telecomunicações (Contel), responsável, entre outras atribuições, pela aprovação das especificações das redes telefônicas e a fixação de tarifas; c) o estabelecimento do Fundo Nacional de Telecomunicações (FNT), constituído basicamente de recursos provenientes da aplicação de uma sobretarifa, que chegou a 30%, nos serviços públicos de telecomunicações, destinados a financiar a ampliação do sistema telefônico e a atuação da Embratel; d) a imposição dos prazos para as outorgas de radiodifusão, mantendo o limite de 10 anos para as emissoras de rádio, e de 15 anos para os canais de televisão, ambos renováveis; e) a manutenção, para as emissoras de rádio, da obrigatoriedade de transmissão de

---

118. MARTINS, M. A — O Brasil e a Globalização das Comunicações na Década de 90. *Dissertação apresentada à Universidade de Brasília como requisito a obtenção do grau de Mestre em Relações Internacionais*, Brasília, 1999, pág. 26.

um programa diário, com uma hora de duração, produzido pelo governo federal e pelo Congresso Nacional, denominado então de "A Voz do Brasil".

Foi decretada, ainda, em 1962, pelo Governo Federal, a intervenção na Companhia Telefônica Brasileira (CTB), justificada pela precariedade dos serviços prestados.A década de 60 foi marcada também por profundas alterações políticas, com o golpe de 1964 que levou ao poder o general Castelo Branco e inaugurou o regime militar. Para Ianni[119], o golpe militar assinala a transição efetiva para o modelo de desenvolvimento econômico associado, em lugar do anterior modelo de substituição de importações, acentuando a interdependência econômica, política, cultural e militar, na América Latina e com os Estados Unidos.

Neste contexto, as telecomunicações passaram a ser impulsionadas pelo impacto da ideologia da segurança e integração nacionais. O governo passou a priorizar o planejamento e a garantir pesados investimentos no setor, fundamental para a comunicação e vigilância do território brasileiro, possibilitando a estruturação de todo o Sistema Telebrás. A este respeito, Martins[120] alega que já em 16 de setembro de 1965, poucos meses após sua entrada em funcionamento, a Embratel com os recursos do FNT, passou a interligar todas as capitais e as principais cidades do País, comprando, em 1966, as ações da CTB, e implementando o sistema de auto-financiamento[121]. E, entre 1969 e

---

119. IANNI, Otávio. O colapso do populismo no Brasil. 3ª edição, Rio de Janeiro, Civilização Brasileira, 1975, pág. 11.
120. MARTINS, M. A — O Brasil e a Globalização das Comunicações na Década de 90. *Dissertação apresentada à Universidade de Brasília como requisito a obtenção do grau de Mestre em Relações Internacionais*, Brasília, 1999, pág. 26.
121. O sistema de auto-financiamento estabelecido pelo governo federal para subsidiar o desenvolvimento dos serviços públicos de telecomunica-

1973, a empresa assumiu a exploração dos serviços internacionais, à medida que expiravam os prazos de concessão das empresas estrangeiras.

Para a complementação do modelo de organização e exploração das telecomunicações nacionais, o governo militar promulgou, em 1967, o Decreto-lei nº 162, concentrando o poder de outorgas, para qualquer serviço nas mãos da União, disposição essa consolidada, no mesmo ano, com a promulgação da nova Constituição Federal. Ainda em 1967, por meio do Decreto-lei nº 200, foi criado o Ministério das Comunicações, subordinando as competências do Contel às suas determinações.

Nos anos setenta, acentua-se o intervencionismo na economia e a consolidação desta intervenção através da Administração Indireta, por intermédio da criação das empresas públicas e das sociedades de economia mista. Com relação às telecomunicações, no ano de 1972 foi concluído o processo de reorganização com a dissolução do Contel e a criação, pela lei nº 5.792, de 11 de julho de 1972, da Telecomunicações Brasileiras S.A. (Telebrás), *holding* estatal que absorveu a maioria das empresas de telecomunicações sob território nacional, constituindo um monopólio de fato.

As mudanças de um regime competitivo, ainda que desorganizado, para um regime monopólico têm raízes econômicas, políticas e sociais. Do ponto de vista econômico, baseando-se na teoria do monopólio natural, o setor de telecomunicações seria regido por economia de escala. No âmbito político, as telecomunicações caracterizavam-se como um recurso chave para a integração e segurança na-

---

ções no País, consistia no investimento, pelo próprio usuário, na instalação de seu terminal telefônico, em troca de ações das empresas.

cionais, especialmente no período de ditadura militar. Com relação às raízes sociais, enfatizamos a visão do Estado forte e centralizado como provedor dos serviços públicos. Todavia, o modelo de monopólio público das telecomunicações apresentava várias deficiências estruturais como a falta de um planejamento consistente de suas atividades, influenciado pelo comportamento contraditório dos agentes públicos, a vasta gama de dificuldades técnicas e de investimentos no setor.

Desde os anos 50, as telecomunicações são alvo da rápida evolução tecnológica pondo em xeque os monopólios existentes no setor. Neste sentido, as transformações tecnológicas são simultâneas à globalização das economias domésticas e ao aumento da participação destes componentes no sistema produtivo, incitando mudanças irreversíveis.

A partir de 1979, a segunda crise do petróleo e fenômenos mundiais como a recessão, déficit fiscal e incremento dos níveis de desemprego provocaram uma crise geral do Estado-Nação e a mudança dos paradigmas e modelos de gestão pública adotados a partir do final da Segunda Guerra Mundial. De acordo com Puceiro[122] as últimas duas décadas foram marcadas pela mudança acelerada da sociedade industrial do capitalismo industrial, organizada em torno do eixo capital/trabalho, em direção a uma sociedade pós-capitalista baseada na primazia da informação e do conhecimento, impulsionando a redefinição do setor público e a busca de um novo tipo de combinação de esforços públicos e privados, através de uma formulação mais clara

---

122. PUCEIRO, Z —. O Processo de Globalização e a Reforma do Estado, in FARIA, J.E. *Direito e Globalização Econômica*: implicações e perspectivas. Malheiros Editores, 1996, pág. 104.

e precisa do Estado como mecanismo de regulação e controle e um reconhecimento dos processos de desregulamentação e privatização como ferramentas decisivas para a configuração de economias mais abertas e competitivas.

Para acompanhar esse processo de reestruturação dos mercados, os governos, tanto dos países centrais quanto dos periféricos, interessados em modernizar suas infra-estruturas e atrair investimentos externos, passaram a reformular seus sistemas internos de comunicações. As reformas foram dominadas por três eventos: privatizações, liberalizações e desregulamentações.

Segundo Petrazzini[123], a privatização pode ser definida como a transferência de empresas estatais para a propriedade total, majoritária ou minoritária privada. Já a liberalização constitui-se na diminuição das barreiras alfandegárias nacionais para a entrada de produtos e serviços estrangeiros e a desregulamentação no processo através do qual os governos reduzem seu papel intervencionista nas operações do mercado.

Conceitualmente, privatização, liberalização e desregulamentação são eventos diferentes. Podem ser implementados separadamente e afetam diferentes aspectos do setor de telecomunicações, envolvendo diversos atores. Todavia, na prática, estão intrinsicamente ligados, uma vez que mudanças em uma dessas áreas tendem a afetar as outras.

Nesta perspectiva, Petrazzini[124] argumenta que as reformas nos países centrais foram estimuladas por forças

---

123. PETRAZZINI, BEN A. *The Political Economy of Telecommunications Reform in Developing Countries. Privatization and Liberalization in a Comparative Perspective.* USA, Praeger Publishers, 1995, pág. 16 (Tradução da Autora).
124. PETRAZZINI, BEN A. *The Political Economy of Telecommunications Reform in Developing Countries. Privatization and Liberalization*

internas. O crescimento da economia da informação global e interdependente levou as empresas a necessitarem serviços de telecomunicações cada vez mais modernos e diversificados. Contrariamente, o estímulo às mudanças nos países em desenvolvimento deveu-se em grande parte a fatores externos, relacionados a problemas fiscais e econômicos, bem como à influência de organismos internacionais, especialmente os responsáveis pelo financiamento de suas dívidas externas.

Como consequência deste processo, Plaza[125] afirma que o quinquênio 1995/2000 pode ser considerado o de maior expansão das telecomunicações. Nesse período o número de linhas passou de 780 milhões para 1 bilhão e 577 milhões em função do crescimento das linhas fixas e, principalmente pelo enorme aumento das conexões móveis, cujo número se multiplicou nada menos que sete vezes — de 87 milhões para 640 milhões. Também os telefones móveis estão deixando de ser exclusivamente para voz e estão entrando fortemente no segmento de dados e Internet. E, ainda, a Internet, que há cinco anos se firmava, está se expandindo e ampliando os seus campos de atuação, desde o setor educacional até as empresas, gerando uma autêntica revolução quanto à sua organização e funcionamento, com consequente aumento de produtividade.

Com a redemocratização do país, após mais de vinte anos de ditadura, foi convocada, em 1986, pelo Presidente

---

in a Comparative Perspective. USA, Praeger Publishers, 1995, pág. 18 (Tradução da Autora).
125. PLAZA, C.. Evolução das Telecomunicações Mundiais. IN; WOHLERS, M & PLAZA (org.), C.. Informe Anual de Telecomunicações e Tecnologias da Informação. São Paulo: CELAET, 2000, pág.18.

José Sarney, um Congresso Nacional Constituinte, para reformar e revogar a Constituição de 1967 e suas disposições autoritárias. Dentro deste contexto, as comunicações[126] integraram um dos temas mais polêmicos, devido ao pesado jogo de interesses[127]. Como resultado, o estabelecimento do monopólio estatal das telecomunicações, rejeitado pela bancada liberal tanto na Subcomissão da Comunicação quanto na Comissão Temática VIII, acabou sendo aprovado pela maioria dos parlamentares, com suas disposições colocadas no capítulo sobre as competências da União na Constituição Federal de 1988. Foi aprovada também, pelo artigo 66 dos Atos das Disposições Constitucionais Transitórias, a manutenção das concessões de serviços públicos de telecomunicações na época em vigor, permitindo a existência de companhias independentes ao Sistema Telebrás.

A análise extensiva da experiência internacional dos serviços de utilidade pública revela ampla diversidade das formas de organização dessas atividades. No entanto, nota-

---

126. Segundo o regimento da Assembléia Constituinte, os trabalhos seriam divididos em oito Comissões Temáticas responsáveis por anteprojetos parciais — comissões essas divididas em subcomissões específicas onde aconteciam as discussões iniciais e formulavam-se os primeiros pareceres — e depois se encaminhariam para a Comissão de Sistematização, onde a redação final seria elaborada antes das votações em Plenário. O trajeto percorrido pelas comunicações foi o seguinte: primeiro passavam pela Subcomissão da Ciência e Tecnologia e da Comunicação; em seguida pela Comissão Temática VIII, a Comissão da Família, da Educação, Cultura e Esportes, da Ciência e Tecnologia e da Comunicação; e finalmente, para finalização da redação, pela Comissão de Sistematização.

127. MOTTER, P. A Batalha Invisível da Constituinte: interesses privados versus caráter público da radiofusão no Brasil. *Dissertação de Mestrado apresentada perante a UNB para a obtenção do grau de Mestre em Ciência Política*. 1994.

se a existência de dois padrões básicos de organização: um denominado de "modelo norte-americano", caracterizado pela presença de empresas privadas sob algum tipo de regulamentação de controle por parte do Estado; outro, identificado como "modelo europeu", em que os serviços são fornecidos pelo Estado ou por empresas estatais, sem mecanismos formais de controle (com eventual participação de capital privado)[128].

Em alguns países, como o Brasil, passa-se de um modelo tipicamente norte-americano, dominante até 1930, para um modelo europeu, salvo algumas peculiaridades. O modelo brasileiro de serviços públicos assemelha-se ao modelo europeu, que consiste na prestação das atividades pelo próprio Estado, ou por empresas estatais. No entanto, essas empresas estão sob um forte controle regulamentar governamental.

Com base nesse modelo, o Sistema TELEBRÁS, implantado a partir do início dos anos 70 (Lei nº 5.792/72), composto pela *"holding"* TELEBRÁS; por uma empresa *"carrier"*[129] de longa distância que explora também serviços de comunicações de dados, de telex e os serviços internacionais; pela EMBRATEL; por 27 empresas-polo, e quatro empresas independentes, das quais três são estatais (a CRT, controlada pelo Governo do Estado do Rio Grande do Sul; o SERCOMTEL, pela Prefeitura de Londrina; e a CETERP, pela Prefeitura de Ribeirão Preto) e uma privada (Cia. Telefônica do Brasil Central, sediada em Uberlândia e que atua basicamente no Triângulo Mineiro, no Nordeste

---

128. JOHNSON, Bruce Baner. et al. *Serviços públicos no Brasil — mudanças e perspectivas:* concessão, regulamentação, privatização e melhoria da gestão pública. São Paulo: Edgard Bücher, 1996. p.26.
129. É aquela empresa transportadora, mensageira de sinais de telecomunicações.

de São Paulo e em um município de Goiás e um do Mato Grosso do Sul), detém cerca de 90% da planta de telecomunicações existentes no país. A União Federal possui o controle acionário da TELEBRÁS, com cerca de 52% de suas ações ordinárias. Da totalidade do capital, entretanto, a União detém pouco menos de 25%. O restante das ações é de propriedade particular, com cerca de 30% em mãos de estrangeiros e o restante pulverizado entre 5,8 milhões de acionistas. Essa situação é decorrente da Lei nº 5.792/72, que autorizou a criação da TELEBRÁS, e foi consolidada ao longo da década de 70 albergada pela Constituição Federal em 1988.

A Constituição Federal de 1988 dispõe em seu artigo 21 quais são as competências exclusivas da União, dentre as quais, a de explorar e regular as atividades do sistema de telecomunicações. Até 1995, o inciso XI desse artigo determinava a exploração pela União, diretamente ou mediante concessão a empresas sob controle acionário estatal, dos serviços telefônicos, telegráficos, de transmissão de dados e demais serviços públicos de telecomunicações, assegurada a prestação de serviços de informações por entidades de direito privado através da rede pública de telecomunicações.

O Sistema TELEBRÁS experimentou, notadamente a partir da promulgação da Constituição de 1988, um crescente processo de autarquização, como conseqüência das restrições de gestão que lhe foi imposta. Mais do que disciplinar as estatais em geral, através da exigência de resultados no cumprimento de sua missão, as condicionantes constitucionais foram implementadas através de mecanismos de controle que, além de ineficazes, limitam exageradamente a flexibilidade operacional indispensável à atuação empresarial num ambiente competitivo.

Essas restrições vão desde a exigência de processos licitatórios extremamente burocratizados e formalistas para as contratações de bens e serviços — que têm como conseqüência inevitável o aumento de custos e de prazos — até a gestão de recursos humanos, com limitações salariais e exigência de concurso público para admissão e progressão interna, passando pela impossibilidade de constituição de subsidiárias ou participação acionária em outras empresas sem prévia aprovação legislativa, além da exigência de submissão de seu orçamento de investimentos à aprovação do Congresso Nacional. Além desse aspecto, as empresas operadoras de telecomunicações também sofreram as conseqüências de serem estatais, com a interferência da política partidária na gestão.

Esse quadro mostra a incompatibilidade dos papéis simultâneos da União, de Poder Concedente e de acionista controlador, que obrigam o Estado a, por um lado, exigir das empresas estatais o adequado atendimento à demanda, com a qualidade e custos aceitáveis e, por outro, impor-lhes restrições para contenção do *déficit* público, redução do endividamento global e controle do processo inflacionário.

Nesse processo de estatização, verificou-se uma superposição de atribuições e funções entre os órgãos e empresas estatais, criando dificuldades para a gestão setorial. O fato de vários órgãos atuarem sobre os mesmos problemas, de modo não integrado, gera um subaproveitamento de recursos e redução de eficácia global, comprometendo o quadro geral das funções que deveriam ser executadas.

Essas deficiências somam-se, ainda, com os problemas relativos ao planejamento e controle dos órgãos públicos que supervisionam as empresas estatais. Há diversos órgãos governamentais insuficientemente articulados entre si, o que gera uma queda na eficácia do aparelho estatal.

Na medida em que o Estado intervém fortemente nas atividades de planejamento, execução e controle dos serviços de utilidade pública, os problemas decorrentes das relações interorganizacionais também aí se manifestam. Algumas particularidades estão relacionadas abaixo:[130]

a) grande número de órgãos de diversos níveis governamentais atuam de maneira bastante independente, havendo a necessidade de rever a divisão de tarefas e poderes entre União, Estados e Municípios, guiada pela lógica de descentralização, quando representar garantia de melhor satisfação das necessidades ao mais baixo custo;

b) inadequação dos mecanismos de coordenação/integração, acarretando baixa eficácia dos processos que envolvem diversos órgãos públicos;

c) multiplicidade de controles e órgãos controladores das concessionárias, dificultando a identificação da responsabilidade das mesmas sobre tarifas, execução de programas, gestão de recursos humanos, etc.;

d) insuficiência na definição de responsabilidade dos órgãos atuantes nos serviços de utilidade pública; órgãos concedentes, empresas prestadoras de serviço, órgãos responsáveis pelo planejamento, regulamentação, fiscalização, etc. Nos setores em que existem *"holdings"* — ELETROBRÁS no setor elétrico e TELEBRÁS no de telecomunicações, por exemplo — e o poder concedente é um órgão da administração direta, as *"holdings"* acabam por incorporar funções típicas do poder concedente, como as de planejamento, regulamentação e fiscalização das empresas controladas.

---

[130]. JOHNSON, Bruce B. et al. — *Serviços Públicos no Brasil: mudanças e perspectivas; concessão, regulamentação, privatização e melhoria da gestão pública*. São Paulo. Edgar Blucher.1996, pág.

Em outubro de 1994, foi eleito o Presidente Fernando Henrique Cardoso. Em seu programa de campanha "Mãos à Obra, Brasil" constava a intenção do governo federal em enviar ao Congresso Nacional um projeto de emenda constitucional propondo a flexibilização do monopólio estatal das telecomunicações.

Assim, em 1995, com a forte presença política do então Ministro das Comunicações, Sérgio Motta, iniciou-se o processo de reformulação das comunicações brasileiras, travando-se a primeira grande batalha: a modificação do artigo 21 da Magna Carta, abrindo ao capital privado a possibilidade de explorar serviços públicos de telecomunicações, flexibilizando o monopólio estatal do Sistema Telebrás.

A redação original dos incisos XI e XII do art. 21 da Constituição Federal era a seguinte:

"Art. 21. Compete à União:
XI — explorar, diretamente ou mediante concessão a empresas sob o controle acionário estatal, os serviços telefônicos, telegráficos, de transmissão de dados e demais serviços públicos de telecomunicações, assegurada a prestação de serviços de informações por entidades de direito privado através da rede pública de telecomunicações explorada pela União;
XII — explorar, diretamente ou mediante autorização, concessão ou permissão:os serviços de radiodifusão sonora, de sons e imagens e demais serviços de telecomunicações;"

Em 15 de fevereiro de 1995, foi encaminhado o projeto de Emenda Constitucional (PEC) nº 3 que previa o fim do monopólio estatal das telecomunicações. A alteração proposta suprimia, no inciso XI do artigo 21, a expressão "a empresas sob o controle estatal", permitindo, assim, a outorga a empresas privadas, a critério exclusivo da União, do direito de exploração dos serviços públicos de telecomunicações, em nada modificando o inciso XII.

O PEC nº 3 foi promulgado no dia 15 de agosto de 1995 pelo Senado Federal transformando-se na Emenda Constitucional nº 8. Esta Emenda Constitucional foi, então, responsável pela modificação do artigo 21 da Constituição de 1988, que passou a ter a seguinte redação, sendo vedada adoção de Medida Provisória para regulamentá-la:

"Art. 21. Compete à União:
XI — *explorar, diretamente ou mediante autorização*, concessão ou permissão, os serviços de telecomunicações, nos termos da lei, que disporá sobre a organização dos serviços, a criação de um órgão regulador e outros aspectos institucionais;
XII — explorar, diretamente ou mediante autorização, concessão ou permissão:os serviços de radiodifusão sonora e de sons e imagens;"

A nova redação trouxe importantes modificações: a) a possibilidade de a União outorgar ao capital privado o direito de exploração dos serviços de telecomunicações, mantendo a prerrogativa de continuar oferecendo diretamente estes serviços; b) a necessidade de uma lei ordinária para regulamentar o novo artigo 21, visando criar um órgão regulador, autônomo e independente para o setor e realizar uma reforma no Sistema Telebrás; c) separação entre os serviços de telecomunicações e radiodifusão.

A Emenda Constitucional nº 8 de 1995, proposta pelo ex-Presidente da República Fernando Henrique Cardoso, e relatada pelo Deputado Adilson Motta, tentou "flexibilizar" o monopólio estatal na exploração dos serviços públicos de telecomunicações. Justificou-se a proposta pelo fato de o Estado, diante de uma década de importantes avanços em telecomunicações, não ter conseguido suprimir a grande demanda pelos serviços do setor.

Exaurido em sua capacidade de financiamento, principalmente diante das novas tecnologias e da crescente demanda de serviços por elas geradas, o Estado não tem condições de arcar sozinho com todas as necessidades de investimentos. Por esse motivo, a emenda trouxe a abertura de espaço para a parceria com a iniciativa privada, o que só pode ser feito com a eliminação da exigência constitucional do controle estatal na exploração dos serviços telefônicos, telegráficos de comunicações de dados e demais serviços de telecomunicações. A Emenda em questão permitiu a entrada do capital privado nas atividades de telecomunicações do país, mantendo, entretanto, o regime de concessão da União, de modo a garantir o controle do Estado sobre o sistema de telecomunicações.

A mudança fundamental, portanto, consistiu em suprimir a expressão "a empresa sob controle acionário estatal", permitindo a concessão, inclusive a empresas privadas, mas mantendo a União o poder sobre concessões e regulação do setor, até a criação de um órgão regulador que detenha tais atribuições.

Nota-se que há também a previsão da criação de um órgão regulador. Ente da Administração Indireta (autarquia), que deteria o controle regulamentar, bem como a fiscalização das atividades do setor de telecomunicações.

O sistema de monopólio público das telecomunicações, no passado, quer estivesse ou não correto, passaria a ser substituído por um novo ambiente competitivo, caracterizado pelo rápido desenvolvimento tecnológico, através do qual a entrada de novas firmas deve ser encorajada. A eficiência proveniente de novos entrantes, da diversificação, de fusões e de alianças, não podia ser ignorada num novo modelo regulatório.

Em vista disso, abre-se um amplo campo a ser regulado. Pode- se apontar, nesse sentido, a análise das atribuições gerais da ANATEL, no que se refere a poderes fiscalizatórios, normativos e administrativos, em relação às normas gerais e específicas preexistentes, que regem os contratos administrativos.

Nesse novo desenho, o modelo do sistema de telecomunicações tem por objetivo atender às tendências e demandas da sociedade, gerar bem-estar e colaborar com o programa de justiça social do governo. A flexibilização pretendida permite também que o Estado reduza seus custos de expansão e operação dos serviços, ao mesmo tempo em que retomará com mais força e objetividade, seu papel de poder concedente, regulamentador e fiscalizador.

Verifica-se assim, uma mudança no modelo brasileiro dos serviços de telecomunicações. Antes do processo de privatização, assemelhado ao modelo europeu, em que os serviços são prestados pelo próprio Estado ou por empresas estatais, o setor de telecomunicações no Brasil, sob a nova concepção implantada por tal processo, passa a ser identificado ao modelo norte-americano (serviços realizados por empresas privadas submetidas a algum tipo de controle por parte do Estado).

Em 19 de julho de 1996, o Presidente Fernando Henrique Cardoso sancionou a Lei nº 9.295, a chamada Lei Mínima, abrindo ao capital privado o mercado brasileiro de telefonia celular.

Com a Emenda Constitucional 8/95 iniciou-se a fase da flexibilização das telecomunicações no Brasil, autorizando a quebra do monopólio da TELEBRÁS. Sundfeld[131] argu-

---

131. SUNDFELD, Carlos Ari. Regulação — Papel Atual e Tendências Futuras. IN; WOHLERS, M& PLAZA (org.), C. *Informe Anual de Telecomunicações e Tecnologias da Informação*. São Paulo: CELAET, 2000, pág. 146.

menta que nesta fase, três leis tiveram repercussão: a Lei Mínima de Telecomunicações (nº 9.295 de 16.07.96), que autorizou a outorga de novas concessões do Serviço Móvel Celular — SMC; a Lei de Concessões de serviços públicos em geral (nº 8.987, 13.2.95), que seria aplicada no processo de outorga do SMC; e a Lei de TV a Cabo (nº 8.977, de 6.5.95), disciplinando a concessão desse serviço e esboçando sua regulação. Nesta fase, o Ministério das Telecomunicações passou a agir como regulador *ad hoc*, editando inúmeros regulamentos, incluindo o do SMC, promovendo licitações e implantando no Brasil a prática do *rulemaking process*, abrindo consultas públicas para discutir os regulamentos em preparação.

Seguiu-se, então, a fase da privatização dos serviços de telecomunicações, baseada no modelo de implantação de competição e universalização. Assim, o Estado decidiu transferir para a iniciativa privada o controle acionário que detinha, mantendo o controle da prestação do serviço através da regulamentação. Cesaroli[132] assevera que naquele momento, o governo brasileiro reconheceu que o setor de telecomunicações é a principal, ou uma das mais essenciais, ferramentas de desenvolvimento econômico-social e que, portanto, precisava de investimentos e de legislação para crescer e proporcionar os benefícios de que a sociedade necessitava.

Foi, enfim, promulgada a Lei Geral de Telecomunicações (nº 9.472, de 16.7.97), considerada o grande marco jurídico desta nova fase, criando a Agência Nacional de Telecomunicações e revogando o antigo Código Brasileiro de Telecomunicações.

---

132. CESAROLI, Luiz Tito. Telecomunicações no Brasil — Uma Revolução bem sucedida. IN; WOHLERS, M& PLAZA (org.), C. *Informe Anual de Telecomunicações e Tecnologias da Informação*. São Paulo: CELAET, 2000, pp.137-142.

Figura 1. Objetivos Fundamentais da Reforma das Telecomunicações no Brasil.

COMPETIÇÃO	UNIVERSALIZAÇÃO
REGULAMENTAÇÃO BÁSICA MÍNIMA ←→	ASPECTOS ECONÔMICOS FUNDAMENTAIS
ESTRUTURA IDEAL PARA O SETOR REGULAMENTAÇÕES ESPECÍFICAS PARA OS CONCORRENTES IMPLEMENTAÇÃO	

Fonte: Anatel — Diretrizes Gerais para a Abertura do Mercado de Telecomunicações, 1997.

Neste contexto, Martins[133] argumenta que a Lei Geral estabeleceu a possibilidade, por meio de seu artigo 187, de o Poder Executivo reestruturar o Sistema Telebrás[134] de

---

133. MARTINS, M. A — O Brasil e a Globalização das Comunicações na Década de 90. *Dissertação apresentada à Universidade de Brasília como requisito a obtenção do grau de Mestre em Relações Internacionais, Brasília, 1999*, pág. 63.
134. O Poder Executivo foi autorizado, pelo art. 187 da Lei Geral de Telecomunicações, a promover a reestruturação e a desestatização das seguintes empresas controladas, direta ou indiretamente, pela União, e supervisionadas pelo Ministério das Comunicações: I — Telecomunicações Brasileiras S.A. — TELEBRÁS; II — Empresa Brasileira de Telecomunicações — EMBRATEL; III — Telecomunicações do Maranhão S.A. — TELMA; IV — Telecomunicações do Piauí S.A. — TELEPISA, V — Telecomunicações do Ceará — TELECEARÁ; VI — Telecomunicações do Rio Grande do Norte S.A. — TELERN; VII — Telecomunicações da Paraíba S.A. — TELPA; VIII — Telecomunicações de Pernambuco S.A. — TELPE; IX — Telecomunicações de Alagoas S.A. — TELASA; X — Telecomunicações de Sergipe S.A. — TELER-

acordo com o modelo de competição até então desenvolvido pelo Ministério das Comunicações, através da abertura do setor à iniciativa privada, com regras capazes de prevenir o abuso do poder econômico; de assegurar a universalização dos serviços públicos de telecomunicações, com as companhias assumindo compromissos de garantir o acesso, pelos usuários, a seus serviços, a partir da cobertura de áreas economicamente pouco atraentes; e de instalação de um órgão regulador, independente e autônomo, responsável pela regulamentação, fiscalização e intermediação governo/mercado/sociedade.

A Lei Geral permitiu ao Poder Executivo definir, a critério do Presidente da República, a entrada e os limites ao capital estrangeiro nas operações brasileiras de telecomunicações, podendo, inclusive, optar por uma liberalização radical, permitindo a composição de até 100% na participação externa. Essa disposição foi regulamentada pelo

---

GIPE; XI — Telecomunicações da Bahia S.A. — TELEBAHIA; XII — Telecomunicações de Mato Grosso do Sul S.A. — TELEMS; XIII — Telecomunicações de Mato Grosso S.A. — TELEMAT; XIV — Telecomunicações de Goiás S.A. — TELEGOIÁS; XV — Telecomunicações de Brasília S.A. — TELEBRASÍLIA; XVI — Telecomunicações de Rondônia S.A. — TELERON; XVII — Telecomunicações do Acre S.A. — TELEACRE; XVIII — Telecomunicações de Roraima S.A. — TELAIMA; XIX — Telecomunicações do Amapá S.A. — TELEAMAPÁ; XX — Telecomunicações do Amazonas S.A. — TELEAMAZON; XXI — Telecomunicações do Pará S.A. — TELEPARÁ; XXII — Telecomunicações do Rio de Janeiro S.A. — TELERJ; XXIII — Telecomunicações de Minas Gerais S.A. — TELEMIG; XXIV — Telecomunicações do Espírito Santo S.A. — TELEST; XXV — Telecomunicações de São Paulo S.A. — TELESP; XXVI — Companhia Telefônica Borda do Campo — CTBC; XXVII — Telecomunicações do Paraná S.A. — TELEPAR; XXVIII — Telecomunicações de Sant5a Catarina S.A. — TELESC; XXIX — Companhia Telefônica Melhoramento e Resistência — CTMR.

Decreto nº 2.617, de 5 de junho de 1998, com o presidente Fernando Henrique Cardoso estabelecendo que as empresas estrangeiras não teriam qualquer limitação na exploração dos serviços de telecomunicações, desde que constituíssem companhias regidas sob as leis brasileiras. Assim, todos os serviços de comunicações no Brasil estavam abertos integralmente a investimentos externos, sendo livre qualquer associação com grupos nacionais.

Desta forma, a Lei Geral de Telecomunicações rompeu com os modelos jurídicos anteriores, mudando conceitos até então vigentes e criando uma nova estrutura de mercado. A este respeito, Sundfeld[135] adverte que a Lei Geral de Telecomunicações introduziu duas classificações, até então não utilizadas no setor de telecomunicações, e ligadas exclusivamente ao tratamento jurídico. Os serviços de telecomunicações foram agrupados, segundo um primeiro critério, em serviços de interesse restrito e de interesse coletivo (art. 62); e de acordo com outro, em serviços prestados no regime público (isto é, serviços públicos) e no regime privado (serviços privados) (art.67).

A primeira distinção é fundada no grau e gênero de regulação incidente sobre o serviço. Se este for de interesse restrito, estará sujeito apenas aos condicionamentos, de conteúdo claramente negativo, indispensáveis a que sua exploração não prejudique a coletividade (art. 62, parágrafo único). Em sendo o serviço de interesse coletivo, ele estará, portanto, sujeito a condicionamentos mais intensos, inclusive os de conteúdo positivo. Basta mencionar, como exemplo, as regras sobre redes de telecomunicação conti-

---

135. SUNDFELD, C.A. Regulação — Papel Atual e Tendências Futuras. IN; WOHLERS, M & PLAZA (org.), C. *Informe Anual de Telecomunicações e Tecnologias da Informação.* São Paulo: CELAET, 2000, pág. 149.

das no Título IV do Livro III, aplicáveis apenas aos serviços de interesse coletivo (art. 145) que impõem aos prestadores deveres de fazer (encargos) e de suportar (sujeições), como os de aceitar a interconexão, de operar de modo integrado e, em geral, de cumprir sua função social (art. 146)[136].

Com relação à exploração dos serviços de telecomunicações, a Lei Geral estabeleceu dois regimes jurídicos: o público e o privado. O regime público obedece às regras da teoria dos serviços públicos, ou seja, dever de universalização e continuidade na prestação do serviço, com existência assegurada pelo Poder Público. Já o regime privado obedece, de acordo com o art. 126 da LGT, aos princípios constitucionais de exploração de atividades econômicas.

De acordo com o art. 67 da Lei Geral de Telecomunicações, os serviços de interesse restrito serão sempre prestados em regime privado e os de interesse coletivo podem ser submetidos ou ao regime público ou ao privado, dependendo de uma decisão política governamental, tomada pelo Presidente da República (art. 18, I) por proposta do órgão regulador, a Agência Nacional de Telecomunicações (art. 19, II).

Nesta perspectiva, cumpre ressaltar que a exploração do serviço de telecomunicações no regime público depende de prévia outorga, pela Agência, mediante concessão, implicando esta o direito de uso das radiofrequências necessárias, conforme regulamentação. Por outro lado, a exploração de serviço de telecomunicações no regime privado

---

136. SUNDFELD, C. A.. Regulação — Papel Atual e Tendências Futuras. IN; WOHLERS, M & PLAZA (org.), C. *Informe Anual de Telecomunicações e Tecnologias da Informação*. São Paulo: CELAET, 2000, pág. 151.

depende de prévia autorização da Agência, de acordo com as condições elencadas no art. 132 da Lei Geral de Telecomunicações.

Ao comentar o modelo adotado, Sundfeld[137] afirma que ele facilitou a introdução da concorrência no mercado de telecomunicações anteriormente monopolizado. Privatizadas as chamadas "teles", tivemos empresas particulares monopolizando em cada região os serviços de telefonia fixa, em regime público (e, portanto, responsabilizando-se pelos deveres de universalização e continuidade de que tratam os arts. 79 a 82 da Lei Geral de Telecomunicações). Os novos concorrentes nesse serviço (as chamadas empresas espelho), por outro lado, ficaram sujeitos ao regime privado, atuando com mais liberdade. Assevera ainda que como a Lei admite as diferentes combinações (exclusividade ou convivência; solução nacional, regional, local ou por áreas), as doses de competição vêm sendo inoculadas de maneira homeopática ou paulatinamente, o que simplifica a gerência do sistema.

A Lei Geral de Telecomunicações delineou, portanto, as bases do novo direito brasileiro das telecomunicações, fundamentado em uma estrutura institucional específica com a implantação de agência reguladora independente.

Após a quebra do monopólio e da abertura ao mercado de telefonia celular, o governo federal prosseguiu em seu projeto de reorganização gradual e implementação da competição no setor de telecomunicações, enviando, em 10 de dezembro de 1996, o Projeto de Lei nº 2.648, conhecido como Lei geral de Telecomunicações. Este instrumento

---

137. SUNDFELD, C.A Regulação — Papel Atual e Tendências Futuras. IN; WOHLERS, M & PLAZA (org.), C. *Informe Anual de Telecomunicações e Tecnologias da Informação*. São Paulo: CELAET, 2000, pág. 150.

transformou-se na Lei nº 9.472 de 16 de julho de 1997, responsável pela redefinição dos serviços, pelas bases de instalação de um modelo de concorrência e pela criação da Agência Nacional de Telecomunicações — ANATEL.

O artigo 8º da Lei Geral de Telecomunicações criou a Agência Nacional de Telecomunicações, entidade integrante da Administração Pública Federal indireta, submetida a regime autárquico especial e vinculada ao Ministério das Comunicações, com a função de órgão regulador das telecomunicações.

À ANATEL compete, de acordo com o art. 19 da mencionada Lei, adotar as medidas necessárias para o atendimento do interesse público e para o desenvolvimento das telecomunicações brasileiras, atuando com independência, imparcialidade, legalidade, impessoalidade e publicidade.

Dentre as funções da ANATEL, cabe-nos ressaltar: expedir normas quanto à outorga, prestação e fruição dos serviços de telecomunicações no regime público; celebrar e gerenciar contratos de concessão e fiscalizar a prestação do serviço no regime público, aplicando sanções e realizando intervenções; expedir normas sobre prestação de serviços de telecomunicações no regime privado; exercer, relativamente às telecomunicações, as competências legais em matéria de controle, prevenção e repressão das infrações de ordem econômica, ressalvadas as pertencentes ao Conselho Administrativo de Defesa Econômica — CADE; decidir em último grau sobre as matérias de sua competência, ressalvada competência recursal ao Conselho Diretor.

Os principais atos elaborados pela ANATEL, que complementam a Lei Geral de Telecomunicações e que nortearam a elaboração dos contratos de concessão foram:

a) Plano Geral de Outorgas — Decreto nº 2.534 de abril de 1998, que traçou as diretrizes do novo modelo de competição, com a nova disposição das empresas a serem então privatizadas e a previsão da criação de outras empresas, estabelecendo o sistema de concorrência;

b) Plano de Metas de Universalização — Decreto n° 2.592 de maio de 1998, que estabeleceu os compromissos de acesso universal à telefonia;

c) Plano de Metas de Qualidade — Resolução n° 20 de junho de 1998, que definiu padrões de desempenho para as empresas de telecomunicações obrigadas a oferecer seus serviços com graus progressivos de qualidade, referentes ao tráfego telefônico, local e de longa distância.

A ANATEL tomou a frente da reorganização do Sistema Telebrás. A licitação do Sistema Telebrás foi iniciada, efetivamente, em maio de 1998, com a abertura dos *data rooms*, ou salas de informação, às empresas interessadas, contendo todas as informações técnicas, administrativas e econômico-financeiras necessárias à formulação das propostas. O critério único estabelecido para a disputa foi o leilão, marcado para 29 de julho. O preço mínimo estabelecido para cada empresa foi calculado a partir de avaliações econômico-financeiras e de custos para reestruturações societárias, realizadas por consultorias estrangeiras especializadas contratadas pelo Governo Federal[138].

Como resultado do leilão, foram arrecadados R$22,057 bilhões — R$15,5 bilhões dos quais de origem estrangeira, superando em quase 64% o preço mínimo estipulado de R$13,470 bilhões.

---

138. As consultorias contratadas pelo Ministério das Comunicações para a avaliação financeira da Telebrás foram associações formadas pela Arthur D. Little e Coopers & Librand, e pela Salomon Brothers em conjunto com a Morgan Stanley, todas norte-americanas.

Figura 1: Assim foi a disputa pelas empresas no leilão do Sistema Telebrás:

Companhia	Consórcios interessados	Composição	Valor do Lance(em R$ milhões)
Telesp	Tele Brasil Participações	Telefónica de España, Iberdrola, Banco Bilbao y Viscaya, Portugal Telecom e RBS[1]	5.783
		UGB Participações (Globo e Bradesco), Telecom Itália, Fundos de Pensão (Previ, Sistel, Telos, Petros, Funcef e Funcesp) e Opportunity	3.965
Tele Centro Sul	Solpart Participações	Telecom Itália, Fundos de Pensão (Previ, Sistel, Telos, Petros, Funcef e Funcesp) e Opportunity	2.070
Tele Norte Leste	Telemar	Andrade Gutierrez, Inepar, Macal, BNDES, La Fonte, BR Telecom, Sul América e Fiago	3.434
Embratel	MCI	MCI	2.650
	Longdis	Sprint, Opportunity e Fundos de Pensão	2.499
Telesp Celular	Portugal Telecom	Portugal Telecom	3.588
		Opportunity, Fundos de Pensão (Previ, Sistel, Telos, Petros, Funcef e Funcesp) e Telesystem	1.688
		UGB Participações (Globo e Bradesco) e Telecom Itália	1.304
Tele Celular Sul		UGB Participações (Globo e Bradesco) e Telecom Itália	700
		Qualcomm	548
		Companhia Técnica de Engenharia, Telemont Engenharia, Banco Fator e Inepar	462
		SouthWestern Bell	442
		France Télécom	427

Companhia	Consórcios interessados	Composição	Valor do Lance(em R$ milhões)
		Bozano, Simonsen	395,6
		Splice	381
		AirTouch	319
		Cowan	333,5
Tele Sudeste Celular		Telefónica de España, Iberdrola, NTT e Itochu Corp.	1.360
	Telepart	Opportunity, Fundos de Pensão (Previ, Sistel, Telos, Petros, Funcef e Funcesp) e Telesystem	1.102
		UGB Participações (Globo e Bradesco) e Telecom Itália	1.084
		France Télécom	805
Tele Centro Oeste Celular		Splice	440
		France Télécom	415,07
	Telesim	Liderado pela Qualcomm	401
Tele Leste Celular		Telefónica de Espanã e Iberdrola	428,8
		Bell Canada	230
		France Télécom	255
		AirTouch	161
		Opportunity	261
		Cowan	156
		BID	222

Companhia	Consórcios interessados	Composição	Valor do Lance (em R$ milhões)
Tele Nordeste Celular		UGB Participações (Globo e Bradesco) e Telecom Itália	660
	Vectra	Liderado pela Cowan	(-)[1]
	Telepart	Telesystem, Fundos de Pensão (Previ, Sistel, Telos, Petros, Funcef e Funcesp) e Opportunity	(-)
		Air Touch	(-)
Telemig Celular	Telepart	Telesystem, Fundos de Pensão (Previ, Sistel, Telos, Petros, Funcef e Funcesp) e Opportunity	756
		Lightel (Grupo Algar)	480
		Bell Canada	(-)
		South Western Bell	(-)
		France Télécom	(-)
	Vectra	Liderado pela Cowan	(-)
	Telesim	Liderado pela Qualcomm	(-)
	Argentun	Bozano, Simonsen	(-)
		Air Touch	(-)
		BellSouth/Banco Safra	(-)
Tele Norte Celular	Telepart	Telesystem, Fundos de Pensão (Previ, Sistel, Telos, Petros, Funcef e Funcesp) e Opportunity	188
		Andrade Gutierrez	160

Fonte: O *Leilão da Telebrás*, in: Gazeta Mercantil, 30 de julho de 1998.[139]

---

139. Notas: (1) A Rede Brasil Sul de Comunicações (RBS), está negociando sua saída do consórcio vencedor na compra da Telesp. O motivo é simples: pelas regras do edital uma empresa não poderia possuir,

Em 30 de julho de 1998, na cidade do Rio de Janeiro, realizou-se o leilão das empresas do Sistema Telebrás. Foram privatizadas 12 empresas constituintes do setor nacional de telecomunicações fixa e celular, rendendo ao Governo Federal a receita de R$ 22,08 bilhões.

Verifica-se que quatro empresas foram arrematadas por consórcios de capital externo (principalmente capitais provenientes de grupos espanhóis e portugueses). Outras seis foram vendidas a associações formadas por capitais estrangeiros e nacionais. Somente duas empresas de telecomunicações foram arrematadas por grupos exclusivamente nacionais. Os recursos provenientes da venda do Sistema Telebrás não foram recebidos integralmente pelo Governo. Os compradores das empresas telefônicas depositaram 40% do total dos lances oferecidos, sendo que o restante será pago em dois anos (dividido em duas parcelas iguais que vencerão 12 e 24 meses após a transferência do controle). Tal fato possibilita que os grupos compradores financiem seus investimentos.

Os grupos exclusivamente nacionais puderam recorrer a empréstimos do BNDES (Banco Nacional de Desenvolvimento Econômico e Social), os quais delimitar-se-ão; a 50% da entrada que os compradores terão de pagar.

---

simultaneamente, mais de 20% das ações ordinárias de duas ou mais operadoras de telefonia fixa, a não ser que estivesse, de acordo com o Plano Geral de Outorga, na mesma área de atuação. Como a RBS, em conjunto com a Telefónica, já detém 85% do controle da Companhia Riograndense de Telecomunicações (CRT), companhia estadual do Rio Grande do Sul, sua área preferencial de atuação, privatizada entre 1996 e 1997, ela só poderia adquirir a Tele Centro Sul, que incorporaria automaticamente a CRT. Como a Telefónica optou por comprar a Telesp, ela está sendo obrigada a se desfazer, em até dezoito meses do leilão, da sua participação acionária na CRT (2) Os valores dos lances em branco (-) não estavam disponíveis.

No leilão realizado na Bolsa de Valores do Rio de Janeiro, foram vendidas 51,79% das ações ordinárias, que dão direitos a voto, as quais representam 19,26% do capital social do Sistema Telebrás. O restante do capital está em poder de cerca de 3,5 milhões de acionistas privados, nacionais ou estrangeiros.

No novo cenário nacional, as empresas constituintes do *sistema de telefonia fixa comutada local* apresentam as seguintes características:

a) TELESP PARTICIPAÇÕES (empresa paulista): foi comprada pela Telebrasil Sul, que é comandada pela Telefónica de España (nacionalidade espanhola) sendo seus sócios a Portugal Telecom (constituindo 23% do capital), o grupo gaúcho de comunicação RBS (Rede Brasil Sul) e os grupos espanhóis: Banco Bibao Vizcaya e Iberdrola. Verifica-se que a Telefónica de España também administra a telefônica CRT, do Rio Grande do Sul. O preço pago foi de R$ 5,783 bilhões, superando o preço mínimo de R$ 3,52 bilhões (ágio de 64,29%);

b) TELE NORTE LESTE: trata-se da maior holding da Telebrás. O comprador dessa telefônica foi o consórcio AG Telecom (nacionalidade brasileira), constituído pelos grupos Andrade Gutierrez Telecomunicações (21% do capital investido), Inepar (20%), Macal (20%), Fiago Participações, Fundo de investimento nacional (18,8%) e outros. O preço arrematado foi de R$ 3,434 bilhões, superando o preço mínimo de R$ 3,400 bilhões (ágio de 1%).

c) TELE CENTRO SUL: a compra foi realizada pela empresa Solpart Participações S/A (nacionalidade brasileira), que é formada por Banco Opportunity (56,1% do capital investido), Telecom Italia (operadora, 19,9%) e Fundos de Pensão (24%). O preço alcançado foi de R$ 2,070 bilhões, superando o preço mínimo de R$ 1,95 bilhões

A Empresa Brasileira de Telecomunicações — EMBRATEL — é a entidade que realiza as chamadas interestaduais e internacionais de longa distância.

O comprador da EMBRATEL foi a MCI Internacional (nacionalidade norte-americana), com sede em Washington, D.C. Constitui-se em uma das principais fornecedoras de serviços de comunicação local e internacional dos Estados Unidos da América — EUA. O preço pago pela Embratel foi de R$ 2,65 bilhões, ultrapassando em 47,22% do preço mínimo estabelecido pelo Governo, que foi de R$1,8 bilhão.

Figura 2. Regiões de Telefonia Fixa

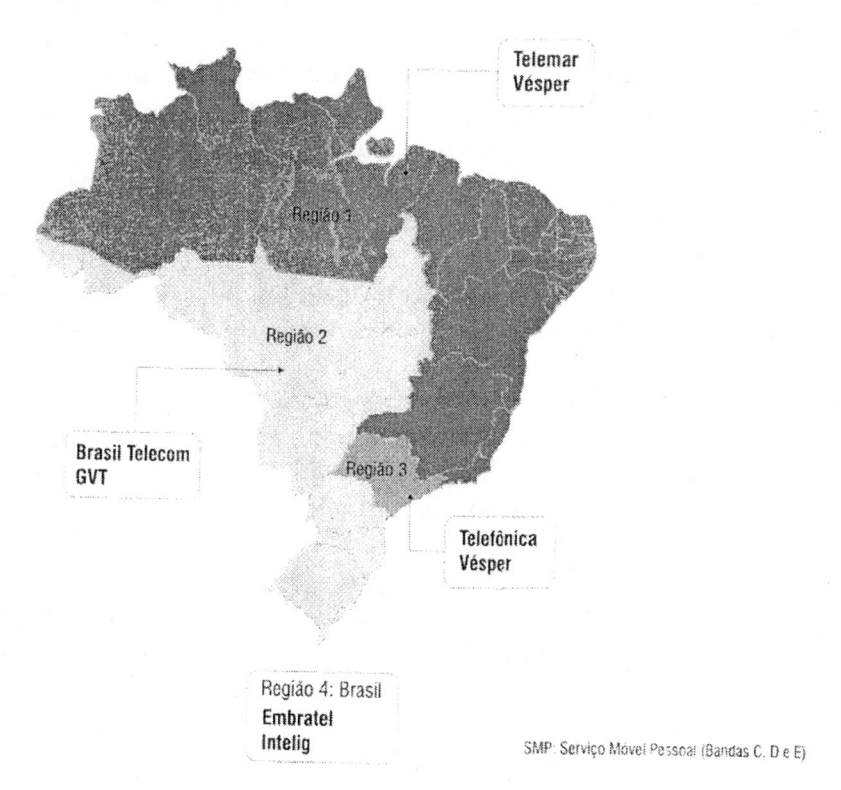

Telemar
Vésper

Região 1

Região 2

Brasil Telecom
GVT

Região 3

Telefônica
Vésper

Região 4: Brasil
Embratel
Intelig

SMP: Serviço Móvel Pessoal (Bandas C, D e E)

Fonte: Informe Anual Telecomunicações e Tecnologias da Informação, 2000.

Cumpre também ressaltar que as empresas interessadas na privatização puderam participar do leilão isoladamente ou a partir da formação de consórcios, desde que respeitado o limite estabelecido para a compra. Esse limite estipulou que uma empresa com participação igual ou superior a 20% na composição acionária de um consórcio não poderia adquirir mais de uma companhia de cada grupo. Martins[140] adverte ainda que outra restrição estabelecida foi a impossibilidade de uma empresa, ou consórcio, adquirir uma companhia de telefonia fixa e outra de telefonia celular na mesma área de atuação, não havendo limite estipulado para a participação do capital estrangeiro. Com a constituição das empresas espelho, também com capital majoritariamente estrangeiro, assim ficou constituída o conjunto de empresas concessionárias de telefonia fixa conforme seu capital.

Após a realização da privatização das empresas constituintes do Sistema Telebrás, o Governo mobilizou-se para a criação de empresas-espelho, constituídas com a finalidade de concorrer com as operadoras da telefonia fixa. Assim, instituiu-se um sistema de duopólio, com o intuito de possibilitar a escolha da operadora que melhor satisfizer os interesses da população. Os primeiros leilões para a concessão das empresas-espelho já foram realizados no final de 1998, tendo sido leiloadas concessões na região sudeste, norte-nordeste e sul-sudoeste do País, nas mesmas áreas definidas na privatização.

---

140. MARTINS, M. A — O Brasil e a Globalização das Comunicações na Década de 90. *Dissertação apresentada à Universidade de Brasília como requisito a obtenção do grau de Mestre em Relações Internacionais, Brasília, 1999,* pág. 68.

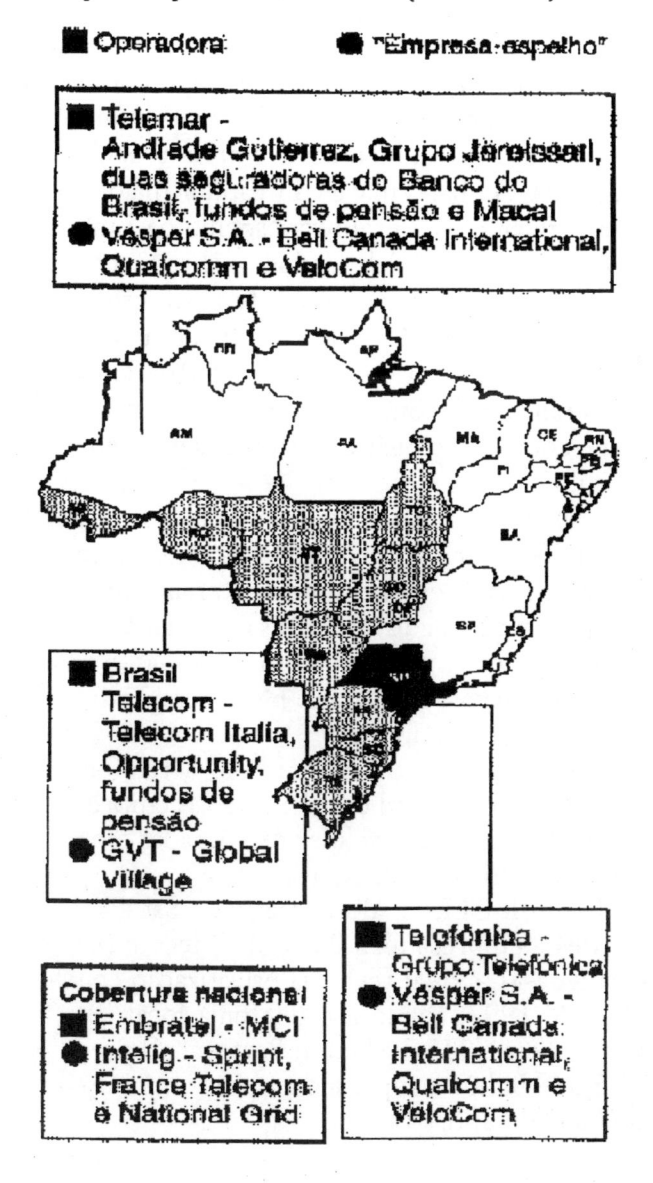

Figura 3. Empresas espelho da telefonia fixa (Fonte Anatel)

■ Operadora ● "Empresa-espelho"

■ Telemar - Andrade Gutierrez, Grupo Jereissati, duas seguradoras do Banco do Brasil, fundos de pensão e Macal
● Vésper S.A. - Bell Canada International, Qualcomm e VeloCom

■ Brasil Telecom - Telecom Italia, Opportunity, fundos de pensão
● GVT - Global Village

Cobertura nacional
■ Embratel - MCI
● Intelig - Sprint, France Telecom e National Grid

■ Telefônica - Grupo Telefônica
● Vésper S.A. - Bell Canada International, Qualcomm e VeloCom

As vencedoras do leilão sudeste e norte-nordeste formaram um só grupo coligado intitulado Megatel, nome comercial Vesper que começou a operar a partir do segundo semestre do ano 2000. A Vésper tem como empresas constituintes a Bell Canada International, a Qualcomm e a Velocom. Na região sul-sudoeste empresa espelho foi arrematada pela Global-Village, de capital majoritariamente norte-americano. Já a empresa espelho da Embratel, que controla a transmissão de dados, inclusive a transmissão via-satélite (dentre ele todo o sistema Internet), ligações internacionais, o consórcio Bonari, de nome comercial Intelig começou a operar no início de 2000 e é composto pela Sprint, França Telecom e National Grid, mas houve mudança no controle acionário conforme será examinado neste capítulo.

Um dos principais resultados do processo de privatização das telecomunicações brasileiras foi o incentivo à entrada de importantes operadoras internacionais, o que se explica pela ausência de restrições à participação do capital estrangeiro na estrutura de propriedade das empresas que seriam privatizadas, bem como pelas perspectivas de crescimento do mercado local.

O mesmo processo ocorreu com a telefonia celular. Inicialmente foram vendidas em leilão as empresas estatais operadoras de telefonia celular reagrupadas em nove áreas que constituíram a banda A, a saber:

a) TELESP CELULAR — região de São Paulo: o comprador dessa empresa foi a Portugal Telecom (nacionalidade portuguesa), a qual teve sua privatização concluída em outubro de 1997. Explora a telefonia local fixa, celular, longa distância e TV a cabo em Portugal. O preço pago foi de R$ 5,588 bilhões, superando o preço mínimo de R$ 1,1 bilhão (ágio de 226,18%);

b) TELE SUDESTE CELULAR — Rio de Janeiro e Espírito Santo: a Telefónica de España (nacionalidade espanhola) arrematou o controle da Tele Sudeste Celular, com 78,9% do capital investido. O consórcio também tem a presença das empresas Iberdorla (6,98%), NTT e Itochu (13,97%). A Tele Sudeste abrange os Estados do Rio de Janeiro e Espírito Santo. O preço pago foi de R$1,36 bilhão, superando em 138,6% o valor mínimo de R$ 570 milhões;

c) TELEMIG CELULAR — Minas Gerais: empresa comprada pelo consórcio Telepart Participações S/A (nacionalidade canadense). Os integrantes desse consórcio são a Telesystem Internacional Wireless, operadora canadense de telefonia (49%), Banco Opportunity (27%) e Fundos de Pensão (24%). O preço alcançado foi R$ 756 milhões, superando o preço mínimo de R$ 230 milhões (ágio de 228,7%).

d) TELE CELULAR SUL — região de Santa Catarina e Paraná: os compradores são a UGB Participações (União Globo e Bradesco, com 50%) e Bitel (Telecom Italia, com 50%). Trata-se de consórcio binacional (nacionalidades brasileira e itálica), que pagou pela Tele Celular Sul o valor de R$ 700 milhões, superando o valor mínimo estabelecido de R$ 230 milhões (ágio de 240%);

e) TELE NORDESTE CELULAR — região do Piauí, Ceará, Rio Grande do Norte, Paríba, Pernâmbuco e Alagoas: trata-se do mesmo consórcio comprador da Tele Celular Sul, constituído pela UGB Participações e Bitel. O preço alcançado foi de R$ 660 milhões, ultrapassando em 193,33% o valor mínimo de R$ 225 milhões;

f) TELE LESTE CELULAR — na Bahia e em Sergipe: os compradores são a Iberdorla (62% participação no consórcio) e Telefónica de España (38%). Trata-se de um consórcio de nacionalidade espanhola. O preço pago foi de

R$ 428 milhões, superando o valor mínimo de R$125 milhões (ágio de 242,4%);

g) TELE CENTRO OESTE CELULAR- Distrito Federal, Mato Grosso, Mato Grosso do Sul, Goiás, Tocantins e Rondônia: a empresa compradora foi a Splice do Brasil (nacionalidade brasileira), sediada em Sorocaba, interior do Estado de São Paulo. O preço arrematado foi de R$ 440 milhões, superando o valor mínimo de R$230 milhões (ágio de 91,3%);

h) TELE NORTE CELULAR — Amazonas, Pará, Amapá, Roraima e Maranhão: o consórcio comprador é o Telepart Participações S/A (nacionalidade canadense), formado pelas empresas Telesystem International, operadora canadense de telefonia celular (49%), Banco Opportunity (27%) e Fundos de Pensão (24%). O preço pago foi de R$ 188 milhões, superando o valor mínimo estabelecido de R$ 90 milhões (ágio de 108,8%).

i) TELESUL CELULAR — no Rio Grande do Sul. Já pertencia à Iniciativa Privada, companhia CRT composta pelas Organizações Globo e pela Telefônica de Espanha.

A partir de 1999 foi instituído o chamado Sistema de Banda B onde adentraram mais um grande número de empresas. As áreas de concessão correspondem as da Banda A e ao contrário das anteriores foram as próprias companhias concedentes que compraram os equipamentos e trouxeram a tecnologia da matriz para o país. A divisão foi a seguinte:

a) TELESP CELULAR — região de São Paulo: os concessionários da área foram na região da capital, a BCP de capital norte-americano, e no interior a Tess (Telia- Telecom Américas) de capital espanhol, canadense e brasileiro.

b) TELE SUDESTE CELULAR — Rio de Janeiro e Espírito Santo: foi arrematada pelo consórcio ATL, do grupo Algar, brasileiro e Telmex, mexicano, que se encontra hoje em negociação com a Bell Canadá.

c) TELEMIG CELULAR — Minas Gerais: empresa comprada pela Maxitel cujo capital é controlado pela Telecom Itália

d) TELE CELULAR SUL — região de Santa Catarina e Paraná: a área foi arrematada pela Global Telecom que pertence na maior parte a Portugal Telecom.

e) TELE NORDESTE CELULAR — região do Piauí, Ceará, Rio Grande do Norte, Paríba, Pernâmbuco e Alagoas: a concessão pertence a Bell South, de capital norte-americano

f) TELE LESTE CELULAR — na Bahia e em Sergipe: os compradores pertencem a Maxitel controlada pela Telecom Itália

g) TELE CENTRO OESTE CELULAR- Distrito Federal, Mato Grosso, Mato Grosso do Sul, Goiás, Tocantins e Rondônia: os compradores são o consórcio Americel composto pelo Opportunitty, findos de pensão eTWI

h) TELE NORTE CELULAR — Amazonas, Pará, Amapá, Roraima e Maranhão: o consórcio vencedor é o do grupo Splice do Brasil

i) TELESUL CELULAR — no Rio Grande do Sul cuja concessão pertence a Telet — Oppotunity e fundos de pensão brasileiros.

No sistema de telefonia celular o incremento tecnológico possibilitou uma nova concorrência bem como criação de espectros maiores de transmissão no SMP (Sistema Móvel Celular) fez surgir um Sistema de cinco bandas: a banda A, resultante da divisão do sistema Telebrás, Banda B, telefonia celular digital, banda C, concorrentes das bandas A e B, Bandas D e E, que oferecem serviços de transmissão móvel de dados.

Devido ao grande número de empresas operando no mesmo espectro (ou faixa) das Bandas A e B não houve empresas interessadas pela banda C no leilão efetuado no início do ano 2001.

Figura Quatro: Telefonia celular no Brasil[141]

Quem é quem na telefonia celular

- **Banda A**: Tele Norte Celular (TWI, Opportunity, fundos de pensão)
  Banda B: Norte Brasil Telecom (Grupo Splice)

- **Banda A**: TIM Nordeste
  Banda B: BCP Nordeste (Bell South)

- **Banda A**: Tele Leste Celular (Telefônica)
  Banda B: Maxitel (Telecom Italia)

- **Banda A**: TCO (grupo Splice)
  Banda B: Americel (TWI, Opportunity, fundos de pensão)**

- **Banda A**: TIM Sul (Telecom Italia)
  Banda B: Global Telecom (Portugal Telecom)

- **Banda A**: Telemig (*TIW/Opportunity/fundos de pensão)
  Banda B: Maxitel (Telecom Italia)

- **Banda A**: CRT Celular (Telefônica)
  Banda B: Telet (TIW Opportunity/fundos de pensão)**

- **Banda A**: Telesp Celular (Portugal Telecom)
  Banda B: Capital - BCP (Bell South) Interior - Tess (Telia - Telecom Americas)

- **Banda A**: Telefônica Celular
  Banda B: ATL (Algar, Telmex/SBC*)

* Ambas participam do Telecom Americas ** em negociação com Bell Canada International, que também faz parte do Telecom Americas

---

141. In Gazeta Mercantil. 20 de setembro de 2001.

As áreas para concessão da Banda D tiveram sua divisão semelhante a da telefonia fixa, ou seja três áreas de concessão. No leilão efetuado para as primeiras três subfaixas da Banda D houve três vencedores.

a) Região 1: dezesseis Estados do Sudeste, Nordeste e Norte sendo vencedor o consórcio brasileiro Telemar

b) Região 2: Nove Estados do Centro Oeste e do Sul, sendo comprador a Telecom Itália

c) Região 3: Estado de são Paulo, sendo comprador a Telecom Itália.

Figura 5: Telefonia Celular Bandas D e E (Fonte Anatel 2001)

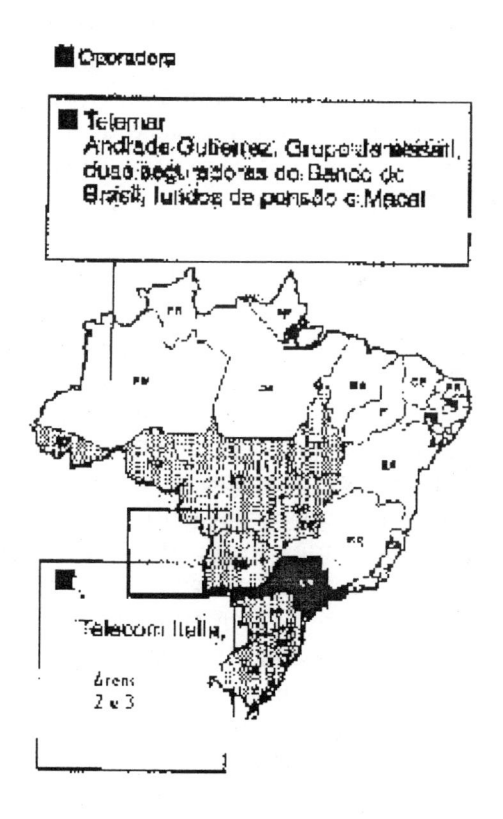

4.3. Os Contratos Administrativos no Direito Brasileiro

A Concessão do Serviço Telefônico Fixo em áreas limítrofes e fronteiriças ocorre em conformidade com regulamentação editada pela ANATEL, contida no Plano Geral de Outorgas. É, ainda, indissociável da prestação do serviço concedido, a obrigação de atendimento às metas de universalização e qualidade previstas no contrato. Os prazos das concessões terão seu termo final em 31 de dezembro de 2005, assegurado o direito à prorrogação única por vinte anos, de acordo com as cláusulas 3.2, 3.3 e 3.4 do modelo contratual.

As Concessionárias se obrigam a prestar o serviço objeto da concessão de forma a cumprir plenamente as obrigações de universalização e continuidade. O descumprimento destas obrigações enseja a aplicação de sanções, permitindo, também, a decretação da intervenção pela ANATEL ou a caducidade da concessão. As concessionárias exploram o serviço objeto da concessão por sua conta e risco, dentro do regime estabelecido na Lei nº 9.472 de 1997 e no Plano Geral de Outorgas, sendo remuneradas pelas tarifas cobradas e por eventuais receitas complementares ou acessórias.

A expansão e a modernização do serviço concedido apresentam-se como os pressupostos básicos da concessão. Como indicadores de qualidade salientamos a regularidade, a eficiência, a segurança, a atualidade, a generalidade, a cortesia e a modicidade das tarifas. Os contratos delineiam, minuciosamente, as metas de universalização dos serviços, as regras sobre suspensão do serviço por inadimplência e a pedido do assinante, o plano de numeração, o regime tarifário e da cobrança dos usuários, o reajustamento das tarifas, a proteção da situação econômica da concessionária e a revisão das tarifas, as receitas alternativas, complementares e acessórias, os direitos e garantias dos usuários e demais prestadores, os direitos, garantias e obrigações da concessionária, as obrigações e prerrogativas da ANATEL, a transferência da concessão e do controle da concessionária, o regime de fiscalização, a prestação de contas pela concessionária, os bens vinculados à Concessão, o regime de reversão, o plano de seguros, a interconexão, as sanções e a extinção da concessão.

Primeiramente, há necessidade de estabelecer conceitos e características específicas dos contratos administrativos, já que serão diplomas utilizados pela Administração para disciplinar suas relações com empresas públicas ou privadas, prestadoras de serviços de telecomunicações.

Os contratos administrativos referem-se à ajustes que a Administração, na qualidade de Poder Público, celebra com pessoas jurídicas, públicas ou privadas, para a realização de interesses sociais, segundo um regime jurídico de direito público. Verifica-se que essa relação jurídica, travada entre a Administração Pública e o particular, caracteriza-se, principalmente, pela verticalidade.

> "Sabe-se que o regime jurídico administrativo caracteriza-se por prerrogativas e sujeições; as primeiras conferem poderes à Administração, que a coloca em posição de supremacia sobre o particular; as sujeições são impostas como limites à atuação administrativa, necessários para garantir o respeito às finalidades públicas e aos direitos de cidadãos."[142]

Apesar do caráter vertical, o contrato administrativo somente se aperfeiçoa com a anuência da outra parte, não

---

142. DI PIETRO. M S Z. *Direito administrativo*. 6. ed. São Paulo: Atlas, 1996. p.212.

lhe retirando a natureza contratual. Assim, mesmo com cláusulas fixadas unilateralmente pela Administração, há necessidade do assentimento do particular.

Em relação às características típicas dos contratos administrativos têm-se:

a) presença da Administração Pública como Poder Público: a Administração, a fim de garantir sua posição de supremacia sobre o contratado, apresenta uma série de prerrogativas, expressas por meio de cláusulas exorbitantes, de privilégio ou de prerrogativas;

b) finalidade pública: trata-se de característica essencial no contrato administrativo, ainda que regidos pelo direito privado. O interesse público deve estar sempre presente, como fim da atividade contratada, sob pena de desvio de poder;

c) forma prescrita em lei: esta é essencial, não só em benefício do particular, como também da Administração, a fim de controle da legalidade. Observa-se que, na lei, encontram-se inúmeras normas referentes à forma;[143]

d) procedimento legal: pode variar de uma modalidade de contrato para outra. A lei determina procedimentos obrigatórios para a realização do contrato celebrado entre a Administração e o particular, como autorização legislativa, avaliação, motivação, autorização pela autoridade competente, indicação de recursos orçamentários e licitação. Nesse sentido, a própria Constituição Federal, em seus artigos 37, inciso XXI[144] e 175, bem como a Lei de Licita-

---

143. A Lei nº 8.666/93 estabelece normas referentes ao aspecto formal dos contratos administrativos, em especial na Seção II — Da formalização dos Contratos (artigo 60 a 62).
144. A Constituição Federal dispõe em seu artigo 37, XXI: "A administração pública direta, indireta ou funcional, de qualquer dos Poderes da União, dos Estados, do Distrito Federal e dos Municípios obedecerá aos

ções e Contratos contém tais exigências (artigo 55, V; e artigo 57, da Lei nº 8.666/93);[145]

e) contrato de adesão: as cláusulas dos contratos administrativos são fixadas prévia e unilateralmente pela Administração, vinculadas à lei, aos regulamentos e ao princípio da indisponibilidade do interesse público. Segundo Celso Antônio Bandeira de Mello, o princípio da indisponibilidade do interesse público:

> "... significa que sendo interesses qualificados como próprios da coletividade — internos ao setor público — não se encontram à livre disposição de quem quer que seja, por inapropriáveis. O próprio órgão administrativo que os representa não tem disponibilidade sobre eles, no sentido de que lhe incumbe apenas curá-los — o que é também um dever — na estrita conformidade do que dispuser a *intentio legis* (...) as pessoas administrativas não têm portanto disponibilidade sobre os interesses públicos, confiados à sua guarda e realização. Esta disponibilidade está permanentemente retida nas mãos do Estado (e de outras pessoas políticas, cada qual na pró-

---

princípios de legalidade, impessoalidade, moralidade, publicidade e, também, ao seguinte: XXI — ressalvados os casos específicos na legislação, as obras, serviços, compras e alienações serão contratados mediante processo de licitação pública que assegure igualdade de condições a todos os concorrentes, com cláusulas que estabeleçam obrigações de pagamento, mantidas as condições efetivas da proposta, nos termos da lei, o qual somente permitirá as exigências de qualificação técnica e econômica indispensáveis à garantia do cumprimento das obrigações.".

145. "Art. 55. São cláusulas necessárias em todo contrato as que estabeleçam: V — o crédito pelo qual correrá a despesa, com a indicação da classificação, entrega, observação e de recebimento definitivo, conforme o caso";

"Art. 57. A duração dos contratos regidos por esta lei ficará adstrita à vigência dos respectivos créditos orçamentários...".

pria esfera) em sua manifestação legislativa. Por isso, a Administração e a pessoa administrativa, autarquia, têm caráter instrumental."[146]

f) natureza *intuitu personae*: os contratos administrativos precedidos de procedimento licitatório, conforme a Lei nº 8.666/93, possuem caráter personalíssimo, ou seja, os mesmos são firmados em razão das condições pessoais do contratado, verificadas na licitação. Nesse sentido, verifica-se, no artigo 78, VI, da lei supracitada, a vedação da subcontratação, total ou parcial, do objeto do contrato, da associação do contratado com outrem, da cessão ou transferência, total ou parcial, bem como a fusão, cisão ou incorporação, desde que não estejam pré-determinadas no edital da licitação e no contrato. O artigo 72 do mesmo diploma legal também permite ao "contratado, na execução do contrato, sem prejuízo das responsabilidades contratuais e legais, poderá subcontratar partes da obra, serviço ou fornecimento, até o limite admitido, em cada caso, pela Administração";

f) presença das cláusulas exorbitantes: trata-se de cláusulas incomuns ou que, na verdade, seriam ilícitas em contratos celebrados entre particulares, por atribuírem uma série de privilégios à Administração (como parte do instrumento contratual). Assim, tais cláusulas possibilitam que a Administração, em função do interesse público, situe-se em posição de supremacia sobre o contratado. Pode-se relacionar as principais cláusulas, como a exigência de garantia (faculdade de exigir garantia nos contratos de obras, serviços e compras, prevista nos §§ 1º e 5º, artigo 56, da Lei

---

146. MELLO, C. A B. *Curso de direito administrativo*. 4. ed. São Paulo: Malheiros, 1995. p.31-3.

nº 8.666/93); alteração unilateral (a Administração pode alterar unilateralmente o contrato, a fim de melhor atender o interesse público, nos termos dos artigos 58, I e 65, da Lei nº 8.666/93); rescisão unilateral (nos casos previstos no artigo 58, II, combinado com os artigos 78, I ao XII e XVII, e 79, I, da Lei nº 8.666/93); fiscalização (prevista no artigo 58, III, e 65, da Lei nº 8.666/93, consiste na prerrogativa da Administração, na qualidade de Poder Público, em exigir a execução do contrato, fiscalizada por um representante especialmente designado pela Administração, permitindo, a fim de auxiliá-lo na obtenção de informações, a contratação de terceiros.

A não observância pelo contratado relativas às determinações da autoridade fiscalizadora enseja rescisão unilateral do contrato, conforme artigo 78, VII, da lei supracitada); aplicação de penalidades (o contrato não executado, parcial ou totalmente, permite à Administração, em conformidade com o artigo 58, IV, da Lei nº 8.666/93, a aplicação de sanções de natureza administrativa, indicadas no artigo 87)[147]; anulação (em razão do princípio da legali-

---

147. "Art. 87. Pela inexecução total ou parcial do contrato a Administração poderá, garantida a prévia defesa, aplicar ao contratado as seguintes sanções":
I — advertência;
II — multa, na forma prevista no instrumento convocatório ou no contrato;
III — suspensão temporária de participação em licitação e impedimento de contratar com a Administração, por prazo não superior a 2 (dois) anos;
IV — declaração de inidoneidade para licitar ou contratar com a Administração Pública enquanto perdurarem os motivos determinantes da punição ou até que seja promovida a reabilitação perante a própria autoridade que aplicou a penalidade, que será concedida sempre que o contratado ressarcir a Administração pelos prejuízos resultantes e após decorrido o prazo da sanção aplicada com base no inciso anterior ...".

dade[148], à Administração Pública cabe o poder-dever, chamado autotutela, de anular seus próprios atos que contrariam a lei.

As prerrogativas de revisão e correção dos próprios atos estão previstas na Súmula 473, do STF, em que a Administração pode anular seus próprios atos, quando eivados de vícios que os tornem ilegais, porque deles não se originam direitos; ou revogá-los, por motivos de conveniência ou oportunidade, respeitados os direitos adquiridos, e ressalvada, em todos os casos, a apreciação judicial. Sendo nulos os contratos em que a administração se coloca como parte interessada, a mesma possui o poder de declarar a sua nulidade de forma retroativa, impedindo os efeitos jurídicos que seriam produzidos, além de desconstituir os já produzidos, conforme o artigo 59, da Lei nº 8.666/93); retomada do objeto (tem por objetivo a continuidade da execução do contrato por parte do contratado, sempre que a paralisação possa provocar prejuízo ao interesse público.

Deve-se observar também o andamento do serviço público essencial, em respeito à aplicação do princípio da continuidade do serviço público[149]. Tal característica do

---

148. Pelo princípio da legalidade, a Administração Pública deve realizar seus atos em conformidade com a lei. Nesse sentido, ela não pode, por simples ato administrativo, conceder direitos, criar obrigações ou impor vedações aos particulares. Para tanto, há necessidade de previsão legal.

149. O serviço público, como forma pela qual o Estado realiza suas funções necessárias à população, não pode ser interrompido. Em decorrência desse princípio, há conseqüências de suma importância, como proibição de greve nos serviços públicos; necessidade de institutos como a suplência, a delegacia e a substituição para preencher as funções públicas temporariamente vagas; a impossibilidade de invocar a cláusula "exceptio non adimpleti contractus" pelo contratado nos contratos administrativos; a Administração pode utilizar os equipamentos e instalações da empresa que com ela contrata; e possibilidade de encampação da concessão de serviço público.

contrato administrativo está prevista no artigo 80, da Lei nº 8.666/93)[150]; e restrições ao uso da "*exceptio non adimpleti contractus*" (no contrato administrativo, o particular não pode interromper a sua execução, em razão dos princípios da continuidade do serviço público e da supremacia do interesse público[151] sobre o particular);

g) mutabilidade: a Administração pode, unilateralmente, alterar as cláusulas regulamentares ou até mesmo rescindir o contrato antecipadamente, em razão do interesse público. Observa-se que a mutabilidade está vinculada ao equilíbrio econômico-financeiro do contrato, que deve estar presente no contrato administrativo, assegurando um equilíbrio financeiro[152] entre o encargo assumido pelo contratado e a contraprestação pela Administração.

---

150. Art. 80. A rescisão de que trata o inciso I (rescisão unilateral do contrato administrativo) do artigo anterior acarreta as seguintes conseqüências, sem prejuízo das sanções previstas nesta Lei:

I — Assunção imediata do objeto do contrato, no estado e local em que se encontrar, por ato próprio da Administração;

II — ocupação e utilização do local, instalações, equipamentos, material e pessoal empregados na execução do contrato, necessários à sua continuidade, na forma do inciso V do art. 58 desta Lei (nos serviços essenciais, a Administração pode ocupar provisoriamente bens móveis, imóveis, pessoal e serviços vinculados ao objeto contratado, nos casos de necessidade de apuração administrativa de faltas contratuais, bem como na hipótese de rescisão do contrato administrativo);

III — execução da garantia contratual, para ressarcimento da Administração, e dos valores das multas e indenizações a ela devidos;

IV — retenção dos créditos decorrentes do contrato até o limite dos prejuízos causados à Administração ...".

151. O princípio do interesse público diz respeito à sua influência na elaboração da lei. A Administração deve levar em consideração o bem-estar coletivo. Nesse aspecto, os interesses públicos têm supremacia sobre os individuais.

152. ORTIZ, Gaspar Ariño. *Teoria del equivalente economico en los contratos administrativos*. Madrid: Instituto de Estudios Administrati-

No que se refere à rescisão do contrato administrativo, pode-se, em conformidade ao artigo 79 da Lei nº 8.666/93, destacar três tipos: amigável, judicial e unilateral. A rescisão amigável ou administrativa é realizada de acordo entre as partes, sendo somente aceita quando houver conveniência para a Administração. A via judicial, geralmente, é requerida pelo contratado, em caso de inadimplemento pela Administração. O Poder Público não necessita ir a juízo, já que a lei lhe defere o poder da rescisão unilateral, nos casos previstos no artigo 78, incisos I a XII e XVII, da Lei nº 8.666/93.

Esses dois tipos de rescisão contratual devem ser requeridos nas hipóteses chamadas "fatos da Administração", como a supressão, por parte da Administração, de obras públicas, serviços ou compras, acarretando modificação no valor inicial do contrato; supressão de sua execução, por ordem da Administração, por prazo superior a 120 dias, salvo em caso de calamidade pública, greve perturbação da ordem interna ou guerra; não liberação, por parte da Administração, de área, local ou objeto para a execução de obra, serviço ou fornecimento, nos prazos contratuais, bem como das fontes de materiais naturais especificadas no projeto (artigo 78, XIV a XVI, da Lei nº 8.666/93).

A rescisão unilateral pela Administração está prevista expressamente no artigo 78, inciso XII, da Lei de Licitações e Contratos, o qual estabelece que a Administração pode rescindir o contrato por motivo de interesse público,

---

vos, 1968. p.6. Conforme a opinião do autor, o equilíbrio financeiro presente nos contratos administrativos deve ser visto sob dois aspectos: 1 — equivalência material das prestações, ou seja, a equivalência objetiva, atendendo à valoração econômica das contraprestações e invocando em sua defesa um ideal de justiça comutativa; 2 — equivalência subjetiva, que deve atender o valor subjetivo que para cada uma das partes tenha a prestação da outra.

de alta relevância e amplo conhecimento, justificado pela máxima autoridade da esfera administrativa a que está subordinado o contrata

Não obstante, o artigo supracitado também dispõe, nos incisos XIII a XVI, hipóteses de atos praticados pela Administração que ensejam a rescisão unilateral pelo contratado. A supressão, por parte da Administração, de obras, serviços ou compras, modificando o valor inicial do contrato; a suspensão de sua execução por prazo superior a 120 dias, em cumprimento de ordem administrativa escrita; o atraso superior a 90 dias dos pagamentos devidos pela Administração ao contratado; bem como a não liberação de área, local ou objeto para execução de obra, serviço ou fornecimento, nos prazos contratuais, são as principais causas que proporcionam ao contratado o direito de rescindir unilateralmente o contrato firmado com a Administração Pública.

Entretanto, especificamente nos contratos de concessão para o serviço de telecomunicações (considerado como serviço essencial), não se verifica a possibilidade de rescisão unilateral por parte do contratado, bem como outras características previstas nos incisos XII a XVI, do artigo 78 da Lei de Licitações e Contratos, em razão do princípio da continuidade do serviço público. Tal princípio limita as condições de rescisão do contrato, visando não prejudicar a execução do serviço, em benefício do interesse público.

"Concessão de Serviço Público é o contrato administrativo pelo qual a Administração Pública delega a outrem a execução de um serviço público, para que o execute em seu próprio nome, por sua conta e risco, assegurando-lhe a remuneração mediante tarifa paga pelo usuário."[153]

---

153. DI PIETRO, M. S. Z.. — *Direito Administrativo*. São Paulo. Atlas.1996. pág.243.

O contrato de concessão traduz-se em uma das modalidades do contrato administrativo. É regulado pela Lei nº 8.989/95, que disciplina o regime de concessão e permissão da prestação de serviços públicos previstos no artigo 175 da Constituição Federal.[154]

A concessão de serviço público consiste na delegação (mediante licitação, que se faz na modalidade de concorrência) da prestação do serviço à pessoa jurídica ou consórcio de empresas que possuam capacidade para seu desempenho, por sua conta e risco. Nesse sentido, o contrato de concessão tem por finalidade satisfazer o interesse público de modo seguro, contínuo e econômico, obtendo a colaboração do particular (concessionário).

O concessionário possui o dever de prestar serviço público, objeto do contrato, observando os preceitos legais. A organização do serviço, atualização dos processos empregados, obediência aos regulamentos e ordens de serviço impostas pelos concedentes são, geralmente, encargos que cabem ao concessionário, quando da contratação pela Administração Pública

Verifica-se que a esses deveres, correspondem ao particular certos direitos, como exemplos: a exclusividade no exercício da atividade concedida, o direito à retribuição ou cobrança de tarifaz dos usuários, o direito à proteção penal, bem como ao exercício do poder

---

154. "Incumbe ao Poder Público, na forma da Lei, diretamente ou sob regime de concessão ou permissão, sempre através de licitação, a prestação de serviços públicos.

Parágrafo único: A lei disporá sobre: I-o regime das empresas concessionárias e permissionárias de serviços públicos, o caráter especial de seu contrato e de sua prorrogação, bem como as condições de caducidade, fiscalização e rescisão da decisão ou permissão; II-os direitos dos usuários; III-política tarifária; IV- a obrigação de manter serviço adequado.".

São características dessa modalidade de contrato administrativo[155]:

a) só existe concessão de serviço público quando se trata de serviço próprio do Estado, ou seja, quando a lei define determinadas atividades como sendo serviços públicos, permitindo que sejam executadas diretamente ou mediante concessão ou permissão;

b) o poder concedente só transfere ao concessionário a execução do serviço, continuando titular do mesmo, o que lhe permite alterar as cláusulas regulamentares ou rescindir o contrato por motivo de interesse público;

c) a concessão tem que ser feita "sempre através de licitação", por exigência do artigo 175 da Constituição;

d) o concessionário executa o serviço em seu próprio nome e assume os riscos normais do empreendimento. Ele faz jus ao recebimento da tarifa, ao equilíbrio econômico da concessão e à inalterabilidade do objeto: vale dizer que embora o Poder Público possa introduzir alterações unilaterais no contrato, tem que respeitar o seu objeto e assegurar a manutenção do equilíbrio econômico-financeiro, aumentando a tarifa ou compensando pecuniariamente o concessionário;[156]

e) o usuário tem direito à prestação do serviço; se este lhe for indevidamente negado, pode exigir judicialmente o cumprimento da obrigação pelo concessionário. É comum ocorrerem casos de interrupção na prestação de serviços

---

155. DI PIETRO, Maria Sylvia Zanella. *Direito Administrativo*. São Paulo Atlas.1996. p.246.
156. Nos novas concessões de serviço de telecomunicações, a mutabilidade e a alteração das cláusulas são limitadas à inalterabilidade do objeto, bem como aos direitos do usuário e ao equilíbrio econômico. Assim, deve-se fazer uma ressalva quanto a essa característica do contrato administrativo.

como os de luz, água e gás, quando o usuário interrompe o pagamento. Mesmo nessas circunstâncias, a jurisprudência tem entendido que o serviço, sendo essencial, não pode ser suspenso, cabendo ao concessionário cobrar do usuário as prestações devidas, usando das ações judiciais cabíveis;

f) a responsabilidade do concessionário por prejuízos causados a terceiros, em decorrência da execução de serviço público, é objetiva, nos termos do artigo 37, § 6º, da Constituição Federal[157]:

g) a rescisão unilateral da concessão, antes do prazo estabelecido, é conhecida sob o nome de encampação, que eqüivale à retomada da execução do serviço pelo poder concedente (Administração Pública), quando a concessão se revela contrária ao interesse público. Como em toda rescisão unilateral, o concessionário fará jus ao ressarcimento dos prejuízos regularmente comprovados, tendo, ainda, direito à devolução da garantia e ao pagamento do custo de desmobilização (artigo 79, § 2º, da Lei nº 8.666/93)[158]

h) a rescisão unilateral por motivo de inadimplemento contratual é denominada caducidade ou decadência. Nesse caso, não cabe indenização senão com relação à parcela não amortizada do capital, representada pelos equipamentos

---

157. "As pessoas jurídicas de direito público e as de direito privado prestadoras de serviços públicos responderão pelos danos que seus agentes, nessa qualidade, causarem a terceiros, assegurado o direito de regresso contra o responsável nos casos de dolo ou culpa.".

158. "Quando a rescisão ocorrer com base nos incisos XII (razões de interesse público) a XII (ocorrência de caso fortuito ou de força maior) do artigo 78, sem que haja culpa do contratado, será este ressarcido dos prejuízos regulamentares comprovados que houver sofrido, tendo ainda direito a:I — devolução de garantia;II — pagamentos devidos pela execução do contrato até a data da rescisão;III — pagamento do custo da desmobilização (desfazer a mobilização).".

necessários à prestação do serviço e que reverterão ao concedente. Quanto ao mais, responde o concessionário pelas conseqüências de seu inadimplemento, inclusive sujeitando-se às penalidades administrativas cabíveis;

i) em qualquer dos casos de extinção de concessão, é cabível a incorporação ao poder concedente, dos bens do concessionário necessários ao serviço público, mediante indenização;

j) dependendo do objeto do contrato de concessão, o concessionário recebe do Poder Público determinados privilégios, como a faculdade de executar a ação de desapropriar imóveis indispensáveis à execução dos serviços, em conformidade com regulamento decretado pela autoridade competente; presença de cláusulas contratuais referente à isenção tributária ao concessionário e regalias ou favores, que suavizam a posição do concessionário. As regalias ou favores mencionados são de várias espécies, incluindo-se, nesse número, as subvenções, a garantia de juros, a cláusula de não melhores condições, a cláusula de preferência, a cláusula de exclusividade.

Quanto à modalidade autorização[159], constitui-se numa forma de delegação de serviço público, no qual o poder concedente mantém a maior parte do controle da atividade exercida pelo contratante autorizado, sem que haja, no caso do dispositivo em questão, a licitação para tal fato. No que diz respeito à permissão, podemos conceituá-la a partir da Lei nº 8.987 (Concessões e Permissões), como uma

---

159. A inexigibilidade refere-se a situações em que a competição é inviável porque existe apenas um objeto ou uma pessoa que atenda às necessidades da Administração. Devemos observar que ela se difere da dispensa, pois nela há possibilidade de competição que justifique a licitação. A lei faculta a dispensa, que fica inserida na competência discricionária da Administração.

delegação, a título precário, mediante licitação, da prestação de serviços públicos, feita pelo poder concedente à pessoa física ou jurídica que demonstre capacidade para seu desempenho, por sua conta e risco.

A permissão de serviço público é, tradicionalmente, considerada ato unilateral, discricionário e precário, pelo qual o poder concedente transfere a outrem a execução de um serviço, para que este o faça em seu nome próprio e por sua conta, mediante pagamento de tarifa pelo usuário. Pelo seu caráter precário, ela é usada quando o permissionário não tem necessidade de alocar grandes capitais para a execução do serviço ou quando pode mobilizar o equipamento utilizado ou, ainda, quando o serviço não envolve implantação física de aparelhamento, ou, finalmente, quando os riscos da precariedade a serem assumidos pelo permissionário são compensáveis pela rentabilidade do serviço.

Assim, dentro de suas principais características, a permissão trata-se de ato discricionário, unilateral, personalíssimo (*intuitu personae*), podendo ser gratuito ou oneroso.Em relação ao seu objeto, este consiste na execução de serviço público, em que a titularidade continua nas mãos do Poder Público. Tal atividade se realiza em nome do permissionário, o qual sujeita-se às condições e fiscalização determinadas pela Administração.

Tendo em vista a precariedade, a permissão pode ser alterada ou revogada, em qualquer momento, pela Administração, em razão de interesse público.Apesar de ser outorgada sem prazo, a doutrina tem admitido a possibilidade de fixação de prazo, em razão do qual possibilitará ao permissionário direito à indenização, caso seja o ato revogado antes do término do termo estabelecido. Fundamentado nos conceitos supracitados, verifica-se que no setor de telecomunicações será utilizado, essencialmente, o contrato de concessão de serviço público.

4.4. A Legislação Brasileira para Telecomunicações

Após a Emenda Constitucional nº 8 de 1995, foi aprovada a Lei nº 9.295, de 19 de julho de 1996, que dispõe sobre a organização dos serviços de telecomunicações, a exploração do Serviço Móvel Celular, de Serviço Limitado e de Serviço de Transporte de Sinais de Telecomunicações por Satélite, bem como a utilização da rede pública de telecomunicações para a prestação de Serviço de Valor Adicionado, respeitado o que disciplina a legislação em vigor, como a Lei nº 4117/62, e Leis nº s. 8.987/95 (Concessões e Permissões) e 9.074/95.

A Lei nº 9.295/96 estabelece alguns conceitos específicos da área de comunicações que são de grande importância para a compreensão da lei ou das portarias emitidas pelo Ministério das Comunicações que a regulamentam:

a) Serviço Móvel Celular[160]: serviço de telecomunicações móvel terrestre, que utiliza sistema de radiocomunicação com técnica celular, interconectado à rede pública de telecomunicações, e acessado por meios de terminais portáteis (telefones celulares) transportáveis ou veiculares, de uso individual;

b) Serviço Limitado[161]: serviço de telecomunicações destinado ao uso próprio do executante ou à prestação a terceiros, desde que sejam estes uma mesma pessoa, ou um grupo de pessoas naturais ou jurídicas, caracterizado pela realização de atividades específicas;

c) Serviço de Transporte de Sinais de Telecomunicações por Satélite[162]: serviço de telecomunicações que, mediante o uso de satélites, realiza a recepção e emissão de

---

160. Lei nº 9.295, de 19 de julho de 1996, artigo 2º, § 1º.
161. Lei nº 9.295, de 19 de julho de 1996, artigo 2º, § 2º.
162. Ibid. § 3º.

sinais de telecomunicações, utilizando radiofreqüências predeterminadas;

d) Interconexão[163]: ligação entre redes de Concessionárias de Serviço Móvel Celular, de Concessionárias de Serviço Telefônico Público e de empresa exploradora de troncos interestaduais e internacionais, com o fim de permitir o tráfego das comunicações entre suas redes;

e) Concessionária de Serviço Móvel Celular[164]: entidade que explora regularmente o serviço móvel celular (SMC) na respetiva área de concessão deste serviço;

f) Concessionária de Serviço Telefônico Público[165]: entidade que explora regularmente o serviço telefônico público (STP) na respectiva área de concessão deste serviço;

g) Prestadora de Serviço de Longa Distância[166]: referência à prestadora de serviço de troncos interestaduais, de âmbito interior ou internacional;

h) Serviço de Valor Adicionado[167]: atividade caracterizada pelo acréscimo de recursos a um serviço de telecomunicações que lhe dá suporte, criando novas utilidades relacionadas ao acesso, armazenamento, apresentação, movimentação e recuperação de informações, não sendo caracterizado como exploração de serviço de telecomunicações.

Pela lei, o Serviço Móvel Celular, bem como o Serviço de Transporte de Sinais de Telecomunicações por Satélite,

---

163. Portaria nº 911/96 do Ministério das Comunicações — Serviço Móvel Celular.
164. Ibid.
165. Portaria nº 911/96 do Ministério das Comunicações — Serviço Móvel Celular.
166. Ibid. Critérios para o processamento e repasse de valores entre as entidades prestadoras de serviço móvel celular e de serviço telefônico público.
167. Lei nº 9.295/96, artigo 10, parágrafo único.

serão explorados mediante contratos de concessão, realizados por licitação, pelo prazo de quinze anos, renováveis por igual período; observando que tais concessões somente poderão ser outorgadas a empresas constituídas segundo as leis brasileiras. No entanto, o Poder Executivo poderá adotar, nos casos em que o interesse nacional assim exigir, limites na composição do capital das empresas concessionárias, assegurando que, pelo menos, 51% do capital votante pertença, direta ou indiretamente, a brasileiros.[168]

Em relação ao Serviço Único, destinado ao uso do próprio executado será explorado mediante autorização, por prazo indeterminado, sendo inexigível a licitação para a sua outorga e, quando destinado à prestação a terceiros, será explorado mediante permissão pela empresa constituída segundo as leis brasileiras e com sede e administração no País, no prazo de 10 anos, renovável por iguais períodos. Normalmente a fórmula jurídica utilizada para formação das empresas exploradoras do serviço de telecomunicações é a empresa *"joint venture"*, modalidade *"non equity joint venture"*, conhecida no Brasil como consórcio, fórmula jurídica esta oriunda do Direito Norte-americano e não conflitante com a legislação brasileira em matéria comercial.

Nos casos dos serviços de telecomunicações, pela Lei nº 9.295/96, será utilizado o contrato de concessão para o Serviço Móvel Celular (artigo 3º) e de Transporte de Sinais de Telecomunicações por Satélites (artigo 8º). No que se refere à permissão, esta será utilizada para a exploração do Serviço Único, quando destinado à prestação a terceiros (artigo 7º). Quanto à autorização, verifica-se que tal insti-

---

168. Deve salientar que, em razão do processo de privatização das empresas do Sistema Telebrás, esse limite da composição do capital das empresas concessionárias não mais é aplicado, em razão de Decreto do Poder Executivo, o qual desobrigou tal exigência.

tuto também está presente no artigo supracitado. No entanto, a autorização refere-se apenas ao Serviço Único destinado ao uso próprio.

Em relação a regras de concessão do serviço de telefonia celular, o regulamento aprovado pelo Decreto nº 2.950 fixa em 15 anos, renováveis, o prazo de concessão e não determina exclusividade na exploração do serviço móvel celular. No entanto, não havendo acordo possível para a renovação, que exigirá no novo pagamento, o governo executará novo processo licitatório, na modalidade de concorrência, com antecedência de 24 meses ao fim do prazo de concessão.

Pelo Decreto, o mercado brasileiro de telefonia celular foi dividido em 10 regiões geográficas, também chamadas de "Áreas de Concessão"[169] que eram ofertadas para exploração pela iniciativa privada, através de concorrências públicas. Essas regiões se constituem da seguinte forma[170]:

a) Área 1[171]: inclui alguns municípios pertencentes ao Estado de São Paulo;

---

169. Área de Concessão de Serviço Móvel Celular consiste na área geográfica delimitada pelo Ministério das Comunicações, independente da divisão político-geográfica do território nacional, dentro da qual a entidade prestadora de SMC deve explorar o serviço nos termos do contrato de concessão e observada a regulamentação pertinente.
170. Norma Geral de Telecomunicações — Serviço Móvel Celular.
171. Alumínio, Araçariguama, Arujá, Atibaia, Barueri, Biritiba-Mirim, Bom Jesus dos Perdões, Bragança Paulista, Cabreúva, Caieiras, Cajamar, Campo Limpo Paulista, Carapicuíba, Cotia, Diadema, Embu-Guaçú, Ferraz de Vasconcelos, Francisco Morato, Franco da Rocha, Guararema, Guarulhos, Igaratá, Itapecerica da Serra, Itapevi, Itaquaquecetuba, Itatiba, Itú, Itupeva, Jandira, Jarinu, Joanópolis, Jundiaí, Juquitiba, Mairinque, Mairiporã, Mauá, Mogi das Cruzes, Morungaba, Nazaré Paulista, Osasco, Pedra Bela, Pinhalzinho, Piracaia, Pirapora do Bom Jesus, Poá, Ribeirão Pires, Rio Grande da Serra, Salesópolis, Salto, Santa Izabel, Santana de Parnaíba, Santo André, São Bernardo do Campo, São Caetano

b) Área 2: Estado de São Paulo, excluídos os municípios contidos na Área 1;
c) Área 3: Estados do Rio de Janeiro e Espírito Santo;
d) Área 4: Estado de Minas Gerais;
e) Área 5: Estados do Paraná, Santa Catarina;
f) Área 6: Estado do Rio Grande do Sul;
g) Área 7: Estados de Goiás, Mato Grosso do Sul, Mato Grosso, Rondônia, Acre e Distrito Federal;
h) Área 8: Estados do Amazonas, Roraima, Amapá, Pará, Maranhão;
i) Área 9: Estados da Bahia e Sergipe;
j) Área 10: Estados do Piauí, Ceará, Rio Grande do Norte, Paraíba, Pernambuco e Alagoas.

É vedada a exploração do Serviço Móvel Celular em uma mesma área geográfica por pessoas jurídicas coligadas ou pessoas jurídicas controladoras e controladas. Nesse caso, o Ministério das Comunicações baixará normas sobre as áreas de concessão; interconexão entre redes do Serviço Móvel Celular e outras redes de serviço de telecomunicações; licenciamento de estações; condições para estabelecimento de reajuste e revisão de tarifas; especificações técnicas e operacionais; plano de numeração dos telefones, direitos e obrigações do usuário do serviço; infrações e penalidades, as quais estão previstas nas legislações de telecomunicações e concessões, bem como nas normas complementares do Ministério das Comunicações.[172]

Compete também ao Ministério das Comunicações estabelecer as normas complementares do serviço; celebrar o contrato de concessão para a exploração do mesmo; fiscalizar a exploração do serviço em todo o território nacional,

---
do Sul, São Lourenço da Serra, São Paulo, São Roque, Suzano, Taboão da Serra, Tuiuti, Vargem Grande Paulista e Várzea Paulista.
172. DECRETO N° 2.950/99, artigo 34.

no que diz respeito à observância da legislação de telecomunicações, dos regulamentos, das normas e das obrigações contraídas pelas concessionárias nos termos dos contratos de concessão.

Os contratos de concessão devem possuir cláusulas essenciais relativas, principalmente, ao objeto, área e prazo da concessão; às condições de exploração do serviço e de pagamento pelo direito da mesma; às tarifas dos serviços e critérios para seu reajuste e revisão; aos direitos e obrigações do poder concedente e da concessionária; aos direitos e deveres dos usuários para obtenção e utilização do serviço; à vinculação da concessionária aos compromissos apresentados na licitação, às penalidades e formas de fiscalização das instalações.

Referente à concessão prevista pelo Decreto em análise, esta poderá ser transferida a outro concessionário somente após o decurso do prazo de sessenta meses, contados a partir da operação comercial do serviço. A transferência, sem prévia anuência do poder concedente, implicará a caducidade da concessão.

A renovação do prazo da concessão para exploração do Serviço Móvel Celular poderá, nos termos do artigo 3º, da Lei nº 9.295/96, ser realizada, desde que a concessionária tenha cumprido as condições da concessão e manifeste expresso interesse na renovação do contrato, pelo menos, trinta meses antes de expirar o prazo da concessão. Tal renovação implica no pagamento do direito de exploração do serviço pelo concessionário, cabendo ao Ministério das Comunicações a instauração de um novo processo de outorga[173] de concessão antes de sua expiração.

---

173. O processo de outorga de concessão para exploração do SMC será instaurado pelo Ministério das Comunicações mediante licitação, na modalidade de concorrência.

Trata, também, o Decreto mencionado, do processo de instalação do sistema de telecomunicações. Antes de dar início à efetiva instalação, a concessionária deverá apresentar ao Ministério das Comunicações, com pelo menos 90 dias de antecedência, resumo do projeto de instalação, acompanhado de Anotação de Responsabilidade Técnica (ART) e de qualquer outro documento exigido em norma complementar. A concessionária, após a efetiva instalação do sistema, requererá ao Ministério das Comunicações vistoria de suas estações e a emissão das respectivas licenças para funcionamento.

Em julho de 1997, foi aprovada a Lei nº 9.472, que dispõe sobre a organização dos serviços de telecomunicações, bem como a criação e funcionamento de um órgão regulador (Agência Nacional de Telecomunicações), nos termos da Emenda Constitucional nº 8/1995.

A Lei nº 9.472, de 16 de julho de 1997, dispõe sobre a organização dos serviços de telecomunicação, bem como a criação e funcionamento da Agência Nacional de Telecomunicações — ANATEL, em conformidade com a Emenda Constitucional nº 8, de 1995. Denominada como a Lei Geral das Telecomunicações, visa estabelecer normas regulamentares sobre a exploração, organização, fiscalização de execução, bem como a comercialização, implantação e uso dos serviços de telecomunicações (parágrafo único, do artigo 1º, da Lei nº 9.472/97).

Conforme o artigo 2º da supracitada lei, o Poder Público, por meio do órgão regulador (ANATEL), deve:

a) garantir à população o acesso aos serviços de telecomunicações, bem como a tarifas e preços razoáveis, em condições adequadas;

b) proporcionar, através de estímulos, a expansão do uso de redes e serviços de telecomunicações, em benefício da população brasileira;

c) promover a concorrência e a diversidade de serviços, a fim de possibilitar melhores ofertas, bem como padrões de qualidade compatíveis com as necessidades dos usuários;

d) por meio do órgão regulador, fortalecer a fiscalização e regulamentação do setor de telecomunicações;

e) promover o desenvolvimento tecnológico e industrial, bem como criar oportunidade de investimento, a fim de propiciar um ambiente competitivo;

f) compatibilizar o desenvolvimento do setor com as metas de desenvolvimento social do país.

Neste sentido, os serviços de telecomunicações possuem como base o princípio da livre, ampla e justa competição entre as companhias prestadores, devendo, no entanto, o Poder Público intervir para fiscalizá-la, corrigindo os efeitos de imperfeições desse processo, bem como infrações de ordem econômica (artigo 6º).

Verifica-se, nos termos do artigo 7º, que as normas gerais de proteção à ordem econômica são aplicáveis ao setor de telecomunicações, desde que não entrem em conflito com os preceitos legais da Lei Geral de Telecomunicações. Assim, observa-se que, para a regulamentação do setor de telecomunicações, há possibilidade de aplicação de outros diplomas legais vigentes, que dispõem sobre a proteção à ordem econômica, como exemplo, o Código de Defesa do Consumidor (Lei nº 8.078/90).

Os atos que venham a ser praticados pelas companhias prestadoras de serviços de telecomunicações constituídas sobre o regime público ou privado que visam a concentração econômica, através da fusão, incorporação ou associação de empresas, ficam submetidas aos controles, regulamentos disciplinares e procedimentais previstos nas normas gerais de proteção à ordem econômica (artigo 7º, § 1º).

Qualquer prática que possa limitar, falsear ou prejudicar a livre concorrência no setor de telecomunicações será considerada infração de ordem econômica, nos termos do § 3º, do artigo 7º, da Lei nº 9.472/97. Essa proteção jurídica à livre concorrência no mercado de telecomunicações visa proporcionar a melhoria do serviço prestado, bem como suprir as necessidades dos usuários, principalmente no que se refere à qualidade e eficiência do setor. Nesse aspecto, a Lei n 9.472/97, em seu artigo 3º, estabelece os direitos do usuário:

"a) direito de acessar os serviços de telecomunicações, em qualquer parte do território nacional, com padrões de qualidade e regularidade;

b) direito à liberdade de escolha de sua prestadora de serviço de telecomunicações, bem como a informações adequadas sobre as condições de prestação dos serviços, tarifas e preços;

c) direito à inviolabilidade e ao segredo de sua comunicação, salvo em condições constitucional e legalmente previstas;

d) direito de não ser discriminado quanto ao uso do serviço;

e) direito à não suspensão de serviço prestado em regime público, salvo por débito ou descumprimento de condições contratuais. Deve haver prévio conhecimento, por parte do usuário, de tal procedimento;

f) direito de resposta às suas reclamações pela prestadora de serviço, bem como reparação dos danos causados pela violação de seus direitos;

g) direito de ter acesso ao órgão regulador (ANATEL), bem como aos organismos de defesa do consumidor, em razão de eventuais reclamações ou serviços prestados de forma ineficiente".

Em relação aos deveres do usuário, este deve utilizar adequadamente os serviços, equipamentos e redes de telecomunicações; respeitar os bens públicos, bem como àqueles utilizados pelo público em geral; comunicar às autoridades sobre eventuais irregularidades ocorridas e atos ilícitos cometidos por companhia prestadora de serviço de telecomunicações (artigo 4°, I, II, III). Quanto ao Estado, como Poder Executivo, cabe a ele, por meio de decreto (artigo 18, da Lei n° 9.472/97):

"a) promover a instituição ou eliminação da prestação de modalidade de serviço no regime público, concomitantemente ou não com sua prestação no regime privado;

b) aprovar o plano geral de outorgas de serviço prestado no regime público;

c) aprovar o plano geral de metas para a progressiva universalização de serviço prestado no regime público;

d) autorizar a participação de empresa brasileira em organizações ou consórcios intergovernamentais, destinados ao provimento de meios ou à prestação de serviços de telecomunicações;

e) estabelecer limites à participação estrangeira de serviços de telecomunicações, em razão de interesses do País no contexto de suas relações com os demais países."

Com relação à organização dos serviços de telecomunicações, a Lei n 9.472/97 estabelece algumas definições e classificações de suma importância, necessárias para o estudo, posteriormente, dos novos contratos de concessão do serviço de telecomunicações:

a) Serviço de Telecomunicação: trata-se do conjunto de atividades que possibilita a oferta de telecomunicação (artigo 60);

b) Telecomunicação: é a transmissão, emissão ou recepção, por fio, radioeletricidade, meios ópticos ou qualquer outro processo eletromagnético, de símbolos, caracteres, sinais, escritos, imagens, sons ou informações de qualquer natureza (§ 1º, artigo 60);

c) Estação de telecomunicações: consiste no conjunto de equipamentos ou aparelhos, dispositivos e demais meios necessários à realização de telecomunicação, seus acessórios e periféricos, e, quando for o caso, as instalações que os obrigam e complementam, inclusive terminais portáteis (§ 2º, artigo 60);

d) Serviço de valor adicionado: é a atividade que acrescenta a um serviço de telecomunicações novas utilidades relacionadas ao acesso, armazenamento, apresentação, movimentação ou recuperação de informações, dando suporte e não se confundindo com a atividade. Verifica-se que não constitui serviço de telecomunicações, classificando seu provedor como usuário do serviço de telecomunicações que dá suporte, com os direitos e deveres inerentes a essa condição (artigo 61, *caput*, e § 1º).

Em relação à classificação dos serviços de telecomunicações, podem os mesmos serem classificados quanto à abrangência dos interesses e, quanto ao regime jurídico de sua prestação, conforme artigo 62, da Lei nº 9.472/97. Em razão da abrangência dos interesses a que atendem, os serviços de telecomunicações classificam-se em serviços coletivos e de interesse restrito. "Esses serviços estarão sujeitos ao condicionamento necessário para que sua exploração não prejudique o interesse coletivo." [174]

No que tange ao regime jurídico da prestação do serviço de telecomunicações, esse se classifica em público e privado. *A prestação no regime público* comporta as modalidades de serviço de telecomunicações de interesse coletivo, em que a própria União assegura a sua existência, universalização e continuidade. Nesse caso, estão incluídas as modali-

---

174. Lei nº 9.472/97, artigo 62, parágrafo único.

dades de serviço telefônico fixo comutado, de qualquer âmbito, destinado ao uso público em geral.

Em relação à licitação, na modalidade de concorrência, sua regulamentação é feita pela Lei nº 8.666/93 (com suas alterações modificadoras) que estabelece normas gerais sobre licitações e contratos administrativos pertinentes a obras, serviços, compras, alienações e locações aplicáveis às entidades da Administração Direta e Indireta da União, dos Estados, do Distrito Federal e dos Municípios (artigo 1º).

Pela licitação, a Administração permite aos interessados que se sujeitem aos requisitos previamente fixados e divulgados, a possibilidade de concorrer com a apresentação de propostas, dentre as quais será selecionada a mais conveniente para a realização do contrato administrativo. Quando a Administração Pública "chama" os interessados, no ato convocatório vêm contidas as condições básicas para a participação da licitação, como também normas a serem analisadas e observadas no contrato a ser firmado. O atendimento à convocação consiste na aceitação dessas condições por parte dos interessados.

Fundamenta-se a licitação na garantia do princípio constitucional da isonomia, como também visa à seleção da proposta mais vantajosa para a Administração Pública, que será processada e julgada em restrita conformidade com os princípios básicos da legalidade[175,] da impessoalidade[176,] da

---

175. O princípio da legalidade faz da licitação um procedimento inteiramente atado à lei, ou seja, todo o seu procedimento está disciplinado pela lei. Constitui um dos alicerces do procedimento licitatório, proporcionando à Administração não apenas a escolha da melhor proposta, mas também assegurar a igualdade dos direitos a todos os interessados em contratar.

176. O princípio da impessoalidade assegura a igualdade do tratamento entre os licitantes, em termos de direitos e obrigações, devendo a

moralidade e probidade administrativa[177,] da igualdade[178,] da publicidade[179,] da vinculação ao instrumento convocatório[180] e do julgamento objetivo[181]

A licitação divide-se nas modalidades previstas no artigo 21 da Lei n 8.666/93 (Lei de Licitações e Contratos), que são: leilão, concurso, convite, tomada de preços e concorrência. Leilão é a modalidade entre quaisquer interessados, para a venda de bens móveis inservíveis para a Admi-

---

Administração pautar-se, em suas decisões, por critérios objetivos, sem levar em consideração as qualidades pessoais do licitante ou as vantagens por ele oferecidas.

177. O princípio da moralidade exige da Administração um comportamento lícito e consoante com a moral dos bons costumes, as regras de boa administração, os princípios de justiça e de eqüidade, a idéia comum de honestidade. Podemos aqui também relacionar o princípio da probidade administrativa, que consiste, nada mais, na honestidade no modo de proceder da Administração.

178. Consiste o princípio da igualdade um dos alicerces da licitação, no qual este visa, não apenas a possibilidade da Administração escolher a melhor proposta, como também assegurar a igualdade de direitos a todos os interessados.

179. A publicidade, que se refere não só à divulgação do procedimento para conhecimento de todos os interessados, como também aos atos da Administração praticados nas várias fases de procedimento, deve ser aberta aos interessados, no intuito de garantir a todos a possibilidade de fiscalizar sua legalidade. Nota-se que a publicidade é tanto maior quanto maior for a competição propiciada pela moralidade de licitação.

180. O princípio da vinculação ao instrumento convocatório implica que se deve ter todos os requisitos necessários para participar da licitação, as cláusulas essenciais do futuro contrato e os critérios de julgamento das propostas previstos no edital devem ser estritamente observados pela Administração e pelos participantes, sob pena de nulidade de todo o processo licitatório.

181. O princípio do julgamento objetivo, decorrente do princípio da legalidade, diz respeito ao julgamento das propostas. O julgamento há de ser feito de maneira objetiva e de acordo com os critérios fixados no edital.

nistração ou produtos legalmente apreendidos ou penhorados, ou para a alienação de bens imóveis adquiridos em processo judicial ou por dação em pagamento (artigo 19, da Lei nº 8.666/93), a quem oferecer maior lance, igual ou superior ao valor da avaliação.

A modalidade de concurso é realizada para a escolha de trabalho técnico, científico ou artístico, mediante a atribuição de prêmios ou remuneração aos vencedores. O convite é uma modalidade de licitação entre interessados do ramo relacionado ao seu objeto, escolhidos e convidados em número mínimo de 3 (três) pela unidade administrativa, podendo ainda ser estendido aos demais cadastrados que manifestarem seu interesse com antecedência de até 24 (vinte e quatro) horas da apresentação das propostas (§ 3º, artigo 22).

Em relação à tomada de preços, pode-se determiná-la como modalidade de licitação entre interessados cadastrados, ou aqueles que cumprirem a todas as condições exigidas para cadastramento até o terceiro dia anterior à data do recebimento das propostas. Por fim, tem-se a concorrência, modalidade a ser usada para a concessão do serviço de telecomunicações, em regime público, conforme o artigo 88, da Lei nº 9.472/97. Dela podem participar quaisquer interessados que comprovem possuir requisitos mínimos de qualificação exigidos no edital para execução do mesmo.

Nesse sentido, a licitação será disciplinada pela ANATEL, observados os princípios constitucionais, bem como as disposições constantes no artigo 89, da supracitada lei, especialmente:

a) a finalidade da licitação é escolher quem possa executar, expandir e universalizar o serviço no regime público com eficiência, segurança, através da cobrança de tarifas razoáveis, em concordância com a realidade do país;

b) o instrumento convocatório definirá, detalhadamente, o serviço objeto do certame licitatório, bem como as condições de sua prestação, expansão e universalização. Também delimitará o universo de proponentes, e definirá fatores e critérios para aceitação e julgamento de propostas, bem como regulará todo o procedimento, quantidade de fases e seus objetivos, sanções aplicáveis e fixará as cláusulas do contrato de concessão;

c) as qualificações técnico-operacional ou profissional e econômico-financeira, bem como as garantias da proposta e do contrato, deverão ser compatíveis com o objeto e proporcionais a sua natureza e dimensão;

d) o julgamento atenderá sempre aos princípios de vinculação ao instrumento convocatório e comparação objetiva. Os fatores desse julgamento poderão ser os de menor tarifa, maior oferta feita pela outorga, melhor qualidade dos serviços a serem prestados e atendimento da demanda;

e) em caso de empate, o mesmo será resolvido por sorteio;

f) as regras procedimentais devem assegurar a adequada divisão do instrumento convocatório, bem como os prazos compatíveis com o preparo das propostas e os direitos ao contraditório e à ampla defesa;

g) a empresa não poderá participar da licitação ou receber outorga de concessão quando estiver proibida de licitar ou contratar com o Poder Público, ou que tenha sido declarada inidônea, bem como tenha sido punida nos dois anos anteriores com a decretação de caducidade de concessão, permissão ou autorização de serviço de telecomunicações, ou da caducidade de direito de uso de radiofreqüência (artigo 90).

Nos termos do artigo 91, da Lei Geral de Telecomunicações, a inexigibilidade[182] da licitação ocorrerá sempre quando, mediante processo administrativo conduzido pela

Agência Nacional de Telecomunicações — ANATEL, a disputa for considerada inviável ou desnecessária. Assim, considera-se inviável a disputa quando apenas um interessado puder realizar o serviço, de acordo com as condições pré-estabelecidas.

Não obstante, também se considera desnecessária a disputa nos casos em que se admita a exploração do serviço de telecomunicações por todos os interessados, desde que estejam de acordo com as condições requeridas.

Ocorrendo a inexigibilidade de licitação, a outorga de concessão, nos termos do artigo 92 da supracitada lei, dependerá de procedimento administrativo sujeito aos princípios da publicidade, moralidade, impessoalidade e contraditório, no sentido de verificar o preenchimento dos requisitos de qualificações técnico-operacional ou profissional e econômico-financeiro, bem como à regularidade fiscal e às garantias do instrumento contratual.

Pela Lei nº 9.472/97, os serviços de telecomunicações são prestados em dois regimes: público e privado. Conforme o artigo 83, da Lei nº 9.472/97, a exploração do serviço de telecomunicações, no regime público, dependerá de prévia outorga pela Agência Nacional de Telecomunicações — ANATEL.

Nesse sentido, pode-se conceituar, nos termos da lei (artigo 83, parágrafo único, da Lei nº 9.472/97), que a concessão de serviço de telecomunicações consiste na delegação de sua prestação, mediante instrumento contratual, por prazo determinado, sujeitando-se a empresa concessionária aos riscos do empreendimento, remunerando-se por meio das tarifas cobradas aos usuários ou outras receitas alternativas, e respondendo pelas suas obrigações e pelos prejuízos causados.

---

182. A inexigibilidade é tratada no artigo 25 da Lei nº 8.666/93 (Lei de Licitações e Contratos).

Verifica-se que a concessão não será exclusiva, pois deve seguir o plano geral de outorgas, principalmente no que se refere à divisão do País em áreas, ao número de concessionárias para cada uma delas, bem como aos prazos de vigência e admissão de novas prestadoras do serviço de telecomunicações, levando em consideração o ambiente de competição, observados o princípio do maior benefício ao usuário e o interesse social e econômico do País.

As modalidades do serviço de telecomunicações serão objetos de concessão distinta, verificados os direitos e deveres de cada concessionária, dos usuários, bem com da Agência Nacional de Telecomunicações — ANATEL (artigo 85).Não obstante, prescreve o artigo 87, da Lei Geral de Telecomunicações, que a outorga à empresa ou grupo empresarial que, na mesma área de concessão, já presta a mesma modalidade de serviço, será condicionada à assunção do compromisso de, no prazo de dezoito meses, contados da assinatura do instrumento contratual, transferir a outrem o serviço anteriormente explorado, sob pena de sua caducidade e de outras sanções previstas no processo de outorga.

O contrato de concessão deverá indicar, nos termos do artigo 93, da Lei nº 9.472/97:

a) objeto, área e prazo de concessão;

b) modo, forma e condições da prestação do serviço;

c) regras, critérios, indicadores, fórmulas e parâmetros definidores da implantação, expansão e modernização do serviço, bem como de sua qualidade;

d) deveres quanto à universalização e continuidade do serviço;

e) a forma, valor e as condições de pagamento devido pela outorga da concessão;

f) as tarifas a serem cobradas aos usuários, bem como os critérios para eventuais reajustes e revisões;

g) os direitos, as garantias e as obrigações dos usuários, bem como da ANATEL e da concessionária;

h) formas e condições para a prestação de contas e fiscalização;

i) a obrigação de manter, quando da execução do contrato, todas as condições de habilitação exigidas no procedimento licitatório;

j) as sanções[183], principalmente em razão do desenvolvimento clandestino de atividades de telecomunicações;

k) o foro e o modo para solução extrajudicial das divergências contratuais[184].

A concessionária, em acordo com as cláusulas contratuais, poderá, no cumprimento de seus deveres legais, bem como observadas as condições e limites estabelecidos pela ANATEL, empregar equipamentos e infra-estrutura que não lhe pertençam, para a execução dos serviços. Também poderá contratar com terceiros para desenvolver atividades inerentes, acessórias ou complementares ao serviço prestado, bem como a implementação de projetos, nos termos do artigo 94, II, da Lei nº 9.472/97.

Assim, o contrato de concessão poderá ser transferido após a aprovação da ANATEL. No entanto, há necessidade que o serviço esteja em operação há, pelo menos, três anos, de acordo com as obrigações inerentes ao instrumento con-

---

183. As sanções penais estão previstas nos artigos 183 a 185, da Lei nº 9.472/97. Destaca-se o artigo 183, em que atribui a pena de detenção de dois a quatro anos, aumentada da metade se houver dano a terceiro, e multa de R$ 10.000, 00 (dez mil reais), para quem desenvolver clandestinamente as atividades de telecomunicação. Considera-se clandestina a atividade desenvolvida sem a competente concessão, permissão ou autorização de serviço, de uso de radiofreqüência e de exploração de satélite, conforme artigo 184, parágrafo único, da Lei supramencionada.
184. Trata-se aqui do instituto da arbitragem, constante no Capítulo XXX dos novos contratos para a concessão do serviço de telecomunicações, conforme Anexo I.

tratual e, que a prestadora preencha todos os requisitos da outorga da concessão, principalmente quanto às garantias, à regularidade jurídica e fiscal e à qualificação técnica e econômico-financeira.

O prazo máximo, conforme o artigo 99, será de vinte anos, podendo, no entanto, ser prorrogado por igual período, desde que a prestadora do serviço tenha cumprido as condições da concessão e manifeste expressamente seu interesse na prorrogação, pelo menos 30 meses antes de sua expiração. Tal prorrogação implicará pagamento, pela concessionária, pelo direito de exploração do serviço e pelo direito de uso das radiofreqüências associadas, e poderá, em conformidade com os critérios estabelecidos pela ANATEL, incluir novos condicionamentos, em razão da situação econômico-financeiro vigente à época (§ 1º, do artigo 99, da Lei nº 9.472/97).

Quanto à extinção da concessão, prescreve o artigo 112, da Lei Geral de Telecomunicações, que a mesma ocorrerá por advento do termo contratual, encampação[185,] caducidade[186,] rescisão e anulação. Extinta a concessão, os

---

185. Nos termos do artigo 113, da Lei nº 9.472/97, a encampação consiste na retomada do serviço pela União, durante o prazo da concessão, em razão de interesse público extraordinário, mediante lei específica e após o pagamento de prévia indenização.

186. Quanto à caducidade, prescreve o artigo 114 da supramencionada lei, que a mesma será decretada pela ANATEL, em razão das seguintes hipóteses: 1. infração do disposto no artigo 97 (prévia aprovação, por parte da ANATEL, da cisão, fusão, transformação, incorporação, redução do capital da empresa ou a transferência de seu controle societário) ou de dissolução ou falência da concessionária; 2. transferência irregular do contrato; 3. não cumprimento do compromisso de transferência, nos termos do artigo 87; 4. em que a intervenção seria cabível, no entanto sua decretação considera-se inconveniente, inócua, injustamente benéfica ao concessionário ou desnecessária (quando a demanda pelos serviços objeto da concessão puder ser atendida por outras prestadoras de modo regular e imediato).

direitos e deveres relativos à prestação do serviço são devolvidos à União.

Em relação à rescisão, poderá ser realizada amigável ou judicialmente. A concessionária terá o direito à rescindir a concessão quando, por ação ou omissão do Poder Público, a execução do contrato, excessivamente, tornar-se onerosa (artigo 115).

Realizada a extinção, a Agência Nacional de Telecomunicações poderá ocupar, provisoriamente, bens móveis e imóveis, bem como utilizar a mão-de-obra já empregada na prestação dos serviços, a fim de manter a sua continuidade. Também poderá manter contratos firmados pela concessionária com terceiros, nos termos do artigo 94, da Lei nº 9.472/97.

Não obstante a concessão dos serviços de telecomunicações, a Lei nº 9.472/97 também prevê a prestação de tais serviços mediante permissão[187]. Assim, nos termos do artigo 118[188].

A permissão extinguir-se-á pelo término do prazo de vigência, observado o artigo 124 da Lei Geral de Telecomunicações, bem como por revogação, caducidade e anulação. Verifica-se que a revogação poderá dar-se a qualquer momento, sem direito à indenização por parte da concessionária.

---

187. Conforme o parágrafo único, do artigo 118, da Lei nº 9.472/97, a permissão de serviço de telecomunicações é o ato administrativo, o qual atribui a alguém o dever de prestar tal serviço no regime público e em caráter transitório, até que seja normalizada a situação excepcional que a tenha ensejado.

188. "Art. 118. Será outorgada permissão, pela Agência, para a prestação de serviços de telecomunicações em face de situação excepcional comprometedora do funcionamento do serviço que, em virtude de suas peculiaridades, não possa ser atendida, de forma conveniente ou em prazo adequado, mediante intervenção na empresa concessionária ou mediante outorga de nova concessão.".

O artigo 127, da Lei nº 9.472/97, prescreve que a disciplina da exploração dos serviços, *no regime privado*, tem por objetivo viabilizar o cumprimento das leis, principalmente às relativas às telecomunicações, à ordem econômica e aos direitos dos consumidores. Também visa garantir:

a) a diversidade de serviços, bem como o incremento de sua oferta e sua qualidade;

b) a competição livre, ampla e justa, sendo, no entanto, respeitados os direitos dos usuários;

c) a isonomia de tratamento às prestadoras;

d) a permanente fiscalização; e

e) o cumprimento da função social do serviço de interesse coletivo.

As empresas espelho são empresas autorizadas e não concessionárias do serviço público de telecomunicações. Por isso tem um regime diferenciado e a elas não se aplicam o regime de metas. Quando as empresas concessionárias conseguem cumprir suas metas, elas deverão ser autorizadas a disputar com as outras empresas concessionárias em sua área de atuação, mas pela atual LGT ficarão isentas de cumprimento de metas, podendo disputar apenas a fatia de clientela que julgar mais conveniente. Esta divergência de critérios com certeza levará a sérias discussões judiciais entre concessionários e autorizados, devido aos mais altos custos do primeiro para cumprir metas, e poderá colocar em cheque o modelo aqui proposto.

A exploração de serviço no regime privado dependerá, previamente, de autorização[189] da ANATEL, a qual definirá

---

189. A autorização de serviço de telecomunicações é o ato administrativo que possibilita a exploração, no regime privado, de modalidade de serviço de telecomunicações, preenchidas as condições objetivas e subjetivas necessárias para a obtenção da autorização do serviço.

os casos que independerão de autorização. Verifica-se que as principais condições subjetivas para a obtenção de autorização de serviço de interesse coletivo pela empresa prestadora, nos termos do artigo 133, da Lei n° 9.472/97, são:

a) a empresa não estar proibida de licitar ou contratar com o Poder Público, bem como não ter sido declarada inidônea ou não ter sido punida, nos dois anos anteriores, com a decretação da caducidade de concessão, permissão ou autorização do serviço de telecomunicações, ou da caducidade de direito de uso de radiofreqüência;

b) deter qualificação técnica para bem prestar o serviço, capacidade econômico-financeira, regularidade fiscal e estar em situação regular com a Seguridade Social;

c) não ser, na mesma área de concessão, encarregada de prestar a mesma modalidade de serviço. Com relação à extinção, a autorização de serviço de telecomunicações não terá sua vigência sujeita a termo final, extinguindo-se somente por cassação, caducidade[190,] decaimento[191,] renúncia[192] ou anulação.[193]

---

190. Quanto à caducidade, o artigo 140, da Lei Geral das Telecomunicações, determina que, em caso de prática de infrações graves, de transferência irregular da autorização ou de descumprimento reiterado de compromissos assumidos, a ANATEL poderá extinguir a autorização decretando-lhe a caducidade.

191. Conforme o artigo 141, da Lei n° 9.472/97, o decaimento será decretado pela ANATEL, por ato administrativo, se, em razão de relevância pública excepcional, as normas vierem a vedar o tipo de atividade objeto da autorização ou suprimento à exploração no regime privado.

192. A renúncia consiste no ato formal unilateral, irrevogável e irretratável, pelo qual a prestadora manifesta seu desinteresse pela autorização, em conformidade do artigo 142 da supramencionada lei.

193. O artigo 143 prescreve que a anulação da autorização será decretada, judicial ou administrativamente, em caso de irregularidade insanável do ato que a expediu.

Em razão de toda a complexidade legal que envolve a estruturação e realização dos contratos de concessão, permissão e autorização para a prestação dos serviços de telecomunicações, há necessidade de uma fiscalização rígida e eficiente. Assim, o órgão regulamentador, a ANATEL, tem um papel de suma importância, principalmente no que se refere à proteção do interesse público (direito e benefícios aos usuários).

4.5. O Órgão Regulador: a ANATEL

A Agência Nacional de Telecomunicações foi criada pela Lei nº 9.472/97, com a função de órgão regulador das telecomunicações, com sede no Distrito Federal, podendo, no entanto, estabelecer unidades regionais, conforme o artigo 8º, da supracitada lei.Nesse sentido, há necessidade de determinar suas principais características, como sua natureza jurídica, estrutura funcional, competências e atribuições como órgão regulador e fiscalizador do setor de telecomunicações.

Conforme o artigo 8º, da Lei nº 9.472/97, o órgão regulador do serviço de telecomunicações constitui-se numa entidade da Administração Pública Indireta. "Administração indireta é formada pelo conjunto de pessoas jurídicas de direito público ou privado, às quais a lei atribui o exercício de funções administrativas. São sempre criadas por lei específica, que lhes determina as finalidades e/ou atribui funções: no caso de execução de serviços públicos, trata-se de uma descentralização funcional, pela qual entidade criada passa a deter a titularidade e a execução do serviço."[194]

---

[194]. DI PIETRO, M. S. Z. — *Direito administrativo*. 6. ed. São Paulo: Atlas, 1996. p.56.

Assim, verifica-se que as entidades da Administração podem ser denominadas nas seguintes modalidades;

a) empresa pública: é aquela cujo o capital é inteiramente público. Exerce atividades econômicas ou serviços públicos, e segue regime jurídico de direito privado, por determinação constitucional. Uma vez que possui natureza privada, a Lei apenas autoriza sua criação, devendo seus atos constitutivos serem transcritos no registro público;

b) sociedades de economia mista: exercem atividade econômica ou serviços públicos, e seguem regime jurídico de direito privado, por determinação constitucional. A lei apenas autoriza sua criação, devendo seus atos constitutivos ser transcritos no registro público. As sociedades de economia mista sempre assumem a forma de S/A;

c) fundações públicas: podem ser de direito publico ou privado, conforme o regime que lhes for atribuído por lei instituidora. São equiparadas às empresas públicas, caracterizando-se por serem um patrimônio total ou parcialmente público, vinculado a uma finalidade, ao qual se atribui personalidade jurídica própria;

d) autarquias: são pessoas jurídicas de direito público, podendo ser de âmbito federal, estadual ou municipal. São criadas por lei, como forma de descentralizar a prestação de serviços públicos, visando a especialização de funções. Possuem personalidade jurídica própria, portanto, patrimônio, receitas e atribuições próprias, diferenciando-se da entidade da administração direta que a criou. No que se refere à gestão financeira e administrativa, esta é descentralizada, isto é, autônoma, embora sempre sujeita a controle.

Diante das entidades relacionadas, a Agência Nacional de Telecomunicações, conforme o artigo 8º, da Lei nº 9.472/97, é uma entidade da Administração Pública Indireta, na forma de autarquia especial vinculada ao Ministério das Comunicações.

A ANATEL possui independência decisória, assegurada pelos termos da referida lei, que possibilita à Agência estabelecer objetivos e prerrogativas adequadas ao exercício das operações realizadas pelas concessionárias no setor de telecomunicações. Prescreve o artigo 9º que a *"Agência atuará como autoridade administrativa independente, assegurando-se-lhe, nos termos desta Lei, as prerrogativas necessárias ao exercício adequado de sua competência"*

Além da independência decisória para compor conflitos entre os interesses de concessionárias e usuários, controlar as atividades realizadas no setor de telecomunicações, bem como fiscalizar a política tarifária, a ANATEL também possui independência financeira e estrutural. Independência financeira, pois cabe a ela arrecadar e gerenciar suas receitas, bem como adquirir e alienar seus bens (inciso XXIV, do artigo 19, da Lei nº 9.472/97). Já a independência estrutural refere a sua independência administrativa, ausente de subordinação hierárquica (§ 2º, do artigo 8º). É responsável também pela composição, nomeação e dispensa de seus membros com mandatos fixos, e outras prerrogativas adequadas ao seu exercício. Seguindo o modelo da *Federal Communications Commission dos EUA*, a Anatel atua com autoridade administrativa independente, possuindo mandato fixo e autonomia financeira.

As mudanças pelas quais passa hodiernamente o Estado, já examinadas no início deste capítulo, têm condicionado igualmente a mudança no exercício de suas funções. Surgem inclusive novos termos lingüísticos para designar novas realidades jurídicas. Um destes termos é a "regulação". Em sentido amplo, regulação pode indicar toda e qualquer forma de organização da atividade econômica realizada pelo, por meio ou em conjunto com o Estado. Nela estaria inserida a criação de normas sobre a concorrência e o consumidor, a intervenção indireta por meio de concessão de serviços públicos, bem como o exercício do poder de polícia[195].

Segundo Eros Grau[196] a expressão regular significa a busca de "mais sociedade e menos Estado", indicando a substituição da regulação estatal, conhecida entre nós por regulamentação, pela regulação social, como ocorre com a *desregulation* dos Estados Unidos. Assim o objetivo seria desregulamentar, no sentido de não circunscrever a prestação de serviço público ao poder de controle do Estado, para criar uma regulação, onde o Estado em conjunto com a sociedade, composta por cidadãos, consumidores e empresários, organizam a prestação do serviço e os interesses do mercado, tendo por finalidade o atendimento do interesse público e social.

Ao tornar a organização das atividades ligadas à prestação do serviço público uma utilidade pública, duas conseqüências se tornarão visíveis: a primeira diz respeito ao fato de que a regulação poderá gerar um maior número de regras para um setor da atividade e a segunda coloca o caráter da regulação dos serviços no mesmo patamar da criação de regras sobre a concorrência. Se antes o Estado regulamentava, isto é, criava as regras de moto próprio, disciplinava a prestação do serviço e fiscalizava, hodiernamente ele se vê obrigado a solicitar a colaboração da sociedade para regular. Isto torna possível a inclusão de princípios democráticos na regulação da economia. Portanto a regulação implica na prestação eficiente do serviço, levan-

---

195. SALOMÃO FILHO, C — *Regulação da Atividade Econômica: princípios e fundamentos*. São Paulo. Malheiros. 2001, pág.15.
196. GRAU, E. R — O Direito Posto e o Direito Pressuposto. São Paulo. 3. ed. São Paulo. Malheiros. 2000, pág. 93.

do a uma intervenção gradativa do Estado para operacionalizar o serviço.

No Brasil este é um caminho que se inicia a partir da década de noventa com a Lei 8884/94 que além de criar regras mais equânimes de concorrência, transformou o CADE numa autarquia com poderes independentes dos Poderes Políticos do Estado. Este modelo foi depois utilizado na criação e na composição das Agências Reguladoras. Devido a nossa tradição de Estado fomentador e intervencionista forte, bem como a um baixo grau de participação social na condução dos assuntos de utilidade pública, nossa regulação ainda tem sido insatisfatória, cabendo ao Estado, quase que exclusivamente a criação de regras e a fiscalização das atividades ligadas à prestação dos serviços públicos.

Definido a natureza da Agência, cabe dizer que, em suas estrutura interna, ela possui como órgão máximo o Conselho Diretor. Conta, também, com um Conselho Consultivo, uma Procuradoria, uma Corregedoria, uma Biblioteca e uma Ouvidoria, além das unidades especializadas incumbidas de diferentes funções (artigo 8°, § 1°).

Martins[197] ao discorrer sobre a Anatel, reporta que sua estrutura organizativa conta com uma série de organismos internos, chefiados pelo Conselho Diretor, composto por cinco membros, todos com estabilidade de mandato, indicados pelo Presidente da República e aprovados pelo Senado Federal. Os conselheiros possuem mandato de 5 anos, com expiração alternada, de modo que a cada ano um deles seja substituído, sem a possibilidade de recondução. Na primeira formação do Conselho Diretor, seus membros

---

197. MARTINS, M. A. — *O Brasil e a Globalização das Comunicações na Década de 90*. Dissertação apresentada à Universidade de Brasília como requisito parcial para a obtenção do grau de Mestre em Relações Internacionais, Brasília, 1999, pág.64.

ganharam períodos diferenciados de mandato (3, 4, 5, 6 e 7 anos) para permitir o regime de substituição de um conselheiro por ano. Seu presidente é nomeado pelo Presidente da República e as suas decisões são tomadas a partir de reuniões colegiadas nas quais os conselheiros são obrigados a votar e justificar suas posições.

O art. 33, criou ainda o Conselho Consultivo, composto por doze membros indicados por instâncias da sociedade civil e aprovados pelo Presidente da República, tendo como função elaborar estudos, planos e projetos que auxiliem as decisões do Conselho Diretor. Seus conselheiros têm mandato de 3 anos, alternados e sem recondução, e o seu presidente é eleito pelos integrantes. Vinculados à Presidência da Anatel estão, além da Procuradoria e da Corregedoria, a Assessoria Internacional, a Assessoria de Relações com os Usuários, a Assessoria Técnica e a Assessoria Parlamentar e de Comunicação Social .

Deste modo, a Anatel além da competência técnica, desfruta de liberdade gerencial e autonomia. Deve, todavia, prestar contas de suas ações, tanto qualitativamente como sob o ponto de vista financeiro. Como principais atribuições ao Conselho Diretor, pode-se destacar, conforme o artigo 22, da Lei nº 9.472/97:

a) aprovar normas próprias de licitação e contratação;

b) propor o estabelecimento, bem como alterações das políticas governamentais de telecomunicações;

c) editar normas sobre matérias de competência da Agência;

d) aprovar editais licitatórios, homologar adjudicações, bem como decidir pela prorrogação, transferência, intervenção e extinção, principalmente em relação às outorgas para prestação de serviço nos regimes público e privados, obedecendo ao plano aprovado pelo Poder Executivo;

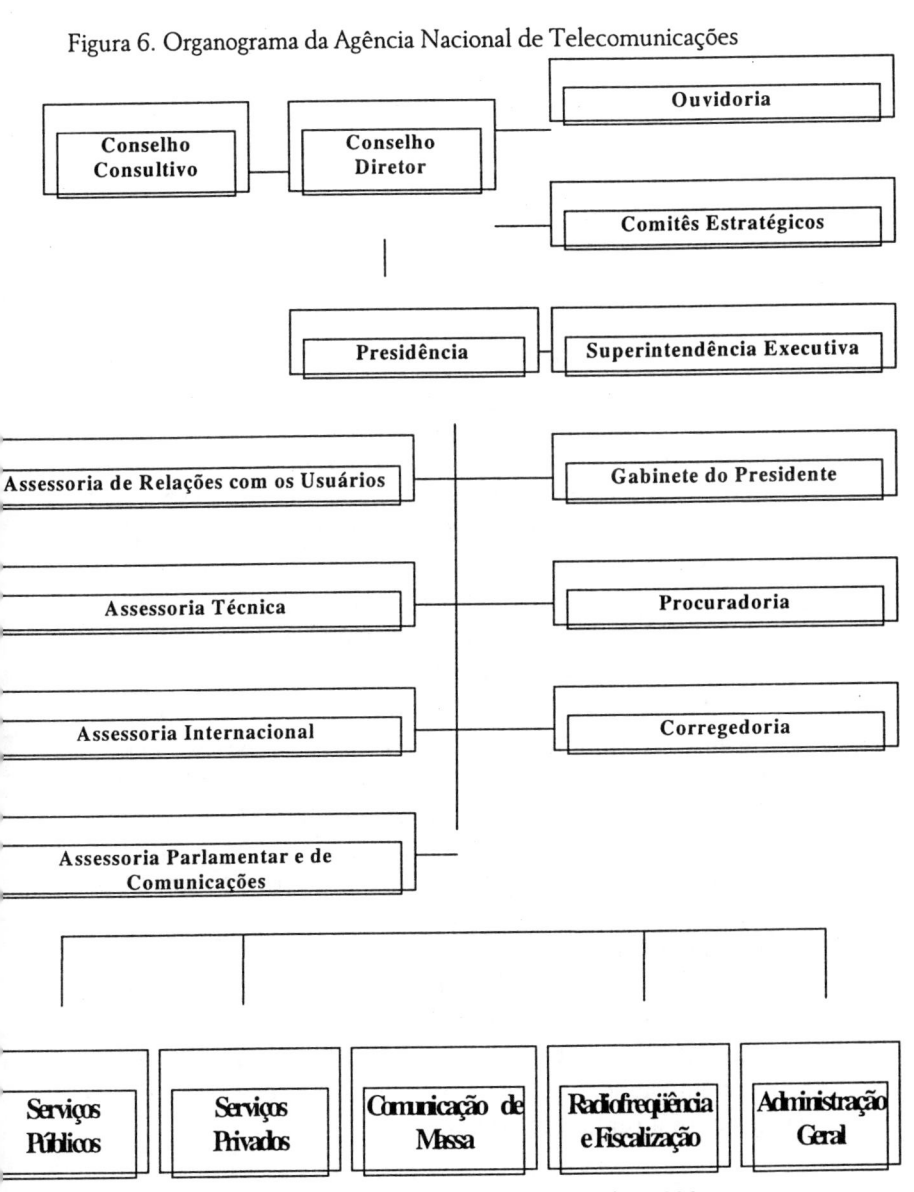

Figura 6. Organograma da Agência Nacional de Telecomunicações

- Conselho Consultivo
- Conselho Diretor
- Ouvidoria
- Comitês Estratégicos
- Presidência
- Superintendência Executiva
- Assessoria de Relações com os Usuários
- Gabinete do Presidente
- Assessoria Técnica
- Procuradoria
- Assessoria Internacional
- Corregedoria
- Assessoria Parlamentar e de Comunicações
- Serviços Públicos
- Serviços Privados
- Comunicação de Massa
- Radiofreqüência e Fiscalização
- Administração Geral

Fonte: Agência Nacional de Telecomunicações, Brasília, 1998.

e) aprovar o regimento interno;

f) autorizar a contratação de serviços de terceiros, na forma da legislação em vigor. Verifica-se, no entanto, que a fiscalização dos serviços caberá exclusivamente à ANATEL.

Com relação à principal competência da Agência Nacional de Telecomunicações — ANATEL[198,] verifica-se que, basicamente, consiste na implementação da política nacional de telecomunicações. Conforme o artigo 19, da Lei nº 9.742/97, à ANATEL também compete a adoção de determinadas medidas para o atendimento do interesse público, bem como para o desenvolvimento tecnológico e social das telecomunicações do país, sempre atuando com independência, imparcialidade, legalidade, impessoalidade e publicidade. Ademais, pode-se relacionar outras atribuições de suma importância:

a) expedir regras quanto à outorga, contratos de concessão, fiscalização, nomeação e dispensa de membros da agência, prestação e fruição dos serviços de telecomunicações no regime público, bem como editar atos de outorga e extinção de direito de exploração do serviço no regime público, aplicando sanções e realização de intervenções: cabe à agência reguladora a organização e fiscalização da prestação do serviço de telecomunicações pelas concessionárias, bem como o estabelecimento de diretrizes para a concessão do mesmo, aplicando sanções ou intervenções quando necessário.

b) fixar, controlar e acompanhar tarifas dos serviços prestados nos regimes público e privado: cabe à agência o gerenciamento da política tarifária do setor de telecomunicações, no intuito de estabelecer tarifas condizentes com a realidade social;

---

198. Artigo 19, da Lei nº 9.472/97.

c) deliberar na esfera administrativa quanto à interpretação da legislação de telecomunicações e sobre os casos omissos, compondo conflitos de interesses entre prestadoras de serviços e reprimindo infrações a direitos dos usuários: a agência reguladora possui força decisória para solucionar conflitos entre usuários e concessionárias, principalmente quando houver lacunas na lei, no sentido de suprir as necessidades de ambas as partes;

d) exercer, relativamente às telecomunicações, as competências legais em matéria de controle, prevenção e repressão às infrações contra a ordem econômica, ressalvadas as pertencentes ao Conselho Administrativo de Defesa Econômica — CADE[199]: apesar de possuir independência decisória, deve a ANATEL respeitar as decisões competentes ao CADE, já que as atribuições desses dois órgãos estão delineadas;

e) adotar as medidas necessárias para o atendimento do interesse público e para o desenvolvimento das telecomunicações brasileiras: cabe à ANATEL promover o bem comum, como também o desenvolvimento tecnológico do setor de telecomunicações no país;

f) arrecadar e aplicar suas receitas, bem como adquirir e alienar seus bens: trata-se da autonomia financeira da agência reguladora;

Em relação a este último aspecto, cabe destacar que a ANATEL administra, com exclusividade, o Fundo de Fiscalização das Telecomunicações (FISTEL). A União é autorizada a cobrar pela exploração dos serviços de telecomunicações, constituindo o produto dessa arrecadação receita do Fundo de Fiscalização das Telecomunicações — FIS-

---

199. Verifica-se que a Lei Geral de Telecomunicações, apesar de exercer as competências legais de controle, prevenção e repressão das infrações da ordem econômica, não entra em conflito com as normas do Conselho Administrativo de Defesa Econômica — CADE.

TEL. Assim, conforme o artigo 47, da Lei nº 9.472/97, temos que: "o produto da arrecadação das taxas de fiscalização de instalação e de funcionamento a que se refere a Lei nº 5.070/66, será destinado ao Fundo de Fiscalização das Telecomunicações — FISTEL, por ela criado."

O FISTEL é constituído das principais fontes de receitas[200]:

a) dotações consignadas no Orçamento Geral da União, créditos especiais, transferências e repasses que lhe forem conferidos;

b) produto das operações de crédito que contratar, no País e no exterior, e rendimentos de operações financeiras que realizar;

c) relativas ao exercício do poder concedente dos serviços de telecomunicações, nos regimes público e privado, inclusive pagamentos pela outorga, multas e indenização;

d) taxas de fiscalização dos serviços de telecomunicações[201];

e) os recursos provenientes de convênios, acordos e contratos (concessão, permissão ou autorização) celebrados com entidades, organismos e empresas, públicas ou privadas, nacionais ou estrangeiras.

f) o produto dos emolumentos, preços ou multas, os valores apurados na venda ou locação de bens, bem assim os decorrentes de publicações, dados e informações técnicas, inclusive para fins de licitação;

g) os decorrentes de quantias recebidas pela aprovação de laudos de ensaio de produtos e pela prestação de serviços técnicos por órgãos da Agência Nacional de Telecomunicações.

---

200. LEI nº 5.070/66, artigos 2º, 3º, 6º, parágrafo único; 8º, § 2º.

201. O não pagamento da taxa de fiscalização em 2 (dois) exercícios funcionais, ocasionará a concessionária sua caducidade, sem o direito de qualquer indenização.

O órgão regulador, como uma autarquia, caracteriza-se por quatro dimensões: a independência decisória, a independência de objetivos, a independência de instrumentos e a independência financeira. Conforme análise do Banco Nacional de Desenvolvimento Econômico e Social — BNDES, a independência decisória consiste na resistência às pressões de grupos de interesse no curto prazo.

Quanto à independência de objetivos, implica a possibilidade de buscar aqueles objetivos que não conflitam com o bem-estar do consumidor. Nesse sentido, um órgão regulador com um número pequeno de objetivos bem definidos e não conflitantes tende a ser mais eficiente que um outro com objetivos numerosos, imprecisos e conflitantes.

A independência de instrumentos é a capacidade de escolher os instrumentos de regulação — tarifas, por exemplo — mais adequados aos seus objetivos, de forma eficiente.Em relação à independência financeira, refere-se à disponibilidade de recursos materiais e humanos suficientes para a execução das atividades de regulação. A título de exemplificação, há a Agência Nacional de Energia (ANEEL), e a Agência Nacional do Petróleo (ANP). É possível constatar o grau de independência que tem sido concebido para estas entidades. A independência de instrumentos destas duas agências se acha comprometida, na medida em que não cuidam da questão tarifária, ficando estipulado que, nos três primeiros anos de sua existência, as tarifas terão os reajustes e revisões definidos pelos Ministérios a que se vinculam.

No que se refere à independência decisória, a ANEEL é dotada de características de nomeação de dirigentes que garantem esta independência. Seus cinco diretores são nomeados pelo Presidente da República, com prévia aprovação do Senado Federal, para cumprir mandatos não coincidentes de quatro anos. Já a diretoria da ANP está estruturada para ter sua nomeação pelo Presidente da República, por indicação do Ministério de Minas e Energia e não terão mandatos fixos. Por outro lado, está sendo projetada a criação de uma outra instância decisória, vinculada ao Ministério de Minas e Energia, o Conselho Nacional de Política do Petróleo, cujos membros terão mandato de dois anos[202].

Quanto à independência dos objetivos, a ANEEL também possui maior independência que a ANP. Dentre as atribuições da ANEEL estão as relacionadas ao zelo pela boa qualidade do serviço, recebendo, apurando e solucionando queixas e reclamações dos usuários, que serão cientificados, até trinta dias, das providências tomadas; o estímulo ao aumento da qualidade, produtividade, preservação do meio ambiente e conservação; o incentivo à competitividade e o estímulo à formação de associações de usuários para defesa de interesses relativos ao serviço. Por outro lado, as funções da ANP são mais fortemente ligadas ao planejamento do que, propriamente à atividade típica de um órgão regulador, não incluindo, dentre as suas funções, as ligadas aos direitos e interesses do usuário

"As atribuições definidas à ANP, no projeto de lei, são: a) avaliar as necessidades nacionais de abastecimento e planejar o seu atendimento, estabelecendo estoques estratégicos, a serem aprovados pelo Ministério de Minas e Energia; b) autorizar a importação e a exportação de petróleo e seus derivados básicos, observado o Programa Nacional de Abastecimento."[203]

---

202. MORAES, L R. *A reestruturação dos setores da infra-estrutura e a definição dos marcos regulatórios*. Brasília: IPEA, 1997. p.17.
203. MORAES, L R.. *A reestruturação dos setores da infra-estrutura e a definição dos marcos regulatórios*. Brasília: IPEA, 1997. p.17.

O Plano Geral de Outorgas estipula, também, em seu art. 11, que o serviço telefônico fixo comutado somente poderá ser prestado mediante concessão, permissão ou autorização, por empresa constituída segundo a legislação brasileira. Prevê a prestação de serviço telefônico fixo comutado pelas concessionárias regionais e a nacional em âmbito intra-regional até 31 de dezembro de 2003. A partir desta data, autoriza a liberação das concessionárias para a prestação de todos os serviços de telecomunicações. Todavia, as concessionárias poderão ser liberadas para a prestação de todos os serviços em 1 de janeiro de 2002, apenas e tão somente se tiverem sido cumpridas todas as metas estabelecidas em seus compromissos de universalização.

O Plano Geral de Metas de Universalização do Serviço Telefônico Fixo Comutado prestado no Regime Público foi aprovado pelo Decreto nº 2592, de 15 de maio de 1998 e estabelece as metas de acesso individual e de acesso coletivo para a progressiva universalização do serviço telefônico fixo comutado prestado no regime público, a serem cumpridas pelas concessionárias do serviço em cada unidade da federação.

O Plano Geral de Metas de Qualidade para o Serviço Telefônico Fixo Comutado, aprovado pela Resolução nº 30 de 29 de junho de 1998 estabelece as metas de qualidade a serem cumpridas pelas prestadoras de Serviço Telefônico Fixo Comutado, destinado ao uso do público em geral, prestado nos regimes públicos e privado. Em 44 artigos, o respectivo plano define padrões de desempenho para as empresas de telecomunicações, obrigadas a oferecer os seus serviços com graus progressivos de qualidade, referentes ao tráfego telefônico, local e de longa distância, bem como questões relacionadas à emissão de contas e a modernização da rede. Importa também ressaltar que o Regulamento de Indicadores de Qualidade do Serviço Telefônico Fixo Comutado, de 21 de março de 2000, estabeleceu as definições, métodos e freqüência de coleta de informações, consolidação e envio, à Agência Nacional de Telecomunicações — Anatel, dos indicadores de qualidade apresentados no Plano Geral de Metas de Qualidade.

Os contratos de concessão delimitam os direitos e deveres das operadoras, embutindo todos os parâmetros e indicadores do Plano Geral de Metas de Universalização e do Plano Geral de Metas de Qualidade. A respeito do regulamento de interconexão, Cesaroli[204] afirma que não evoluiu com o previsto. Novidade para o país, o tema é delicado e, por enquanto, a Anatel tem sido convocada a arbitrar as questões de interconexão — mas isso está mudando. As operadoras estão intensificando as negociações, pois a interconexão é vital para suas atividades, e já estão se conscientizando que não podem mesclar interconexão e competição pela prestação de serviços.

O regulamento de remuneração pelo uso das redes das prestadoras do Serviço Telefônico Fixo Comutado substituiu a participação da receita de tráfego mútuo, que previa a destinação de um percentual da receita para a Embratel e para a operadora que originava a chamada pelo princípio da remuneração pelo uso de rede.

O sucesso do leilão de privatização pode erroneamente levar a crer em um período pós-privatização sujeito à poucas intempéries. Todavia, observa-se um árduo processo de transição, em que operadoras e Anatel tiveram dificuldades em adaptar-se ao novo cenário, em busca de uma convivência, senão harmônica, no mínimo, producente.

---

204. CESAROLI, LT. Telecomunicações no Brasil — Uma Revolução bem sucedida. IN; WOHLERS, M& PLAZA (org.), C. *Informe Anual de Telecomunicações e Tecnologias da Informação*. São Paulo: CELAET, 2000, pág.142.

O primeiro estágio deste período de pós-privatização, chamado de transição, vigora até 2003 e apresenta competição limitada e concentrada na telefonia interurbana. O segundo estágio, a ser implantado após 2003, é de forte concorrência e a Anatel ainda não definiu os critérios técnicos e econômicos para licenciar as novas operadoras e ampliar o escopo de atuação das atuais concessionárias. Entretanto, cumpre-nos ressaltar que esta segunda etapa poderá ser antecipada, em caso de cumprimento das metas de universalização pelas operadoras concessionárias até dezembro de 2001.

Nesta primeira fase entraram em concorrência na telefonia fixa, além das operadoras resultantes do desmembramento e privatização da Telebrás (as concessionárias), as novas operadoras autorizadas pela Anatel, denominadas empresas-espelho, uma vez que são como uma "imagem" refletida das operadoras originais, prestando os mesmos serviços nas mesmas áreas. No modelo norte-americano não existe essa terminologia, a fixa é denominada *"incumbent local exchange carrier (ilec)* 'e a espelho é conhecida como *"competitive local exchange carrier'*, ou nova concorrente de telefonia local.

O início da competição marcou uma fase de vários problemas técnicos e de conflitos entre as operadoras e a Anatel, entre esta e os órgãos de defesa do consumidor, bem como uma certa dificuldade de entendimento entre a própria agência e o Ministério das Comunicações em alguns momentos do processo. Contudo, observa-se que muitas das divergências foram sanadas e a Anatel passou a exercer favoravelmente o seu papel fiscalizador, condenando várias das concessionárias ao pagamento de multas, em razão do descumprimento de regras estabelecidas nos contratos. A Anatel enfrenta ainda o grande desafio de criar uma estrutura capaz de dar suporte à fiscalização, uma vez que fiscalizar também implica em analisar se o caminho seguido foi, de fato, o mais acertado. Neste sentido, o anacronismo deve dar lugar ao diálogo e ao bom senso, indispensáveis para se identificar e mudar regras que venham a representar obstáculos injustificáveis ao setor.

Por outro lado, apesar das dificuldades elencadas, a Anatel conseguiu firmar-se como órgão regulador independente, criando uma série de normas e regulamentos para o setor. Importa também salientar que esta regulação foi capaz de incorporar os novos prestadores e dar início à competição. Sendo assim, no período pós privatização, além da consolidação das mudanças no âmbito interno ao direito das telecomunicações, operado eminentemente pela Anatel, o grande desafio é o de conectar esse sistema normativo com outros sistemas, que também estão em transformação.

Dentre os regulamentos criados e que geraram grande polêmica, é mister citar o Regulamento da Anatel sobre procedimentos de contratação de serviços e aquisição de equipamentos ou materiais pelas prestadoras de serviços de telecomunicações de 16 de agosto de 1999. A decisão da Anatel regulamentou as cláusulas 15.8 e 9.8, dos contratos de concessão das empresas de telefonia fixa e celular, que não permitem que os fornecedores nacionais de equipamentos sejam discriminados pelas operadoras, em condições de igualdade de prazos, preços e especificações técnicas. A proposta do regulamento ficou em consulta pública de 14 de abril a 13 de maio de 1999, quando recebeu 41 contribuições, inclusive do governo americano, através do *United States Trade Representative*.

Sundfeld[205] observa também que a Lei nº 9.986 de 18 de julho de 2000 modificou a Lei Geral de Telecomunica-

---

205. SUNDFELD, C A. Regulação — Papel Atual e Tendências Futuras. IN; WOHLERS, M & PLAZA (org.), C. *Informe Anual de Telecomunicações e Tecnologias da Informação*. São Paulo: CELAET, 2000, pág.151.

ções acarretando dois efeitos imediatos. O primeiro foi o de eliminar a proibição, que originalmente existia, à renovação dos mandatos dos conselheiros, o que abriu caminho para a recondução do Presidente da Agência, Renato Navarro Guerreiro, para um novo período, agora de 5 anos. O segundo efeito foi o de tornar possível, finalmente, a constituição de um quadro próprio de reguladores, com a admissão de servidores por concurso público.

Em 2000, foi ainda aprovado o Fundo de Universalização dos Serviços de Telecomunicações — FUST, pela Lei nº 9998 de 17 de agosto de 2000, regulamentada pelo Decreto nº 3.364 de 5 de outubro de 2000. Caberá ao Ministério das Comunicações decidir os programas, projetos e atividades a serem financiados pelo fundo.

Como consequência das mudanças supra analisadas, estimativas demonstram que no ano de 2000 o segmento de telecomunicação fixa e celular do país mantiveram, em termos agregados, a trajetória de crescimento verificada em 1999, estimando-se uma elevação anual de 22% de acessos fixos tradicionais (cabeados) e de 43% de acessos celulares[206].

4.6. A Organização do Mercado Consumidor: A Defesa dos Direitos do Usuário

Para uma análise conjunta das normas do Código Brasileiro de Defesa do Consumidor (Lei nº 8.078, de 11 de setembro de 1990), bem como das cláusulas dos contratos

---

206. WOHLERS, M& OLIVA, R. Desempenho Recente das Telecomunicações no Brasil. IN; WOHLERS, M& PLAZA (org.), C. *Informe Anual de Telecomunicações e Tecnologias da Informação.* São Paulo: CELAET, 2000, pág.59.

de concessão dos serviços de telecomunicações, principalmente àquelas relativas aos direitos e deveres dos usuários, há necessidade, primeiramente, de salientar a função social e econômica desse diploma legal.

Assim, verifica-se que a sociedade do século XX está inserida num modelo novo de associativismo, qual seja, a sociedade de consumo, caracterizada por um número crescente de produtos e serviços fornecidos ao mercado. A sociedade de consumo, no entanto, propiciou um desequilíbrio na relação fornecedor-consumidor, sendo que o fornecedor (fabricante, produtor, construtor, importador ou comerciante) assumiu, inegavelmente, uma posição de força na relação de consumo, enquanto o consumidor tornou-se a parte hipossuficiente.

O mercado, perante essa relação, não detém instrumentos eficientes para superar tal vulnerabilidade do consumidor. Nesse aspecto, restou necessária a intervenção do Estado, em suas três esferas: o Poder Legislativo, por meio da formulação de normas jurídicas de consumo; o Poder Executivo, através da implementação dessas; e o Poder Judiciário, solucionando eventuais conflitos resultantes das relações de consumo.

Através dessa intervenção estatal, visa-se proteger integralmente o consumidor. Assim, faz-se necessário o regramento de todos os aspectos da relação de consumo, principalmente aqueles referentes aos produtos e serviços prestados. Diante desse novo cenário, toda e qualquer legislação de proteção ao consumidor tem por objetivo garantir o equilíbrio da relação fornecedor-consumidor, seja reforçando a posição do consumidor, seja limitando e proibindo certas práticas de mercado.

O modelo intervencionista funda-se em normas jurídicas imperativas de controle da relação de consumo. Nesse sentido, pode-se relacionar duas formas[207]: a) a intervenção estatal baseia-se em leis esparsas que regem o mercado de consumo, específicas para cada uma das atividades econômicas diretamente relacionadas com o consumo, como publicidade, crédito, responsabilidade civil pelos acidentes de consumo, garantias, etc.; b) intervenção estatal em que há ordenamentos jurídicos, que preferem tutelar o consumidor de modo sistemático, optando por um complexo de normas (código), em detrimento de leis esparsas. Este modelo foi adotado pelo Brasil, através da formulação do Código de Defesa do Consumidor, sendo o país pioneiro na codificação do direito do consumidor em todo o mundo.

O Código de Defesa do Consumidor encontra sua fonte inspiradora no corpo da Constituição Federal de 1988. Ao cuidar dos Direitos e Garantias Fundamentais, a Carta Magna prescreve no inciso XXXII do artigo 5º que *"o Estado promoverá, na forma da lei, a defesa do consumidor"*. Tal preocupação também está inserida no artigo 70, do mesmo diploma legal, que tutela a *"ordem econômica, fundada na valorização do trabalho humano e na livre iniciativa"*, tendo por fim *"assegurar a todos existência digna, conforme os ditames da justiça social"*, desde que verificados determinados princípios fundamentais, como o de defesa do consumidor, conforme inciso V, do artigo supramencionado. Não obstante, o artigo 48 do Ato das Disposições Constitucionais Transitórias determina que o *"Congresso Nacional, dentro de cento e vinte dias da promulgação da Constituição, elaborará, código de defesa do consumidor"*.

---

207. GRINOVER, A P. et al. *Código Brasileiro de Defesa do Consumidor*: comentado pelos autores do anteprojeto. Rio de Janeiro: Forense Universitária, 1998. p.8.

Em conformidade com os preceitos constitucionais, o Código de Defesa do Consumidor demonstra uma estrutura moderna, em sintonia com a realidade nacional. Na verdade, trata-se de uma norma supra-legal, a qual apresenta inovações relevantes, como a formulação de um conceito amplo de fornecedor, incluindo, dentro de tal concepção, todos os agentes econômicos que desenvolvem, direta ou indiretamente, atividades no mercado de consumo; um elenco de direitos básicos dos consumidores, bem como instrumentos de implementação; proteção contra todos os desvios de quantidade e qualidade (vícios de qualidade por insegurança e vícios de qualidade por inadequação); controle das práticas e cláusulas abusivas, etc.

No entanto, há necessidade de ressaltar que, apesar de ter sido criado o Código de Defesa do Consumidor, não deixaram de existir outras normas relativas às relações de consumo, existentes em outros diplomas legais, como os Códigos Civil, Comercial, Penal, etc. bem como na legislação esparsa, a menos que com ele sejam incompatíveis, dentro do princípio geral da revogação de uma lei antiga por outra nova. Verifica-se que a matéria relativa à proteção do consumidor é complexa, sendo impossível a previsão de tudo que se refere aos direitos e deveres dos consumidores e fornecedores. O Código de Defesa do Consumidor estabelece perspectivas e diretrizes para a efetiva defesa ou proteção do consumidor, bem como do devido equacionamento da relação de consumo, qual seja, o equilíbrio entre fornecedor e consumidor.

Primeiramente, deve-se verificar quais são os conceitos legais de fornecedor e consumidor trazidos pelo Código de Defesa do Consumidor, a fim de realizar-se uma analogia quanto ao prestador de serviços de telecomunicações e seus usuários.

Em conformidade com o artigo 2º, do Código de Defesa do Consumidor, a figura do consumidor consiste em *"toda pessoa física ou jurídica que adquire ou utiliza produto ou serviço como destinatário final"*. Não obstante, também se equipara a consumidor a coletividade de pessoas, que esteja diretamente relacionada ao mercado de consumo (parágrafo único, do artigo 2º, do Código de Defesa do Consumidor).

Nota-se que a concepção dada à figura do consumidor, nos termos da Lei nº 8.078/90 é exclusivamente econômica, levando em consideração o personagem que no mercado de consumo adquire bens ou então contrata a prestação de serviços, como destinatário final. Através de tais atividades, o consumidor visa suprir suas necessidades, e não desenvolver uma outra atividade negocial.

Assim, pode-se entender como consumidor qualquer pessoa, tanto física como jurídica, isolada ou coletivamente, que contrate para consumo final, em benefício próprio ou de outrem, a aquisição ou a locação de bens, bem como a prestação de um serviço.

Com relação à coletividade de pessoas, conforme preceitua o parágrafo único do artigo 2º do Código de Defesa do Consumidor, pode-se salientar que se trata de um número indeterminado de consumidores, os quais também intervêm no mercado de consumo. Assim, tal dispositivo legal visa a universalidade de consumidores de produtos e serviços, bem como grupo, classe ou categoria deles, desde que estejam relacionados a um determinado produto ou serviço. Nesse sentido, pode-se, indubitavelmente, enquadrar a figura do usuário dos serviços de telecomunicações nessa concepção de consumidor. O usuário consiste naquele consumidor que contrata a prestação de serviços de telecomunicações das empresas concessionárias ou autorizadas.

Quanto ao parágrafo único, do artigo 2º do Código de Defesa do Consumidor, pode o mesmo ser interpretado com relação à prestação de serviços de telecomunicações, em que se verifica a coletividade de usuários de tais serviços, principalmente quanto aos contratos de concessão de serviços de telecomunicações, que possuem caráter exclusivamente adesivo. Quanto à outra parte de relação de consumo, a figura do fornecedor também está prevista no artigo 3º do Código de Defesa do Consumidor[208].

Tal dispositivo prescreve que o fornecedor é a pessoa, tanto física como jurídica, pública ou privada, que realize atividade de produção, montagem, criação, construção, transformação, importação, exportação, distribuição ou comercialização de produtos ou prestação de serviços.Verifica-se que o fornecedor, na relação de consumo, é aquele responsável pela colocação de produtos e serviços à disposição do consumidor. É todo comerciante, bem como qualquer estabelecimento comercial, aquele que abastece ou fornece serviços ou mercadorias, necessárias para suprir as necessidades do consumidor. Nesse sentido, o artigo 3º da Lei nº 8.078/90, ao estabelecer a figura do fornecedor como constituinte da relação de consumo, abrange todos quantos propiciem a oferta de produtos e serviços no mercado de consumo, de maneira a atender às necessidades dos consumidores.

Traz ainda o preceito legal supramencionado que o fornecedor pode ser público ou privado, entendendo-se, no primeiro caso, ser o próprio Poder Público, por si ou então

---

208. "Fornecedor é toda pessoa física ou jurídica, pública ou privada, nacional ou estrangeira, bem como os entes despersonalizados, que desenvolvem atividades de produção, montagem, criação, construção, transformação, importação, exportação, distribuição ou comercialização de produto ou prestação de serviços.".

por suas empresas públicas que realizam atividade de produção, bem como concessionárias de serviços públicos. Vale salientar que um dos direitos dos consumidores consagrados pelo artigo 6º do Código de Defesa do Consumidor, mais precisamente no seu inciso X, é a adequada e eficaz prestação dos serviços públicos em geral.

Prescreve o artigo 6º, da Lei nº 8.078/90: " São direitos básicos do consumidor:

I — a proteção da vida, saúde e segurança contra os riscos provocados por práticas no fornecimento de produtos e serviços considerados perigosos ou nocivos;

II — a educação e divulgação sobre o consumo adequado dos produtos e serviços, asseguradas a liberdade de escolha e a igualdade nas contratações;

III — a informação adequada e clara sobre os diferentes produtos e serviços, com especificação correta de quantidade, características, composição, qualidade e preço, bem como sobre os riscos que apresentam;

IV — a proteção contra a publicidade enganosa e abusiva, métodos comerciais coercitivos ou desleais, bem como contra práticas e cláusulas abusivas ou impostas no fornecimento de produtos e serviços;

V — a modificação das cláusulas contratuais que estabeleçam prestações desproporcionais ou sua revisão em razão de fatos supervenientes que as tornem excessivamente onerosas;

VI — a efetiva prevenção e reparação de danos patrimoniais e morais, individuais, coletivos e difusos;

VII — o acesso aos órgãos judiciários e administrativos, com vistas à prevenção ou reparação de danos patrimoniais e morais, individuais, coletivos ou difusos, assegurada a proteção jurídica, administrativa e técnica aos necessitados;

VIII — a facilitação da defesa de seus direitos, inclusive com a inversão do ônus da prova, a seu favor, no processo civil, quando, a critério do juiz, for verossímil a alegação ou quando for ele hipossuficiente, segundo as regras ordinárias de experiências;
IX — (Vetado)
X — a adequada e eficaz prestação dos serviços públicos em geral."

Analisados os artigos 4º e 6º do Código de Defesa do Consumidor, pode-se enquadrar as empresas concessionárias de serviços de telecomunicações como fornecedores de serviços aos consumidores (usuários). Nesse sentido, a Lei nº 8.078/90, visando garantir e restabelecer o equilíbrio da relação fornecedor-consumidor contribui, por meio de instrumentos jurídicos, para a regulamentação do setor de telecomunicações, complementando a legislação específica (Lei nº 9.472/97).

Não obstante, os incisos V e X do artigo 6º do Código de Defesa do Consumidor devem ser observados quanto aos contratos de concessão de serviços de telecomunicações, principalmente no que se refere a cláusulas consideradas abusivas e à efetiva prestação de tais serviços, com eficiência e qualidade.

Quanto às cláusulas abusivas, o Código de Defesa do Consumidor, além de referi-las no inciso V de seu artigo 6º, traz em seu corpo Capítulo especial, de nº VI (Da Proteção Contratual), amparando expressamente o consumidor frente aos contratos, principalmente àqueles denominados "contratos de adesão", que podem surpreender com cláusulas consideradas abusivas (previstas no artigo 51), dando-se, então, preponderância à questão de informação prévia sobre o conteúdo de tais cláusulas, sob pena de nulidade do instrumento contratual.

Verifica-se que, além da informação que o fornecedor deve dispor ao consumidor contratante, conforme prescreve o artigo 46 da Lei n° 8.078/90, também há previsão, no mesmo diploma legal, de que a interpretação quanto a cláusulas obscuras ou com vários sentidos deve ser mais favorável ao consumidor (artigo 47)[209].

No que se refere ao inciso X do artigo 6° da lei supracitada, a prestação de serviços públicos adequados e eficientes deve ser realizada pelo próprio Poder Público, ou empresas públicas, concessionárias, permissionárias, mediante remuneração tarifária. Tanto a prestação do serviço, como a modicidade da tarifa devem estar de acordo com as normas ora estatuídas, em todos os sentidos e aspectos versados pelos dispositivos do novo Código do Consumidor. É nesse sentido que dispõe o artigo 22, *caput*, do mesmo diploma legal[210].

Diante da importância desses preceitos legais, o Código de Defesa do Consumidor faz-se presente, indubitavelmente, perante o novo modelo de regulamentação das telecomunicações. Além da legislação específica para a normatização, como a nova Lei Geral de Telecomunicações (Lei n° 9.472/97), e fiscalização, através da Agência Nacional de Telecomunicações — ANATEL, dos serviços presta-

---

209. Art. 46. Os contratos que regulam as relações de consumo não obrigarão os consumidores, se não lhes for dada a oportunidade de tomar conhecimento prévio de seu conteúdo ou se os respectivos instrumentos forem redigidos de modo a dificultar a compreensão de seu sentido e alcance;
Art. 47. As cláusulas contratuais serão interpretadas de maneira mais favorável ao consumidor."
210. "Art. 22. Os órgãos públicos, por si ou suas empresas, concessionárias, permissionárias ou sob qualquer outra forma de empreendimento, são obrigados a fornecer serviços adequados, eficientes, seguros e, quanto aos essenciais, contínuos.".

dos pelas concessionárias de telecomunicações, a Lei nº 8.078/90, por meio de seu complexo de normas jurídicas, principalmente referentes à formação e validade de contratos, também deverá ser observada.

As cláusulas do contrato de concessão de serviço de telecomunicações devem ser analisadas, não somente sob os termos da Lei nº 9.472/97, mas sim sob a égide de toda legislação que venha resguardar o direito do usuário frente a eventuais abusos prescritos em tais cláusulas. Daí é que devem ser observados os ditames do Código de Defesa do Consumidor, devendo o mesmo regulamentar aspectos não abrangidos pela Lei Geral de Telecomunicações.

Quanto à prestação de serviços públicos, o Código de Defesa do Consumidor, em seu artigo 22, versa sobre a continuidade dos serviços públicos considerados essenciais. Assim, podem ser relacionados nesse dispositivo legal os serviços de telecomunicações, fornecimento de energia elétrica, água e saneamento básico, todos considerados como serviços essenciais à sociedade. O supracitado artigo prescreve, em seu parágrafo único que: *"nos casos de descumprimento, total ou parcial, das obrigações referidas neste artigo, serão as pessoas jurídicas compelidas a cumpri-las e a reparar os danos causados, na forma prevista neste Código."* Nesse sentido, tenha-se presente, por força da remissão de tal parágrafo, as cláusulas excludentes de responsabilidade ali previstas, a saber[211]:

a) tendo prestado o serviço, o defeito inexiste;
b) a culpa exclusiva do consumidor ou de terceiro.

Em consonância com o artigo 22 da Lei nº 8.078/90, também prescreve a Lei nº 9.472/97, nos incisos I e XII, do artigo 3º, que o usuário de serviços de telecomunicações

---

211. GRINOVER, A P et al. — *Código de Defesa do Consumidor.* 1998.p.180.

tem direito de acesso a tais serviços, com padrões de qualidade e regularidade, bem como à reparação dos danos causados pela violação de seus direitos. Não obstante, também dispõe o artigo 11, da mesma lei, sobre a essencialidade dos serviços de telecomunicações prestados, havendo intervenção na concessionária, por ato de Agência Nacional de Telecomunicações — ANATEL, nos casos de:

a) paralisação injustificada dos serviços de telecomunicações;

b) inadequação, bem como insuficiência dos serviços prestados, não resolvidas em prazos razoáveis e determinados;

c) desequilíbrio econômico-financeiro decorrente de má administração que prejudique a continuidade dos serviços de telecomunicações.

Quanto às novas concessões de serviços de telecomunicações, evidencia-se a importância do Código de Defesa do Consumidor (Lei nº 8.078/90) e da Lei Geral de Telecomunicações (Lei nº 9.472/97). Na verdade, verifica-se que a regulamentação do setor de telecomunicações, por meio da Agência Nacional de Telecomunicações — ANATEL, deve ser complementada, em situações não abrangidas pela Lei nº 9.472/97, pelas normas do Código de Defesa do Consumidor.

A Lei nº 8.078/90, quanto a contratos de concessão, estabelece preceitos legais que devem estar em harmonia com as normas estabelecidas pela Lei Geral de Telecomunicações. Assim, em análise conjunta dos diplomas legais supramencionados, pode-se ressaltar o inciso VIII, do artigo 56, do Código de Defesa do Consumidor, o qual dispõe que eventuais infrações das normas referentes à defesa do Consumidor ficam sujeitas à sanção administrativa de revogação de concessão ou permissão de uso, sem prejuízo das de natureza civil, penal e das definidas em normas específicas[212].

Ainda quanto às sanções, o § 1º do artigo 59, do Código de Defesa do Consumidor prescreve a pena de cassação aplicada à concessionária de serviço público, em razão de violação legal ou contratual. Verifica-se que o artigo supracitado complementa a Lei nº 9.472/97, que em seu corpo legislativo, estabelece sanções administrativas penais.

Em relação às sanções administrativas, dispõe o artigo 173 da referida lei que qualquer infração desta e de demais normas aplicáveis (entende-se, nessa parte, a aplicação das normas do Código de Defesa do Consumidor), bem como verificada a inobservância das obrigações resultantes dos contratos de concessão ou de qualquer ato de permissão, autorização de serviço ou até mesmo a autorização de uso de radiofreqüência, sujeitará os agentes infratores às sanções de advertência, multa, suspensão temporária, caducidade e declaração de inidoneidade, aplicáveis pela Agência Nacional de Telecomunicações — ANATEL.

No que tange às sanções penais, pode-se observar que a Lei nº 9.472/97 penaliza a realização de atividades clandes-

---

212. "Art. 56. As infrações das normas de defesa do consumidor ficam sujeitas, conforme o caso, às seguintes sanções administrativas, sem prejuízo das de natureza civil, penal e das definidas em ormas específicas:multa;apreensão do produto;inutilização do produto;cassação do registro do produto junto ao órgão competente;proibição de fabricação do produto; suspensão de fornecimento de produtos ou serviços; suspensão temporária de atividade; revogação de concessão ou permissão de uso;cassação de licença do estabelecimento ou de atividade; interdição, total ou parcial, de estabelecimento, de obra ou de atividade; intervenção administrativa; imposição de contra-propaganda. Parágrafo único. As sanções previstas neste artigo serão aplicadas pela autoridade administrativa, no âmbito de sua atribuição, podendo serem aplicadas cumulativamente, inclusive por medida cautelar antecedente ou incidente de procedimento administrativo."

tinas de telecomunicações, em conformidade com seu artigo 183[213.] Observa-se que a clandestinidade consuma-se quando a atividade de telecomunicação é desenvolvida sem a competente concessão, permissão ou autorização de serviço, bem como de uso de radiofreqüência e de exploração de satélite (parágrafo único, do artigo 184, da Lei nº 9.472/97).

Ademais, verifica-se, em outro dispositivo legal (inciso I, do artigo 184) da mesma lei, a obrigação por parte da concessionária de indenizar o dano causado pelo crime. Tal preceito harmoniza-se com a Lei nº 8.078/90 que traz em seu artigo 14, de forma complementada, a responsabilidade objetiva do prestador de serviços de telecomunicações quanto à reparação dos danos causados aos consumidores (usuários), em razão de eventuais defeitos relativos à própria prestação, bem como em virtude de informações insuficientes ou inadequadas sobre sua fruição e riscos.

Conforme o § 1º, do artigo 14, do Código de Defesa do Consumidor, o serviço é considerado defeituoso quando não mais fornece a segurança que o consumidor dele pode esperar, levando-se em consideração as circunstâncias relevantes, como o modo de fornecimento; o resultado e os riscos que dele se esperam; e a época em que foi fornecido. Também se verifica que a empresa concessionária de serviços de telecomunicações, como fornecedora de serviços, não será responsabilizada quando provar que, tendo prestado o referido serviço, o defeito inexiste; ou quando a culpa é exclusiva do consumidor ou de terceiro.

---

213. Art. 183. Desenvolver clandestinamente atividades de telecomunicação. Pena — detenção de dois a quatro anos, aumentada da metade se houver dano a terceiro, e multa de R$ 10.000, 00 (dez mil reais). Parágrafo único — Incorre na mesma pena quem, diretamente ou indiretamente, concorrer para o crime.

Nesse sentido, caminham juntas as Leis nº s 8.078/90 e 9.472/97, a fim de regularem de forma extensiva e eficiente a prestação de serviços de telecomunicações. A ANATEL, como órgão regulador, deve desenvolver a fiscalização das atividades de telecomunicações, sempre em conformidade com as normas previstas nesses dois diplomas legais, que complementam-se, buscando suprir de forma plena todas as necessidades dos usuários, bem como regular o funcionamento de tais atividades.

Ainda se faz necessário uma análise das leis supramencionadas, principalmente quanto às cláusulas dos contratos de concessão de serviços de telecomunicações, no intuito de se verificar eventuais vícios e abusos contidos nas mesmas.Em razão de sua natureza jurídica protecionista, o Código de Defesa do Consumidor, em seu artigo 51, prescreve as cláusulas contratuais abusivas relativas ao fornecimento de produtos e serviços, visando proteger a parte hipossuficiente da relação de consumo: o consumidor. Tais cláusulas são consideradas nulas de pleno direito, já que são opressivas, onerosas e excessivas.[214]

Conceitualmente, as cláusulas abusivas são aquelas desfavoráveis à parte mais fraca na relação contratual, qual seja, o consumidor. Presente tal cláusula no contrato de consumo, torna-se inválida a relação contratual pela ruptura do equilíbrio entre as partes. Pode-se salientar que tais cláusulas, geralmente, são verificadas nos contratos de adesão, nos quais o estipulante se outorga todas as vantagens em detrimento do aderente, de quem são retiradas as vantagens e a quem são atribuídos os ônus do contrato. No entanto, vale lembrar que as cláusulas abusivas também

---

214. GRINOVER, A P et al. *Código de Defesa do Consumidor*. 1998.. p.400.

podem estar presentes em qualquer contrato de consumo, sendo ele expresso ou verbal.

Ressalta-se que, apesar da terminologia "abusivas", as cláusulas elencadas no artigo supramencionado não se confundem com o instituto de abusos de direito. Quanto à nulidade das referidas cláusulas, estas têm sistema próprio dentro do Código de Defesa do Consumidor. Nesse sentido, observa-se que as normas sobre nulidades de outros diplomas legais (Código Civil, Código Comercial, Código de Processo Civil ou outras leis extravagantes) não são totalmente aplicáveis às relações de consumo. A Lei nº 8.078/90, na realidade, reconhece tais nulidades de pleno direito quando enumera as cláusulas abusivas, porque ofendem a ordem pública de proteção ao consumidor.

Vale lembrar que a nulidade da cláusula abusiva deve ser reconhecida judicialmente, por meio de ação direta (ou, quando o caso, reconvenção), de exceção substancial alegada na defesa (contestação), ou ainda *ex-officio* pelo juiz. Quanto à sentença que reconhece a nulidade da cláusula abusiva, esta tem natureza constitutiva negativa.

A finalidade do Código de Defesa do Consumidor, como norma supra-legal, ao dispor em seu artigo 51 a nulidade de pleno direito quanto às cláusulas contratuais abusivas, também pode ser aplicada à prestação de serviços de telecomunicações, complementando, novamente, de forma extensiva, a Lei nº 9.472/97. Assim, tal preceito legal é de suma relevância para a regulamentação e fiscalização do setor de telecomunicações pela ANATEL.

Nesse sentido, pode-se trazer para o âmbito exclusivo da Lei nº 9.472/97 os ditames do artigo 51 do Código de Defesa do Consumidor, a fim de que as cláusulas abusivas sejam evitadas quando da formulação do contrato de concessão de serviços de telecomunicações. Como norma supra-legal, tal dispositivo legal deve ser observado e aplicado pela Agência Nacional de Telecomunicações — ANATEL, sem qualquer prejuízo às normas reguladoras dispostas na Lei Geral das Telecomunicações (Lei nº 9.472/97).

Numa análise mais detalhada dos incisos do artigo 51, visa-se relacionar aqueles diretamente ligados à prestação de serviços de telecomunicações. No contrato de concessão, deve-se evitar ou coibir a presença de cláusulas abusivas, as quais são nulas de pleno direito. Nesse aspecto, será analisado de forma detalhada o artigo supramencionado, principalmente quanto a sua aplicação ao instrumento contratual de concessão de serviços de telecomunicações.

a) Cláusulas que impossibilitem, exonerem ou atenuem a responsabilidade do fornecedor por vícios de qualquer natureza dos serviços ou impliquem renúncia ou disposição de direitos (artigo 51, I, do CDC)

A empresa concessionária de serviços de telecomunicações deve ser responsável pelos vícios de qualquer natureza referentes à prestação de serviço. Nesse sentido, preceitua o § 1º, do artigo 94 da Lei nº 9.472/97, em que no cumprimento dos deveres legais, a concessionária, em qualquer caso, continuará sempre responsável perante a ANATEL e aos usuários, devendo prestar um serviço de qualidade e capaz de suprir a demanda nacional.

b) Cláusulas que subtraiam ao consumidor a opção do reembolso da quantia paga pelo consumidor (artigo 51, II, do CDC)

O consumidor o direito de reembolso das quantias pagas, total ou parcialmente, quando, por exemplo, houver arrependimento (artigo 49, do CDC)[215] por parte do con-

---

215. Art. 49. O consumidor pode desistir do contrato, no prazo de 7 dias a contar de suas assinatura ou do ato de recebimento do produto ou serviço, sempre que a contratação de fornecimento de produtos e

sumidor. Observa-se que tal preceito legal pode ser aplicado quanto à prestação dos serviços de telecomunicações. Apesar de a Lei n° 9.472/97 não prever expressamente quanto à restituição de quantias pagas referente a determinado serviço, entende-se que o inciso II, do artigo 51, do Código de Defesa do Consumidor deve ser observado, principalmente com relação ao arrependimento de usuários, quando estes já tenham realizado o pagamento de tarifas referentes a serviços de telecomunicações.

c) Cláusulas que determinam obrigações consideradas iníquas, abusivas, que coloquem o consumidor em desvantagem exagerada, ou incompatíveis com os princípios da eqüidade e da boa-fé (artigo 51, IV, do CDC)

O Código de Defesa do Consumidor adotou, de forma implícita, a cláusula geral de boa-fé, que deve estar inserida em todas as relações jurídicas de consumo, ainda que não expressa no contrato. Há necessidade de que as partes, ao perfazerem o negócio jurídico de consumo, ajam com boa-fé. Ressalta-se a importância desse inciso, principalmente no que se refere aos contratos de concessão de serviços de telecomunicações, já que devem ser evitadas as cláusulas que estabeleçam obrigações abusivas, posicionando o usuário em desvantagem exagerada perante a concessionária prestadora dos serviços. É o que estabelece a Lei n° 9.472/97, ao dispor normas sobre os contratos de concessão, principalmente no que se refere à aplicação das tarifas.

Assim, em conformidade com o artigo 93 da supracitada lei, a ANATEL, como órgão fiscalizador, deve observar

---

serviços ocorrer fora do estabelecimento comercial, especialmente por telefone ou a domicílio. Parágrafo único. Se o consumidor exercitar o direito de arrependimento previsto neste artigo, os valores eventualmente pagos, a qualquer título, durante o prazo de reflexão, serão devolvidos, de imediato, monetariamente atualizados.

se no contrato constam os seguintes aspectos: todas as regras, critérios, indicadores, fórmulas e parâmetros definidores da implantação, expansão, alteração e modernização do serviço de telecomunicações, bem como de sua qualidade (inciso III); a forma de cobrança das tarifas, bem como seus critérios de reajuste e revisão (inciso VII); e os direitos, as garantias e as obrigações dos usuários, da ANATEL e da concessionária (inciso IX). Quanto às tarifas, em conformidade com a finalidade o inciso IV, do artigo 51, do CDC, devem ser condizentes com a realidade nacional, com valores módicos e reajustáveis.

Também dispõe o artigo 103 da Lei nº 9.472/97, que à ANATEL compete estabelecer a estrutura tarifária para cada modalidade de serviço de telecomunicação, levando em consideração os seguintes requisitos: as tarifas devem ser fixadas expressamente no contrato de concessão, em conformidade com o edital ou proposta apresentada no procedimento licitatório[216] (§ 3º, do artigo 103); poderá a concessionária cobrar tarifa inferior à fixada, desde que tal redução se baseie em critérios objetivos, bem como favoreça indistintamente todos os usuários, vedado o abuso do poder econômico (artigo 106, da Lei nº 9.472/97); os descontos de tarifa também somente serão admitidos quando abrangerem a todos os usuários que se enquadrem nas condições, precisas e isonômicas, para sua fruição (artigo 107).

d) Cláusulas que determinem a utilização compulsória de arbitragem (artigo 51, VII, do CDC)

Observa-se que a escolha pelas partes do instituto da arbitragem para solucionar as lides existentes entre elas

---

216. Nos casos sem licitação, as tarifas serão fixadas pela ANATEL e constarão obrigatoriamente do contrato de concessão (§ 4º, do artigo 103, da Lei nº 9.472/97).

não significa renúncia ao direito de ação, porém ofende o princípio constitucional do juiz natural. Com a realização do compromisso arbitral, as partes apenas estão deslocando a jurisdição, exercida por órgão estatal, para um destinatário privado (juiz arbitral). Como o compromisso só pode versar sobre matéria de direito disponível, é lícito às partes utilizar tal procedimento.

O compromisso arbitral é o negócio jurídico em que as partes obrigam-se a estabelecer o juízo arbitral fora da jurisdição estatal e a submeter-se à decisão do árbitro nomeado pelas partes, podendo ser judicial ou extrajudicial[217]. Em razão de tal compromisso, não se criam, modificam-se ou se conservam direitos, funcionando ele como causa extintiva da obrigação, tão logo seja prolatada a sentença arbitral.

Conforme a finalidade do inciso VII, do artigo 51, do Código de Defesa do Consumidor, não pode o contrato dispor de cláusulas que determinem a utilização compulsória do instituto da arbitragem. Quanto à aplicação desse preceito legal à prestação de serviços de telecomunicações, apesar de a Lei nº 9.472/97 não prever expressamente a arbitragem, o inciso VII, do artigo 51, do CDC deve ser observado na formação do contrato de concessão de serviços de telecomunicações já que se trata de uma tendência atual para a solução de eventuais conflitos entre os usuários e empresas concessionárias.

Os modelos de Contratos de Concessão do Serviço Telefônico têm trazido a arbitragem como modo de solução de conflitos entre a ANATEL e a concessionária do serviço em alguns casos como: violação do direito da Concessionária à proteção de sua situação econômica; revisão das tarifas e indenizações devidas quando da extinção do

---

217. GRINOVER, Ada Pellegrini et al. op. cit. p.417-8.

presente Contrato, inclusive quanto aos bens revertidos. A submissão à arbitragem nestes casos, é obrigatória e proíbe a concessionária de interromper as atividades vinculadas à concessão. Conforme se observa, não se trata da relação de prestação de serviços usuários-concessionária e sim da relação contratual, modalidade contrato administrativo entre o órgão regulamentador e a concessionária, excluindo portanto a aplicação do Código de Defesa do Consumidor.

e) Cláusulas que permitam ao fornecedor, diretamente ou indiretamente, variação do preço de maneira unilateral (artigo 51, X, do CDC)

Verifica-se que o fornecedor não pode deter o privilégio de alterar unilateralmente o preço no contrato de consumo, rompendo o equilíbrio da relação jurídica constituída por tal instrumento, prejudicando assim o disposto no artigo 4º, III, do CDC[218].

No inciso em comento, inclui-se a proibição da alteração unilateral das taxas de juros e outros encargos. Assim, devem as partes, havendo qualquer modificação no modelo da economia nacional, reavaliar a base contratual, a fim de, bilateralmente, comporem as alterações no preço e eventuais taxas de juros e encargos, preservando o equilíbrio da relação contratual.

---

218. "Art. 4º. A Política Nacional das Relações de Consumo tem por objetivo o atendimento das necessidades dos consumidores, o respeito à sua dignidade, saúde e segurança, a proteção de seus interesses econômicos, a melhoria da sua qualidade de vida, bem como a transparência e harmonia das relações de consumo, atendidos os seguintes princípios:(...)

Harmonização dos interesses dos participantes das relações de consumo e compatibilização da proteção do consumidor com a necessidade de desenvolvimento econômico e tecnológico, de modo a viabilizar os princípios nos quais se funda a ordem econômica (art. 170, da CF/88), sempre com base na boa-fé e equilíbrio entre consumidores e fornecedores.".

Quanto à aplicação desse preceito legal no setor das telecomunicações, nota-se que o Código de Defesa do Consumidor está em consonância com a Lei n° 9.472/97, principalmente no que se refere à fixação e aplicação das tarifas aos usuários. Nesse sentido, pode-se relacionar alguns dispositivos da supracitada lei que harmonizam-se com a finalidade de equilíbrio, a qual deve estar presente na relação entre usuários e concessionárias.

Assim, o artigo 104, da Lei n° 9.472/97, prescreve que, verificado o decorrer de no mínimo três anos da celebração do contrato, a ANATEL poderá, existindo ampla e efetiva competição entre as prestadoras do serviço, submeter a concessionária ao regime de liberdade tarifária. No entanto, em conformidade com tal regime, a concessionária poderá determinar suas próprias tarifas, devendo comunicá-las à Agência com antecedência de sete dias de sua vigência (§ 1°, do artigo 104).

Havendo aumento arbitrário dos lucros ou práticas prejudiciais à competição do setor de telecomunicações a ANATEL restabelecerá o regime tarifário anterior, sem prejuízo às devidas sanções cabíveis (§ 2°, do artigo 204). Observa-se que, ao implementar novas prestações, bem como utilidades ou comodidades relativas ao objeto do contrato de concessão, as empresas concessionárias devem levar suas tarifas à ANATEL, para aprovação, com os devidos estudos sobre os possíveis impactos aos usuários dos serviços de telecomunicações (artigo 105, da Lei n° 9.472/97).

Os mecanismos para reajuste e revisão das tarifas, expressamente previstos na Lei n° 9.472/97, em seu artigo 108, devem constar nos contratos de concessão, observando-se, no que couber, a legislação específica.

Quanto aos ganhos econômicos decorrentes da modernização, expansão ou racionalização dos serviços de telecomunicações, bem como novas receitas arrecadadas de formas alternativas, serão compartilhados com os usuários de tais serviços, em conformidade com o § 2°, do artigo 108, da Lei n° 9.472/97.

Não obstante, a oneração causada por novas regras sobre os serviços de telecomunicações, em razão da álea econômica extraordinária, bem como em virtude do aumento dos tributos ou encargos sociais (exceto o Imposto de Renda), acarretará a revisão do contrato de concessão (§ 4°, do artigo 108, da Lei n° 9.472/97).

f) Cláusulas que autorizem o fornecedor a modificar unilateralmente o conteúdo ou a qualidade do contrato, após sua celebração (artigo 51, XIII, do CDC)

Toda a alteração contratual, superveniente da celebração do contrato, há de ser discutida bilateralmente entre o fornecedor e o consumidor. Assim, não é lícita a cláusula que concede ao fornecedor o privilégio de alterar unilateralmente o conteúdo ou a qualidade do contrato, mediante estipulações, como modificações de prazos, preços ou serviços, visando manter a igualdade e o equilíbrio contratual da relação de consumo.

Apesar de a Lei n° 9.472/97 não dispor expressamente sobre coibir a alteração unilateral do contrato por parte da concessionária, será observado, na vigência do contrato de concessão de serviços de telecomunicações, o inciso XIII, do artigo 51, do Código de Defesa do Consumidor. Há necessidade de manter as condições prescritas no contrato de concessão dos serviços de telecomunicações, visando proibir qualquer alteração unilateral por parte da empresa concessionária, prejudicando o usuário, parte hipossuficiente nessa relação contratual.

Qualquer alteração unilateral, de forma injustificada, das condições do instrumento contratual deve ser coibida pela ANATEL, que, como órgão regulador do setor de telecomunicações, fiscaliza as práticas exercidas pelas empresas concessionárias, principalmente quanto à fixação e aplicação das tarifas, onerando excessivamente os usuários dos serviços de telecomunicações.

g) Presunção de vantagem exagerada que se mostra excessivamente onerosa para o consumidor, considerando-se a natureza do contrato, o interesse das partes e outras circunstâncias peculiares ao caso (artigo 51, § 1º, III, do CDC)

A onerosidade excessiva pode proporcionar: a) o direito do consumidor em modificar a cláusula contratual, a fim de que seja mantido o equilíbrio do contrato, conforme artigo 6º, V, do CDC; b) a revisão do contrato em razão de fatos supervenientes não previstos pelas partes quando da conclusão do negócio (artigo 6º, V, do CDC); e c) nulidade da cláusula por relevar a desvantagem exagerada ao consumidor, em conformidade com o artigo 51, IV, e § 1º, III, do CDC).

Verifica-se que a onerosidade excessiva pode acarretar o enriquecimento sem causa, ofendendo o princípio da equivalência contratual, o qual é instituído como base das relações jurídicas de consumo (artigo 4º, III, e artigo 6º, II, todos do CDC).Vale ressaltar que somente as circunstâncias extraordinárias podem ser consideradas quando da alegação, por parte do consumidor, de onerosidade excessiva.

Quanto à Lei nº 9.472/97, nos termos do artigo 108, os mecanismos para reajuste e revisão das tarifas devem estar previstos nos contratos de concessão, observando-se, no que couber, a legislação específica. Diante dessa análise conjunta dos diplomas legais, qual seja, as Leis nº s 9.472/97 e 8.078/90, verificou-se que ambas visam garantir o equilíbrio na relação fornecedor (concessionária) e consumidor (usuário). Assim, o Código de Defesa do Consumidor, por ser uma norma supralegal, deve ser aplicado também na prestação dos serviços de telecomunicações, suprimindo defeitos ou lacunas da Lei n° 9.472/97, a fim de proporcionar condições de execução e cumprimento do instrumento contratual fixado entre o usuário e a empresa concessionária. Em decorrência das novas funções exigidas do Estado, o usuário do serviço público passa a gozar da qualidade de "consumidor", para fazer valer seus direitos, exigindo do Estado um serviço de qualidade e eficiência.

Esta nova situação jurídica infirmada ao usuário do serviço público pode ser confirmada, no Brasil, por meio do artigo 22 da Lei 8.078, de 11.9.90 (Código de Defesa do Consumidor), onde expressamente, há a exigência da prestação de serviços *"adequados, eficientes, seguros e quanto aos essencias, contínuos"*. Esta noção de "serviço adequado" é tema de ampla discussão dos administrativistas.

A mudança no sistema de telecomunicações foi feita gradualmente. Não foi isenta de problemas em algumas fases e a própria Anatel não teve a atuação esperada Em julho de 1999 instituiu-se a mudança final do mesmo com a introdução da competitividade e da possibilidade de escolha do usuário em áreas que possuíam o mesmo DDD. Como resultado da mudança, os sistemas de discagem ficaram muito mais complicados e apesar de milionárias campanhas publicitárias, o mecanismo não foi assimilado pela maioria da população, havendo um grande congestionamento das linhas.

Empresas e particulares tiveram grandes prejuízos em função das intercorrências causadas pelas mudanças, como as máquinas eletrônicas de cartão de crédito e as empresas de telemarketing. As falhas nas empresas de telefonia acentuaram os problemas de conflito de competência entre o Ministério das Comunicações/ANATEL e o Ministério da Justiça/CADE.

Deste modo, a falta de coordenação técnica entre a Embratel e as operadoras em torno do novo sistema de discagem direta à distância deixaram premente a falta de coordenação política no tratamento da questão. Em decorrência destes problemas, os ex-Ministros das Comunicações e da Justiça divergiram publicamente sobre a quem pertence a atribuição de eventualmente punir as operadoras.

Em 27 de julho de 1999, o Ministro das Comunicações, Pimenta da Veiga, foi convocado pela Comissão Representativa do Congresso Nacional para comparecer ao plenário do Senado e prestar depoimento sobre as responsabilidades das operadoras e da ANATEL no episódio de alteração do sistema de discagem das chamadas interurbanas, pois se observou que restaram enormes diferenças no relacionamento entre as operadoras e entre elas e a ANATEL. Acredita-se que a ANATEL exerceu tardiamente o seu papel fiscalizador e sancionador demorando a punir as operadoras pela confusão do DDD, pela degradação do serviço e a impingir a obrigatoriedade de ressarcimento nas contas dos usuários prejudicados[219].

O artigo 37 § 6º da Magna Carta Brasileira estabelece a responsabilidade objetiva das pessoas jurídicas de direito público e as de direito privado prestadoras de serviços públicos em caso de dano que seus agentes, nessa qualidade, causarem a terceiros. Neste estudo, relatou-se a evolução do processo de concessão dos serviços públicos de telecomunicações brasileiros, especialmente os de telefonia fixa, tendo em vista apurar a responsabilidade das concessionárias nos casos de prejuízos aos usuários de seus serviços, bem como da ANATEL, órgão fiscalizador federal.

---

219. Correia, M. — Responsabilidade da Anatel em falhas do DDD será discutida. Gazeta Mercantil. 27/11/99.

Na apuração final, restou punida (uma punição branda) a Embratel.

Observa-se que o processo de descentralização dos serviços de telefonia fixa no Brasil é extremamente recente e que as mudanças causaram vários prejuízos aos seus usuários. O conflito de competências na aplicação das sanções às concessionárias também deixou clara a inexperiência do Estado brasileiro em lidar com estas questões emergentes.

Os usuários que tiveram prejuízo além da normalidade têm direito à sua indenização. A responsabilidade patrimonial é da concessionária, prestadora do serviço público, e subsidiária do Estado, no caso das telecomunicações, do órgão regulador federal — a ANATEL. Assim, parece que o Governo Brasileiro está apurando a responsabilidade da ANATEL, que, como órgão fiscalizador e sancionador, poderia ter sido mais eficaz e eficiente no estabelecimento das multas às concessionárias e no ressarcimento aos usuários prejudicados.

Não se pode olvidar, entretanto, que apesar do Brasil estar enfrentando um momento de transição e de existirem indícios de melhoras dos serviços públicos de telefonia, o usuário não pode arcar com um ônus além do esperado e da normalidade. A responsabilidade da Administração Pública e das pessoas jurídicas de direito privado, prestadoras de serviços públicos de indenizar os prejuízos "antijurídicos" causados aos particulares é, neste contexto, a medida do caráter democrático e do ideal de legalidade como instrumentalização material da Justiça de um país.

As recentes mudanças constitucionais nos dispositivos que previam o monopólio da União, na exploração dos serviços de telecomunicações (CF, artigo 21, XI), provocaram alterações na configuração do setor, desde logo pela possibilidade de participação de capitais privados em áreas de investimentos, antes destinadas à Administração Pública Federal direta e empresas sob controle acionário estatal. Tal mudança inseriu-se num contexto geral de alterações constitucionais que, a grosso modo, foram caracterizadas pelo adjetivo de privatizantes, à medida que retiraram do Estado algumas prerrogativas e exclusividades em sua atuação na "esfera produtiva", implementada pelo Poder Executivo.

Ocorre, porém, que o texto das emendas constitucionais está longe de implicar uma retirada completa do Estado de tais atividades, apontando mais no sentido de uma mudança qualitativa em seu papel. Assim, como em outros setores (petróleo, gás canalizado, etc.), a alteração referente às telecomunicações apenas permitiu que também empresas privadas participem da exploração dos serviços, mediante contrato administrativo de concessão[220], prevendo, ainda, uma lei para regulamentar tais serviços e criar um órgão regulador para a área de telecomunicações. Isso exigiu do Estado uma nova forma de atuação, de caráter mais regulador, fiscalizador e legislativo (implementada pelos Poderes Executivo e Legislativo), em substituição à antiga forma de atuação direta em atividades econômicas.

No final de 1995, após a aprovação da Emenda Constitucional nº 8, em 15.08.1995, o Ministério das Comunicações instituiu portarias, regulando a permissão ao setor privado para exploração de alguns serviços, além de enunciar um plano de flexibilização contínua.

---

220. O texto constitucional revogado era o seguinte: "Compete à União: ... explorar diretamente ou mediante *concessão a empresas sob controle acionário estatal*, os serviços telefônicos, telegráficos...", o texto já prevê que compete à União "... explorar, diretamente ou *mediante autorização, concessão ou permissão*, os serviços de Telecomunicações...". Vê-se, portanto, que a alteração diz respeito ao fim da exclusividade das empresas estatais na concessão para exploração de tais serviços, que continuam sob controle da União.

No Legislativo, algumas iniciativas já foram discutidas. Em maio de 1996, o Congresso Nacional aprovou o Projeto de Lei regulamentando a participação de capitais externos nos serviços de telecomunicações. O projeto concede ao Ministério das Comunicações o poder de limitar essa participação a 49%, em casos de interesse nacional; com isso, o Ministro pôde estabelecer uma reserva de mercado para empresas nacionais, no setor, nos próximos três anos.

Em 16 de julho de 1997, entrou em vigência a Lei nº 9.472, que dispõe sobre a organização dos serviços de telecomunicações, bem como a criação e o funcionamento do órgão regulador, a Agência Nacional de Telecomunicações — ANATEL. Com a participação do capital estrangeiro nesse setor, foram adotadas novas formas de regulamentação, em conformidade às normas jurídicas pré-existentes, visando proporcionar melhores condições de uso de tecnologia, serviços de excelência e tarifas acessíveis pelos usuários.

Verifica-se que a demanda por serviços de telecomunicações, radiodifusão e SVA'S[221] no Brasil vem crescendo rapidamente. Em decorrência disso, tal demanda supera a capacidade de oferta desses serviços em vários segmentos do setor de telecomunicações, atraindo, quando a regulação permite, a entrada de novas empresas.

Em função dessa demanda por serviços de telecomunicações, bem como a crescente complexidade econômica e social, a própria prestação do serviço, além de sua regulamentação e controle, passa a ser considerada uma responsabilidade do Estado que pode, no entanto, delegá-la a terceiros. A prestação por terceiros é possível através da concessão, instituto fundamental para a participação de empresas privadas no setor de telecomunicações.

---

221. Serviços de Valor Adicionado em telecomunicações.

A empresa concessionária, em razão do princípio da continuidade do serviço público, não pode deixar de realizar a prestação do serviço, adequadamente às necessidades dos usuários. Assim, não há possibilidade de alegar dificuldades materiais ou pecuniárias já que esses riscos são inerentes à natureza do contrato.

A análise do novo modelo de regulação deve focalizar a eficiência das telecomunicações. Quaisquer mudanças na regulação das telecomunicações provocam impactos no setor terciário, em particular àquelas relacionadas ao aumento do número de serviços que poderão vir a ser explorados pelo setor privado. Tais mudanças incrementaram a competitividade no setor e, conseqüentemente, a revisão das relações jurídicas e econômicas entre usuários, prestadores e fornecedores de serviços e Estado, através do órgão regulador.

4.7. As Modalidades Contratuais Brasileiras e os Contratos de Concessão de Serviços

Uma das grandes questões referentes aos contratos de concessão de serviços de telefonia, transmissão de dados, inclusive TV a cabo, é a marcante presença como parte contratante de consórcios formados em sua imensa maioria pôr empresas de capital estrangeiro. Tais empresas associaram-se formalmente através de um contrato celebrado no exterior e registrado no Brasil perante órgãos competentes (Cartórios, Banco Central e CVM — Comissão de Valores Mobiliários) para poderem participar do leilão das companhias de telefonia fixa, pagando uma quantia em dinheiro ao Banco Central para poderem trocar suas moedas pela moeda nacional como condição essencial para sua participação no leilão.

Posteriormente estes mesmos consórcios de empresas celebraram contratos de concessão de serviços públicos com o Estado Brasileiro representado no ato pela ANATEL. Até o presente momento analisou-se o Estado enquanto parte contratante, instituidor de regras de regulamentação e organizador dos serviços e do mercado consumidor. Cabe agora uma análise do papel das empresas e desta nova modalidade societária no contrato.

Os primeiros contratos firmados entre as empresas privadas estrangeiras e o Estado, no auge do "Welfare State" tinham como objetivo principal dar subsídio às atividades desenvolvidas pelo Estado, concentrando-se especialmente nas atividades ligadas à chamada "indústria de base". Durante os anos 50, 60 e 70 principalmente em relação aos países subdesenvolvidos, observou-se a contratação de empresas estrangeiras para fornecer ou auxiliar estes Estados a desenvolver tecnologias que os mesmos ainda não possuíam, muitas vezes ligadas inclusive com objetivos militares.

Entretanto, com a constatação do crescimento desordenado do Estado e a perda de qualidade dos serviços públicos, o processo de desestatização e reversão destes serviços à atividade privada acabou por criar uma nova geração de contratos com o Estado e empresas privadas. Tais contratos deixam transparecer as influências das alterações ocorridas na concepção de Estado, na estrutura das empresas e da sociedade contemporânea.

As estratégias adotadas pelas grandes empresas podem ser verificadas, com vistas a adquirir novos mercados e este mercado tão promissor que é o mercado consumidor do serviço público. A dimensão do negócio a ser efetuado obriga a empresas a se relacionar e se agrupar em modernas formas associativas, tais como o consórcio de empresas, criando obrigações e estruturas administrativas que envolvem empresas estrangeiras, detentoras da maior parte do capital e da tecnologia a ser empregada no negócio e também a presença da empresa nacional, que atua principalmente junto aos órgãos públicos locais, buscando abrir novos caminhos.

Principalmente nos países em desenvolvimento, este movimento das empresas no setor privado termina pôr influenciar os padrões de contratação que muitas vezes não possuem equivalente no direito nacional, especialmente novas formas associativas e gerenciais de caráter comercial, não conhecidas pelo direito interno, que acabam por determinar a atuação em conjunto de empresas nacionais e estrangeiras.

São denominados "contratos internacionais de prestação de serviços públicos" aqueles que possuem como objetivo, não mais a obtenção de tecnologia ou a fabricação de um produto, mas a prestação de um serviço público de melhor qualidade diretamente da empresa privada prestadora aos cidadãos e usuários do Estado Contratante, que, neste contexto, passam a ser tratados como legítimos consumidores, a despeito da atividade exercida. Neste contrato, a figura estatal passa a ser representada por um órgão ou agência especializada, com funções reguladoras e fiscalizadoras, com o intuito de garantir a prestação do serviço nos níveis de qualidade e eficiência pactuados.

Far-se-á um estudo destes contratos denominados "contratos internacionais para a prestação de serviços" firmados entre o Estado e empresas consideradas "nacionais", porém, de capital majoritariamente estrangeiro, com boa parte de seu centro de decisões no estrangeiro e com estratégia global de associação examinando quais são as cláusulas mais usuais desta espécie de Contratos, suas características, quem são suas partes, quais os seus objetivos primordiais.

Apesar da análise já feita de que estes contratos são celebrados, em geral, ao menos inicialmente, dentro dos padrões do Direito Interno, tais contratos deixam transparecer, em vários aspectos, a aplicação de princípios comumente encontrados nos contratos firmados com base no Direito Internacional Privado. Outra questão é a que busca demonstrar que os padrões negociais e societários utilizados por estas empresas refogem aos padrões e limites previstos pela lei interna dos países contratantes, o que exigirá do Estado uma nova postura em relação às normas aplicáveis, que possa lhe garantir o controle efetivo dos serviços e principalmente, da atuação das empresas prestadoras.

O fato de conceber o Estado, detentor de soberania, como parte em um contrato onde, de outro lado, está uma empresa ou qualquer outra pessoa jurídica de direito privado, sempre foi causa de grandes discussões e divergências doutrinárias.

No âmbito do Direito interno, a Doutrina acabou por se solidificar no sentido de considerar esta espécie de contrato como um contrato de Direito Público, os chamados "contratos administrativos", que possuem como principal característica a presença de "cláusulas exorbitantes", que permitem ao Estado situar-se em posição deveras vantajosa frente à empresa contratante, que assume os riscos do negócio, inclusive a insegurança dos termos do objeto do contrato ou de seu término, possuindo a seu favor a cláusula que exige o equilíbrio financeiro do contrato, tal qual já examinado.

Porém, tratando-se de contrato entre o Estado e empresas privadas com centro de decisões e capital majoritariamente estrangeiro, todas as questões que aparentemente já se encontravam solucionadas, no tocante ao contrato administrativo interno, voltam a criar polêmicas entre os doutrinadores, trazendo novas perspectivas a serem analisadas, novos problemas que não existem no contrato de Direito interno.

Neste contrato, além da presença da figura estatal, temos, em outro pólo, a participação, ainda que indireta, de empresas estrangeiras consorciadas no Brasil e que pôr este fato são consideradas empresas brasileiras, porque sua constituição se deu no Brasil, independentemente do capital ou do centro de decisões realmente ocorrerem no país, e que não poderiam deixar de obedecer algumas regras do Estado onde são tomadas as decisões ou de onde provém o capital, extrapolando os limites da atuação do Estado com o qual contrata. Portanto, a complexidade deste contrato é evidente: em seu bojo, inserem-se questões relacionadas à aplicação de princípios de Direito Internacional Privado, para a resolução do conflito de leis potencialmente aplicáveis ao contrato, sem excluir os problemas envolvendo o alcance da soberania estatal, no desenvolvimento e execução deste contrato.

Este elemento estranho ao ordenamento jurídico interno leva muitos doutrinadores a considerar este contrato como um contrato internacional com o Estado que pode ser definido como o ajuste de vontades firmado entre um Estado e uma ou mais empresas ou entidades privadas, que pode ter a si aplicado mais de um ordenamento jurídico, destacando-se, deste modo o aspecto de Direito Internacional.

Portanto, assim como ocorre em todos os contratos internacionais, a primeira característica que advém desta espécie de contrato é a potencialidade de aplicação de mais de um sistema normativo, decorrente, precipuamente, da presença da empresa estrangeira nesta contratação, o que, por sua vez, impõe limites à soberania estatal.

Como características destes contratos podem ser elencadas:

a) a força econômica das empresas contratadas:

De modo geral, as empresas estrangeiras que se dispõem a contratar com o Estado fazem parte do seleto grupo chamado de empresas "multinacionais" e mais recentemente, empresas "transnacionais": na verdade, são verdadeiros gigantes do capitalismo contemporâneo, que possuem grande parte do mercado em seus países de origem, em sua esmagadora maioria, países desenvolvidos. Além deste fato, tais empresas atuam de forma mais ou menos padronizada em diversos países do mundo, estabelecendo, deste modo, um modelo internacional de negociação e formalização desta espécie de contratos.

A atividades negocial e estratégica destas empresas é questão que merece estudo, pois também é fator indicativo e diferencial entre os contratos firmados com o Estado inicialmente e os contratos contemporâneos: nos primeiros, os chamados contratos de desenvolvimento econômico, a própria empresa estrangeira responsabilizava-se por todos os riscos e obrigações do negócio. Nestes contratos os aspectos de Direito Internacional tornavam-se mais evidentes pois, se de um lado havia a presença do Estado, de outro estava uma empresa privada reconhecidamente fora dos limites da atuação soberana do Estado contratante, posto que criada e atuante de acordo com o ordenamento de seu país de origem.

Já no caso dos contratos de prestação de serviços, temos como uma das estratégias das empresas a associação com empresas nacionais e a formação dos chamados consórcios de empresas, que adquirem os direitos de concessionários e passam a gerir os serviços públicos. A atuação e o desenvolvimento destes serviços estão formalmente submetidos à lei do Estado Contratante, visto que muitos destes consórcios são formados para a criação de uma empresa nacional, a despeito da formação de seu capital, em geral, majoritariamente estrangeiro.

b) interesse público x capacidade técnico-financeira:

A presença de uma empresa estrangeira, geralmente está relacionada com a impossibilidade de obtenção da mesma qualidade do serviço em território nacional. No caso dos países subdesenvolvidos, além do fator técnico, também é fator determinante para a presença de uma empresa estrangeira nestes contratos a impossibilidade da empresa nacional de suportar financeiramente os custos e investimentos exigidos por serviços destes jaez.

Outro aspecto importante é o interesse do Estado em desenvolver a atividade ou serviço. Neste final de século XX, observa-se a retração da atividade estatal, deixando às empresas privadas, sejam estas nacionais ou não, um vasto mercado a conquistar.

c) a longa duração do contrato, em virtude de seus objetivos;

Os contratos internacionais com o Estado têm como característica marcante a longa duração. Em geral tais contratos prevêem prazos de vinte e trinta anos de duração. Este prazo de vigência tem razões de ser, para ambas as partes contratantes: para o Estado, representa maneira de se garantir a estabilidade da prestação dos serviços ou produtos, medida que bem serve ao interesse público. Para as empresas a longa duração do contrato possibilita o retorno dos investimentos efetuados.

A presença do Estado como parte contrante sempre foi objeto de acirrada discussão doutrinária. A princípio, em meados do século XIX e início do século XX, a tese de que o Estado pudesse firmar contratos com empresas privadas foi veemente contestada, visto que a doutrina vigente na época considerava que o Estado apenas mantinha relações com seus cidadãos, com as empresas e demais entidades privadas mediante atos administrativos[222].

---

222. MEDAUAR, O. *Direito Administrativo Moderno*. São Paulo, Revista dos Tribunais, 1998, p.225.

Foi a doutrina francesa, manifesta nas decisões do Conselho de Estado da França que acabou por desenvolver a teoria dos Contratos Administrativos. Esta teoria tem como pressuposto a supremacia do Estado frente ao contratante particular, que impinge ao contrato um desequilíbrio natural entre as partes, o que justifica a inaplicabilidade, nestes casos, dos princípios da santidade dos contratos e do pacta sunt servanda, advindos do Direito das Obrigações do Direito Privado. Além deste fato, a presença das chamadas "cláusulas exorbitantes", que permitem a modificação do contrato pelo Estado, baseado no interesse público são considerados pela doutrina francesa os elementos caracterizadores do Contrato administrativo.[223]

No início e meados deste século, quando o Estado passou a contratar com empresas privadas internacionais para a consecução de seus objetivos, o tema passou a ser discutido entre os internacionalistas, que buscam definir qual a lei aplicável a estes contratos onde, além da presença do Estado temos também a presença de uma ou mais empresas ou entidades privadas.

Seguindo a clássica doutrina francesa acerca dos contratos administrativos, considera-se ser a lei do Estado contratante a mais adequada para aplicação nestes contratos, porém esta posição está longe de ser aceita pelos doutrinadores, visto que a lei aplicável ao contrato com o Estado é uma das questões mais intrincadas.

Apesar deste fato, nota-se que a doutrina de Batiffol foi aplicada com maior freqüência aos contratos firmados entre as décadas de cinqüenta a setenta. Nestes contratos, o objetivo do Estado era o desenvolvimento de um produto ou tecnologia ainda não existente no país, muitas vezes

---

223. MELO, C A B. *Curso de Direito Administrativo*. São Paulo, Malheiros, 1994, p. 324-325.

relacionado aos conceitos de "defesa da soberania nacional" ou ainda "segurança nacional", temas em voga no auge da chamada Guerra Fria que imperava na época.

Tais contratos, além das características gerais acima mencionadas, têm como característica básica o objeto do contrato, que em geral, resume-se à venda, pura e simples de uma tecnologia ou produto. São os chamados contratos ou acordos " de desenvolvimento econômico"[224], que visam fornecer ao Estado o acesso à esta tecnologia ou produto antes inexistentes em território nacional.

Nesta espécie de contratação, em decorrência do poderio do Estado, sua posição de supremacia era visível, o que trazia maior risco ao negócio desenvolvido pela empresa estrangeira. Como cláusula característica desta espécie de contrato elenca-se a chamada "cláusula de estabilização" que pretende dar à empresa privada estrangeira a segurança de inalterabilidade das normas que regem o contrato durante a vigência do mesmo.

A partir da década de oitenta, com a constatação da deficiência dos serviços públicos e a retração da atividade estatal, a transferência de tais serviços para a atividade privada, através dos contratos de prestação de serviços, surgiu como alternativa para a melhoria da qualidade e eficiência destas atividades.

Nascem desta forma os contratos denominados "contratos internacionais de prestação de serviços". Tais contratos têm como característica básica a prestação destes serviços pelas empresas privadas, porém, sem que tais atividades percam a conotação de serviços públicos. Assim, especialmente sob a forma advinda do Direito Administrativo de concessão de serviços, tais empresas passam a gerir as

---

224. HUCK, Marcelo. *Contratos com o Estado*. São Paulo, Ed. Aquarela. 1989, p.37.

atividades de interesse coletivo, prestando-as diretamente aos cidadãos, que junto a estas empresas adquirem a qualidade de "clientes", ou "usuários", ao invés de cidadãos, conceitos antes não imaginado, quando relativo à fruição dos benefícios dos serviços públicos, considerados um direito do cidadão e um dever do Estado.

Outra característica que surge nesta espécie de contratação é a figura estatal representada por uma Agência, órgão estatal criado para regulamentar e fiscalizar as atividades das empresas. Tal órgão possui poderes bem determinados, e o grau de independência para a tomada de decisões também é digno de nota. Esta espécie de contratação tem como paradigma os contratos firmados nos países do Common Law, especialmente nos Estados Unidos da América.

Assim, ainda que tais contratos formalmente adquiram a forma de concessão de serviços públicos, instituto próprio do Direito Administrativo e mais; apesar da determinação da lei do Estado contratante como lei aplicável a esta espécie de contrato, a adoção de princípios e costumes de Direito Internacional é evidente.

Como já ressaltava Maria Sylvia Zanella de Di Pietro[225], observa-se atualmente uma verdadeira mudança de *ideologia*, em relação às funções do Estado e sua concepção, que impulsiona o Estado a firmar parcerias junto ao setor privado, para a consecução de seus objetivos e realização dos serviços públicos. Esta mudança decorrente das alterações vividas pela sociedade contemporânea em todos os níveis, traz à evidência os contratos que denominamos neste trabalho de "contratos internacionais para a prestação de serviços públicos".

---

225. DI PIETRO, Maria Sylvia Zanella. " *Parcerias na Adminsitração Pública*". São Paulo, Atlas, 3a. ed. 1999, p.14.

Em virtude das alterações observadas em relação ao Estado e suas funções e também em decorrência das mudanças sofridas pelas empresas, tais contratos passaram a adquirir força e atualmente constituem-se na espécie de contratação mais ocorrente, quando se fala em Contratos com Estado, deixando para trás os chamados "acordos de desenvolvimento econômico", isto porque a prestação direta dos serviços pelo Estado, ou por suas entidades estatais, deixou de ser exigência para a caracterização da prestação de alguns serviços como públicos .

Na verdade o que se busca é o serviço eficiente e moderno. Neste contexto, a participação das empresas privadas torna-se quase uma exigência; a par da burocracia exacerbada constatada nos serviços públicos, o chamado "sucateamento da máquina estatal" também tornou-se evidente.

Somando-se todos estes fatores, temos como resultado uma mudança de estratégia da Administração Pública: para o Estado, tornou-se mais viável a outorga dos serviços para as empresas privadas desenvolvê-los do que a aquisição e reestruturação de todo o aparato necessário para permitir ao Estado o oferecimento de um serviço público de melhor qualidade, cuja evolução tecnológica é permanente.

No contrato de desenvolvimento econômico era justamente a necessidade de modernização e melhor aparelhamento do Estado o objetivo mais contundente. Porém, esta espécie de contratação deixa de ter sentido quando o Estado, de acordo com as novas tendências já explanadas, busca reservar para si o desenvolvimento das atividades de Fiscalização e Regulamentação, permitindo às empresas a prestação de serviços públicos diretamente aos cidadãos.

Assim os contratos hoje firmados pelos Estados nada mais são do que velhos institutos do Direito Público, tais como a permissão e a concessão de serviços públicos, que retornam à evidência, revigorados pela tendência demonstrada pelo Estado de reverter ao particular todas as atividades que este possa realizar com eficiência. Tais contratos de parceria nada mais seriam do que contratos de concessão com "nova roupagem".[226]

Entretanto, nota-se que esta nova geração de contratos feitos pelo Estado, a despeito de, aparentemente, enquadrar-se nos modelos de contratos públicos já conhecidos, trazem no seu conteúdo, insertas em suas cláusulas, de modo explícito ou não, princípios e práticas adotados por outros sistemas jurídicos alheios ao Direito Público tradicional.

Muitas destas práticas, comuns principalmente aos países do *Common Law*, criam uma situação *sui generis*, pois estes usos e costumes, em sua maioria, ainda não estão disciplinados pelo Direito Positivo interno dos países, em especial dos países em desenvolvimento, como é o caso do Brasil e Argentina. É em decorrência destes fatores que se atreve a considerar tais contratos como "contratos internacionais para a prestação de serviços públicos, buscando ressaltar e analisar com maior profundidade os princípios que passam a ser adotados nesta espécie de contratação.

Pôr outro lado deve ser frisado novamente: as empresas envolvidas, geralmente empresas privadas de grande parte, agrupadas em *consórcios*, também nos levam ao questionamento dos aspectos de direito internacional, aplicáveis às partes contratantes, ainda que tais empresas, para tornarem-se hábeis a licitar, criem novas empresas com a nacionalidade do país contratante, visto que, em um mundo globalizado, as estratégias comerciais destas empresas em âmbito mundial, não deixam de influenciar, de modo mar-

---

226. DI PIETRO, *Parcerias na Administração Pública*. São Paulo. Atlas. 1999, p.13.

cante, o desempenho em relação a estes contratos, sem que o Estado, entretanto tenha poderes para regular tais práticas efetuadas mundialmente.

Analisando-se tais contratos observa-se que estes possuem algumas cláusulas semelhantes denominadas cláusulas "genéricas", que são aquelas presentes na maioria dos contratos internacionais com o Estado, sejam estes os chamados contratos de desenvolvimento econômico ou ainda os contratos relacionados à prestação de serviços.

Muitas destas cláusulas também estão presentes em qualquer contrato internacional, independentemente da presença ou não da figura estatal. São elas:

a) Cláusula que define o Direito Aplicável:

A cláusula que define o direito aplicável ao contrato é essencial para possibilitar a classificação deste contrato como um contrato "internacional". Somente a necessidade de aplicação de princípios de Direito Internacional Privado para a resolução dos chamados conflitos de lei justifica a internacionalização destes contratos. Sem a potencialidade de aplicação de diversos ordenamentos jurídicos à mesma relação contratual, não há contrato internacional.

Esta determinação da lei a ser aplicada ao contrato pode ser feita em decorrência de vários aspectos contratuais, dos quais se destaca o elemento subjetivo (vinculado à situação jurídica — domicílio ou nacionalidade ou ainda a vontade — das partes contratantes), ou ainda o relacionado ao aspecto objetivo (quando o próprio objeto do contrato é regulado por norma internacional).

Assim como ocorre na doutrina geral aplicada aos demais contratos e obrigações de Direito Internacional Privado, tem-se, como elemento definidor essencial do chamado "contrato internacional com o Estado" a possibilidade de aplicação de mais de um ordenamento jurídico à relação que se forma por meio deste contrato.

A necessidade de se contratar com uma empresa estrangeira pode ser justificada por diversos motivos, dos quais destaca-se aquele decorrente da vantagem econômica (quando o serviço ou produto oferecido pela empresa estrangeira apresenta vantagens relativas ao custo destes mesmos serviços ou produtos, ainda que em comparação aos oferecidos pelas empresas nacionais).

Em relação aos países subdesenvolvidos ou os chamados "em desenvolvimento" o que se vislumbra é a inexistência de competição entre a empresa estrangeira e a nacional, pela simples ausência de empresa nacional com capacidade técnica ou financeira para o desenvolvimento dos serviços ou produtos dos quais o Estado necessita. Nestes casos (os mais comuns, pelo menos em relação a estes países), a contratação com a empresa estrangeira é a única alternativa.

Nos países que integram a União Européia, a justificativa para a contratação decorre da própria norma de Direito Supranacional. Com a implantação de um sistema único de licitação e compras para os Estados participantes (Sistema de Compras Governamentais), os Estados são obrigados a divulgar suas necessidades e licitações a todos as empresas interessadas pertencentes aos países que integram a Comunidade.

Em geral, a possibilidade de aplicação de norma estrangeira, nos contratos internacionais de desenvolvimento econômico com o Estado decorre precipuamente da nacionalidade da pessoa jurídica de Direito Privado com a qual o Estado contrata. Porém, pode não ser apenas esta a razão da aplicação de elementos de Direito Internacional ao contrato com o Estado, podendo também ser resultante do objeto do próprio contrato (por exemplo, a necessidade de aprimoramento ou obtenção de tecnologia inexistente no país, que obrigaria o Estado a contratar fora de seus limites territoriais).

Neste segundo caso, aplicação da norma estrangeira se dará não apenas em decorrência da nacionalidade da empresa contratante, mas também pela necessidade de aplicação de normas internacionais que regem a matéria relativa ao objeto da contratação. Em uma situação como a descrita acima, surge para o Estado (destacando-se aqui os chamados Estados em desenvolvimento ou subdesenvolvidos) mais uma dificuldade, visto que não haverá em seu sistema jurídico normas relativas ao objeto contratual (matéria de fundo), gerando para o Estado contratante maiores dificuldades na negociação e gerenciamento deste contrato[227].

Neste contexto, as Convenções Internacionais e normas decorrentes de organismos internacionais e até mesmo supranacionais passam a desenvolver importante papel, pois podem servir como parâmetro para esta espécie de contratação, mesmo aos países que não façam parte de tais organismos. A possibilidade mais ampla de escolha da lei aplicável aos contratos com o Estado, surge como algo positivo contrariamente ao pensamento dos doutrinadores clássicos[228].

Nos contratos internacionais de prestação de serviços públicos a lei escolhida tende a ser a lei nacional do Estado contratante, até porque muitas vezes as empresas consorciadas são de nacionalidades diversas e algumas são nacionais do Estado contratante. O que ocorre sim é que estes consórcios de empresas, são formados, principalmente nos setores de alta tecnologia como os serviços de telecomuni-

---

227. RODAS, J.G — Sociedades Comerciais e Estado. São paulo. Saraiva/UNESP. 1998. Cap. 5.
228. Cf. BATIFFOL, H., in HUCK, M., Contratos com o Estado. Aspectos de Direito Internacional..., p.63.

cações, por empresas de atuação global padronizada, seja no campo econômico, jurídico ou tecnológico[229].

Assim, tais empresas operam dentro de modelos contratuais e tecnológicos padronizados e, que muitas vezes vão além das regras legais fixadas por Estados, principalmente os Estados em Desenvolvimento, uma vez que estes não conhecem suficientemente o padrão tecnológico a ser regulamentado e nem o padrão contratual cujo modelo usualmente adotado é o *"Common Law"* norte-americano, justamente pela sua flexibilidade, que admite a recepção de novos padrões introduzidos pela mudança tecnológica contínua.

No Brasil, tais contratos não fogem à esta regra, o que as vezes, termina por gerar a impossibilidade de aplicação da legislação, analisada no subtópico anterior, bem como a consequente ação dos órgãos estatais, aos contratos em vigor. Algumas situações ocorridas recentemente no Brasil ilustram a questão.

A legislação brasileira determina que deverá haver concorrência entre os serviços de telecomunicações. Para isso, dividiu o país em áreas, para efeitos de concessão da prestação de serviços de telefonia fixa e móvel, TV a cabo, radiofusão e comunicação de dados e voz via satélite. Neste último caso, a prestadora de serviço, a Embratel, controlada pela MCI, empresa norte americana, cuja empresa espelho é a Intelig, nova denominação do consórcio Bonari, adquiriu, através da Bolsa de Valores nos Estados Unidos,

---

229. Serviços de telecomunicações são serviços que sofrem adensamento tecnológico contínuo e possuem padrões tecnológicos definidos globalmente. A União Internacional de Telecomunicações criou padrões tecnológicos definidores tendo em vista que a possibilidade eficiente de conexão entre os diversos prestadores de serviços é essencial para que o mesmo possa ser prestado no setor de telecomunicações.

a Sprint, acionista majoritária da Intelig, eliminando a concorrência. O que fazer? Obrigar a MCI/Sprint vender sua participação na Intelig? É lícito obrigar alguém a vender sua participação acionária numa empresa? A quem cabe definir a venda? Ao Cade ou à Anatel?[230]

O modelo brasileiro será, até 2003 um modelo rígido. Cabe às empresas de telefonia fixa a transmissão de voz e de dados e à telefonia móvel, a transmissão de voz e as empresas de TV aberta ou por assinatura a transmissão de imagens e programas de TV. Ocorre que hoje existe a possibilidade tecnológica de transmissão de dados por telefone móvel (é um dos grandes negócios do início do século XXI), bem como a transmissão de dados por TV a cabo. Ou seja, a legislação brasileira acabou atropelada pela evolução tecnológica antes de ser totalmente implementada.

Por ser o serviço público mais internacionalizado, os serviços de telecomunicações necessitam não somente de regras regulamentadoras nacionais rígidas, mas de regras que permitam a compatibilização de práticas comerciais internacionais padronizadas com esta regulamentação, bem como de uma regulamentação internacional escrita mínima que permita esta compatibilização.

b) Cláusulas que estipulem vantagens fiscais

O contrato internacional com o Estado deve ser atrativo. Para isto, o Estado concede à parte contratante, "vantagens", em sua maioria fiscais, buscando, com isto, garantir

---

230. Houve acordo entre a Anatel e a Embratel e a France Telecom, outra sócia da Intelig: a France Telecom assumiu o controle acionário da Intelig, comprando as ações da Sprint/Embratel. Este acordo ainda se encontra em implementação haja vista que a venda não se fez à vista. A solução se fez por acordo: é possível uma Agência fazer acordo, quando ao Estado isto é vedado? Acordos são atos típicos do Direito privado(Nota da Autora).

a implementação do negócio. As concessões de isenções e outros benefícios fiscais podem ser consideradas, no âmbito do contrato internacional com o Estado, poderosos instrumentos de negociação para ambas as partes: para o Estado, transforma-se em um meio eficaz para incentivar a parte a concretizar o negócio, principalmente no início das negociações acerca do contrato, momento em que a empresa, detentora do produto ou da tecnologia desejada, encontra-se em posição de superioridade.

Para a empresa privada, a concessão de benefício fiscal pelo Estado contratante pode funcionar como eficiente mecanismo de compensação, face aos riscos do negócio.

c) Clausulas que garantam a mutabilidade essencial

A "mutabilidade essencial", nada mais é do que a faculdade, dada ao Estado, de poder alterar as cláusulas contratuais, bem como os limites da execução ou do objeto do contrato, tudo em nome do interesse público". A inserção de cláusulas que garantam a mutabilidade essencial do contrato, são logicamente, de interesse do Estado e apresentam-se às empresas contratantes como um risco maior no negócio. Porém, não é difícil notar que, em tais casos, este "risco" será embutido no preço da transação...

Nos contratos administrativos, a adoção das chamadas "cláusulas exorbitantes" é comumente relacionada à posição de superioridade em que o Estado se encontra nesta relação contratual. Porém, cabe salientar que, tratando-se de um contrato com padronização internacional com uma ou várias empresas estrangeiras, este poder de direção e superioridade do Estado é questionável, visto que mesmo a possibilidade de controle estatal sobre a atuação destas empresas é muito reduzida.

Assim, em relação aos contratos com empresas privadas para a prestação de serviços, observa-se que a despeito da legislação vigente, inclusive acerca da forma associativa destas empresas, das regras criadas pelo Estado para reativar e manter a concorrência entre as empresas prestadoras, tais normas parecem impotentes diante das estratégias mundiais de mercado adotadas por estas empresas.

Portanto as cláusulas que visam garantir a mutabilidade do contrato, e portanto, que o contrato se faça de acordo interesse público são essenciais, porém, em se tratando de contratação com empresas estrangeiras, esta possibilidade de alteração contratual pelo Estado torna-se mais restrita.

d) Cláusula de Estabilização

A cláusula de estabilização apresenta-se como um "contrapeso" às cláusulas de mutabilidade essencial do contrato. Pode ser conceituada como uma cláusula que define, no momento da elaboração do contrato, qual será a lei aplicável ao mesmo. A lei adotada, vigente a cláusula de estabilização, será a lei utilizada até o término da execução do contrato.

É a garantia de que o Estado, mesmo podendo alterar outras cláusulas, estará impedido de modificar a cláusula que trata da lei aplicável. A adoção da cláusula de estabilização, muito utilizada nos contratos de desenvolvimento econômico, revelava-se visivelmente importante à empresa privada, especialmente quando a lei aplicável ao contrato era a lei interna do Estado contratante.

Atualmente, porém a cláusula de estabilização vem deixando de possuir a mesma importância, em primeiro lugar porque o "congelamento" que proporciona às regras contratuais deixou de ser interessante, em um mundo onde tecnologias, formas de negociação e ainda as condições econômico-financeiras alteram-se diariamente.

Além do mais, a cláusula de estabilização apresenta certa incompatibilidade com as cláusulas de hardship, visto que estas, ao contrário da cláusula de estabilização, buscam a adaptação do contrato às novas condições vivenciadas pelas partes contratantes.

No caso das telecomunicações no Brasil ocorreu algo próximo. A Lei Geral de Telecomunicações fixou uma regulamentação rígida sobre o setor até 2003, ocorrendo eventuais modificações após o período. A impressão que se tem é que na própria LGT foi colocada indiretamente uma estabilização do direito vigente pelo prazo de cinco anos, visando dar tempo e segurança para os concessionários, em sua maioria empresas de capital estrangeiro.

f) Hardship

A cláusula hardship desponta no contrato internacional com o Estado como uma de suas cláusulas mais importantes. Na verdade ao invés de apenas uma cláusula, a hardship apresenta-se como um complexo de cláusulas que permeiam todo o contrato, prevendo para cada aspecto do contrato, formas de revisão de prazos, metas, preços e demais estipulações.

A hardship, ou seja, este complexo de cláusulas em que as partes contratantes se obrigam a, de tempos em tempos, discutir o contrato, adaptando-o a novas situações, é a garantia de dinamismo do contrato, uma vez que dá as partes a possibilidade de nova renegociação e adaptação do contrato às realidades vivenciadas pelas partes. É fundamental nesta espécie de contrato, que possui como característica a longa duração.

Além disto, a hardship pode ser vista como a cláusula que dá *equilíbrio* ao contrato internacional com o Estado, sendo utilizada como mecanismo para aprimorar a composição de interesses que fundamentam o contrato. Nos contratos de prestação de serviços, surge como primeira característica a previsão de uma série de cláusulas definidoras de parâmetros de qualidade e metas para implementação de novos serviços.

A melhoria da qualidade dos serviços públicos foi sem dúvida uma das justificativas para o processo de desestatização. Deste modo, impõe-se à empresa contratada a obrigação de tornar mais eficientes os serviços prestados à população.

Por parte do Estado, representado, neste caso pela Agência especializada em cada serviço, a definição das metas a serem cumpridas e a ainda a fiscalização de seu cumprimento, estabelecendo as sanções cabíveis, no caso de inadimplemento destas obrigações.

g) Cláusula Arbitral

A cláusula prevê a utilização da arbitragem ao invés da eleição de um foro ou a determinação do Judiciário do país contratante como foro competente para a decisão em eventuais litígios e evita novos conflitos, em razão das características próprias da arbitragem, que podem assim ser elencadas:

g.1) Neutralidade: A arbitragem é neutra. Esta neutralidade significa um maior distanciamento entre o árbitro e as partes, decorrente da não convivência do mesmo com os ordenamentos jurídicos de cada parte. Neste sentido, a neutralidade pode ser considerada mais adequada do que a imparcialidade exigida ao julgador que pertence ao sistema jurídico de um ou outro contratante, visto que apesar de imparcial o juiz que pertence ao sistema jurídico de um das partes sem dúvida resolverá a questão de acordo com este sistema jurídico, revelando um desequilíbrio entre os contratantes.

Além disto, a arbitragem é um julgamento restrito às questões do contrato e ainda às questões submetidas, pela vontade das partes, à apreciação do árbitro escolhido pelas partes, em geral um especialista nos assuntos a serem julgados, não apenas nas questões procedimentais mas, principalmente em relação aos aspectos técnicos do contrato.

g.2) A adoção da cláusula arbitral impede que seja suscitada a "imunidade de jurisdição":

A chamada "imunidade de jurisdição" nada mais é do que a garantia de que o Estado não pode ser julgado por outro. Decorre do direito à independência e do direito à igualdade jurídica que vige entre os Estados. É a aplicação do adágio "par in parem non habet judicium".

Entretanto, adotando-se a cláusula arbitral, o Estado não estará submetido ao juízo de outro Estado, mas o litígio será apreciado por um juiz ou Tribunal arbitral, escolhido antecipadamente pelas partes contratantes, possuindo amplo conhecimento técnico da questão posta em litígio.Observa-se, portanto, que a cláusula arbitral é benéfica às partes, garantindo neutralidade e especialidade no julgamento das cláusulas contratuais submetidas à sua apreciação.

No Brasil, a adoção da cláusula arbitral no contrato internacional com o Estado encontrava barreiras na própria legislação. Como menciona Marcelo Huck, o Decreto-Lei nº 2.300, de 1986, em seu artigo 45, vedava a adoção da arbitragem nos contratos celebrados pela União Federal ou suas autarquias, com pessoas físicas ou jurídicas domiciliadas no exterior, determinando como foro competente o Distrito Federal para a solução de conflitos.[231]

Outros doutrinadores defendem que mesmo após o advento da Constituição de 1988 a cláusula arbitral deve sempre ser afastada desta espécie de contratação, fundamentando-se no artigo 109 da Constituição, que determina a competência da Justiça Federal para o julgamento de litígios em que a União esteja envolvida. Tal entendimento não pode prevalecer. A regra do artigo 109 da Constituição

---

231. HUCK, H. M., Contratos com o Estado, São Paulo. Aquarela. 1991 p.129.

Federal é norma de Organização Judiciária interna, e não determina exclusividade de competência da Justiça federal, ou proíbe a escolha da cláusula arbitral. Diz apenas que se um contrato internacional que o Estado brasileiro celebrou for levado a juízo, ele deverá ser examinado pela Justiça Federal. Não diz que todo o contrato internacional que o Estado celebrou deve ter seu litígio resolvido pela Justiça Federal.

Ademais, como se observa nos contratos de prestação de serviços de telecomunicações, firmados entre o Estado e empresas privadas no final da década de noventa, a arbitragem é meio de solução de conflitos comumente escolhido pelas partes contratantes, ou seja o Estado e o consórcio capitaneado pela empresa privada estrangeira, especialmente no que se refere às tarifas e à questão da inovação tecnológica.

Portanto, ao decidir-se pela cláusula arbitral em um contrato internacional, o Estado, automaticamente está abrindo mão da utilização de sua estrutura Judiciária para o julgamento de eventuais litígios advindos daquele contrato.

Para finalizar essa análise, notou-se que o processo de privatização do País consiste numa transformação cíclica, já que anterior à década de 30, a prestação de serviços de utilidade pública era realizada por empresas privadas, em conformidade com o modelo norte-americano, caracterizado pela presença de empresas privadas sob algum tipo de regulamentação estatal. Após esse período, consolidou-se o monopólio estatal na execução dessas atividades, assemelhado a um outro tipo de modelo, o chamado europeu (serviços fornecidos pelo próprio Estado, ou por empresas estatais, sob um forte controle regulamentar governamental).

No setor de telecomunicações, organizou-se o Sistema TELEBRÁS, implantado a partir dos anos 70, presente até a promulgação da Constituição Federal de 1988, que regulamentou em seu artigo 21 as competências exclusivas da União, dentre as quais a de explorar os serviços de telecomunicações.

Observou-se, no entanto, que a prestação dos serviços públicos pelo próprio Estado, bem como por empresas estatais, tornou-se inadequada e insuficiente. Inadequada devido aos crescentes processos de autarquização e burocratização que se instalaram no Sistema TELEBRÁS, em razão das gestões que lhe foram impostas, permitindo a interferência política partidária no setor. Insuficiente, no que se refere ao atendimento à crescente demanda populacional do país, bem como a necessidade de um desenvolvimento tecnológico e qualitativo dos serviços de telecomunicações.

No sentido de adotar uma nova concepção de mercado, em que a competitividade, como fator dominante, faz-se presente, possibilitando o desenvolvimento tecnológico e a melhoria da qualidade dos serviços prestados, a Emenda Constitucional nº 8 de 1995 "flexibiliza" o monopólio estatal no setor de telecomunicações, abrindo espaço para a iniciativa privada.

Assim, modificou-se o inciso XI, do artigo 21, da Constituição Federal de 1988, permitindo a concessão de serviços de utilidade pública a empresas de capital público e privado, bem como a criação de um órgão regulador.

A constituição desse órgão regulador das telecomunicações no País, com suas características e competências consiste o cerne do presente trabalho, já que a Agência Nacional de Telecomunicações — ANATEL, nesse novo cenário, tem função de suma importância. A entrada de investimentos de capital privado, a competitividade "saudável" entre as concessionárias, o controle de tarifas condizentes com a realidade social, são fatores que dependem direta e indiretamente da constituição desse novo órgão.

A Lei nº 9.472, de 16 de julho de 1997, chamada de Lei Geral das Telecomunicações, dispõe sobre toda a organização dos serviços de telecomunicações, bem como a criação e o funcionamento da Agência Nacional de Telecomunicações (ANATEL), entidade integrante da Administração Pública Federal Indireta, com regime autárquico especial, e vinculada ao Ministério das Comunicações.

Caracterizada pela sua independência administrativa, financeira e instrumental, a ANATEL detém autonomia no controle e fiscalização do setor de telecomunicações, tanto no que se refere aos aspectos jurídicos (concessões, licitações, etc.), quanto aos econômicos (preços de tarifas, novas tecnologias, equipamentos, concorrência, etc.).

Notou-se que, com o surgimento desse novo cenário, a legislação específica ao setor de telecomunicações (Lei nº 9.472/97), apesar de complexa e extensiva, não é suficiente para abranger todas as situações jurídico-econômicas decorrentes da relação usuário-prestadora de serviços.

Nesse sentido, verificou-se que há necessidade da aplicação de normas que venham complementar a Lei nº 9.472/97. Caracterizado pela sua função social e por normas gerais e supralegais, o Código de Defesa do Consumidor visa suprimir as deficiências legais no setor de telecomunicações, proporcionando à Agência Nacional de Telecomunicações — ANATEL melhores condições de fiscalização e regulamentação dos serviços de telecomunicações.

Em conformidade com os artigos 2º e 3º, do CDC, os usuários dos serviços de telecomunicações, bem como as concessionárias prestadoras de tais serviços, podem ser enquadrados, de forma plena, nos conceitos de consumidor e fornecedor trazidos por esses preceitos legais.

Assim a ANATEL, como órgão regulador e fiscalizador, deve, em situações não previstas pela Lei nº 9.472/97, principalmente quanto a contratos de concessão de serviços de telecomunicações (evitando cláusulas abusivas, mantendo o equilíbrio na relação usuário-concessionária), valer-se das normas da Lei n 8.078/90, já que se trata de preceitos supralegais, aplicáveis às relações de consumo de bens e serviços. A utilização das normas do CDC se constitui num alicerce legal extensivo e complementar para a regulamentação e fiscalização do setor de telecomunicações no Brasil.

Capítulo V

Os investimentos internacionais, a concorrência e a prestação de serviços públicos de telecomunicações

5.1. Telecomunicações e Concorrência no Brasil: o Projeto de Lei que cria a Agência Nacional de Defesa da Concorrência

Na Baixa Idade Média, séculos XII-XIII, as cidades independentes, especialmente aquelas situadas na península itálica, receberam um forte contingente populacional, *pari passu* a uma paulatina diminuição do poder feudal, permitindo que estas cidades tornassem pólos comerciais e mercantis para onde afluíam comerciantes e artesãos de todos os recantos da Europa. Estes comerciantes e artesãos organizavam-se como agentes econômicos individuais e de dimensão similar (atomicidade) gozando de paridade e igualdade absolutas num sistema de livre concorrência.

Devido à condições políticas, econômicas e religiosas da Idade Média, grandes eram os riscos enfrentados pelas cidades e pôr seus habitantes que prosperavam e enriqueciam-se através do comércio e do artesanato. Assim os comerciantes e artesãos passaram a se organizar em guildas ou corporações de ofício que possuíam funções *auto-regulatórias*, disciplinando os usos e costumes do comércio, e *de defesa* contra os senhores feudais e contra os próprios comerciantes que adotassem práticas contrárias à auto-regulamentação, colocando em risco o comércio e a atividade artesanal.[232] Estes usos e costumes não escritos adotados pelos comerciantes provenientes das diversas localidades para reger suas atividades mercantis ficaram conhecidos como *Lex Mercatoria*.

No final do século XV, com o ressurgimento dos ideais de universalidade da civilização greco-romana, o feudalismo perdeu seu prestígio e foi substituído pelo absolutismo monárquico que centralizou na pessoa do rei todos os poderes, inclusive o de elaborar e aplicar as leis. Em decorrência do absolutismo a *Lex Mercatoria* entrou em decadência, sofrendo as relações comerciais disciplina jurídico-legal do direito interno de cada Estado, bem assim os princípios que dirimiam as controvérsias relativas à lei aplicável àquelas demandas onde potencialmente pudessem ser aplicadas normas oriundas de ordenamentos jurídicos distintos.

Se houve mudança da fonte normativa, não mudou o caráter essencial do comércio e do artesanato exercido pelos particulares: ele era exercido por meio da empresa individual explorada pelo comerciante singular, com meios econômicos e capitais exíguos, poucos trabalhadores, normalmente a família e agregados do empresário, um número limitado de clientes. Surgiam como exceções a este sistema os monopólios públicos dos reis sobre os metais (o metalis-

---

232. KÜBBER &SCHIMIDT — *Gesellschaftsrecht und konzentration*. München. C.H.Beck Verlag. 1988, pág. 14.

mo) e as companhias holandesas e inglesas de colonização que se constituiriam no embrião das sociedades anônimas pôr ações do século XIX[233].

As Revoluções Francesa e Americana que pregavam a livre iniciativa e a livre concorrência resultaram na paulatina abolição dos privilégios privados e dos monopólios reais no século XVIII abrindo espaço para o crescimento das cidades e do comércio. A Revolução Industrial que trouxe a produção em escala, com investimento de largas somas, utilização massiva da mão-de-obra assalariada e das técnicas fundadas nos usos do vapor, da eletricidade e posteriormente da comunicação à distância e do petróleo, transformou o sistema econômico que deixou de ser fundado na empresa atomística e concorrencial passando paulatinamente a alicerçar-se na sociedade comercial ou empresa societária, que privilegia a impessoalidade, limita a responsabilidade pessoal dos sócios e institucionaliza estruturas jurídicas que separam os poderes organizatórios e a especialização funcional dos fatores de capital, da gestão e do trabalho.

A padronização da produção causada pela produção em escala e em série e a criação de demandas em nível nacional que criaram o mercado nacional, trouxe enorme expansão à sociedade empresarial, com o surgimento, ainda no final do século XIX, do fenômeno da concentração empresarial. Grandes empresas que se tornavam maiores ao adquirir outras concorrentes, celebravam acordos para o domínio de mercados (cartéis) ou criavam de grupos de sociedades para obter posição dominante em diversos mercados surgiram inicialmente nos Estados Unidos da América.

---

233. RODIÉRE, R. — *Le Droit des Sociétés dans ses Rapports avec la Concentration*. Paris. P.U.F — 1969, pág. 13-14.

Assim as primeiras regras para tentar impedir a emergência de verdadeiros impérios empresariais provenientes de operações de fusão, acordos *"joint venture"* entre outros surgiram nos EUA: o Sherman Antitrust Act de 1890 e o Clayton Act de 1914. A expansão das grandes empresas norte-americanas se intensifica após a Segunda Guerra Mundial com a reconstrução européia financiada pelo Plano Marshall e com o ingresso maciço de empresas norte-americanas na Europa.

Com a vinda de capitais e empresas americanas veio também a prática de defesa da concorrência e surgiu na Alemanha dos anos cinquenta as primeiras leis sobre livre concorrência e repressão a cartéis. Portugal e Itália, os últimos países a criarem regras na Europa sobre concorrência o fizeram na década de 80, quando foi criada no âmbito das Comunidades Européias regras e procedimentos específicos para a defesa da concorrência, passando a Comissão Européia a ser o único órgão competente para examinar práticas empresariais que pudessem violar os preceitos sobre defesa da concorrência no âmbito da hodierna União Européia.

A internacionalização das empresas[234] propiciada pela abertura de mercados e pela modernização tecnológica fez com que dos Estados Unidos e da Europa, as regras sobre defesa da livre concorrência e contra práticas anticompetitivas e trustes se espraiassem para outros continentes e nesta década de 1990 viessem inclusive a constituir um dos capítulos da Ata Final da Rodada Uruguai que criou a OMC. Se as empresas são globais, o mercado é global, os princípios básicos para a defesa da concorrência também devem ter sua aplicação em âmbito global.

---

234. Sobre a internacionalização das empresas e sobre as transnacionais, vide o tópico seguinte.

No Brasil as regras de defesa de concorrência ingressaram em nosso direito pelo Decreto-lei 869/38 durante o Estado Novo, sendo a Lei 4137/62 a primeira lei brasileira sobre defesa de concorrência e contra práticas anticompetitivas consoante as regras internacionais. Não é de se estranhar que exatamente em 1962 tenha surgido a Lei antitruste: neste mesmo ano foi promulgada a Lei 4131/62 que disciplinou o mercado de capitais no Brasil e o ingresso de capitais estrangeiros para investimentos no país fez com que, como reverso da moeda, surgisse a lei de defesa da concorrência. Essas regras estiveram em vigor até 1994 e foram substituídas pela Lei 8884/94 que agora se pretende reformar pelo atual Projeto de Lei, em discussão, que cria a Agência Nacional de Defesa da Concorrência.

A Lei 8884/94 "dispõe sobre a prevenção e a repressão às infrações contra a ordem econômica" tendo transformado o Conselho Administrativo de Defesa Econômica — CADE — já existente segundo legislação anterior, em autarquia federal vinculada ao Ministério da Justiça. Esta mesma lei, além de descrever condutas e práticas anticompetitivas, cria procedimentos para a apuração de infrações e aplicação de penas aos infratores. O CADE tem pôr objetivos gerais apurar e reprimir abusos do poder econômico; decidir se houve ou não infração da ordem econômica e aplicar as penalidades previstas em lei, impondo multas ou a cessação de práticas anticompetitivas. Decide também sobre a legalidade de atos de concentração do poder econômico que poderão restringir a concorrência examinando fusões, incorporação e integração de empresas, acordos *joint ventures* e outros. O CADE é um órgão colegiado, cujos conselheiros são titulares de mandato.

Criada em 1988, no âmbito do Ministério da Justiça, a SDE — Secretaria de Direito Econômico — foi mantida pela Lei 8884/94 com a finalidade de instaurar e conduzir inquéritos administrativos para apurar as infrações de ordem concorrencial e remetê-las para o CADE para julgamento. Deverá emitir pareceres relativamente aos aspectos concorrenciais verificados nos atos de concentração empresarial. Também a SEAE — Secretaria de Acompanhamento Econômico do Ministério da Fazenda — deve emitir Parecer sobre aspectos econômicos dos atos de concentração. Tanto a SDE quanto a SEAE são órgãos monocráticos e seus titulares ocupam cargos de confiança

Três órgãos diferentes tornaram morosos os procedimentos de apuração de infração à Lei 8884/94 e setores diversos, agentes públicos e iniciativa privada, concluíram que seria melhor criar um único órgão para coordenar mais as atividades, dando unicidade ao procedimento e tornar o procedimento mais fácil, eficiente e simples, evitando a fragmentação atual.

Assim surgiu a proposta de criação de uma Agência Nacional de Defesa da Concorrência, cujas normas, poderes e procedimentos foram pretensamente disciplinados pelo Projeto de lei em discussão. Segundo o Projeto ela será uma autarquia submetida a regime especial possuindo independência administrativa e financeira, ausência de subordinação hierárquica e estabilidade de diretores e de conselheiros.

A Agência seria estruturada segundo o Projeto em discussão albergando funções e competências exercidas hoje pela SDE, SAE e CADE. Teria o mesmo *status* jurídico que possui o CADE hoje (autarquia de regime especial) e seria subdivida: de um lado as funções administrativas e investigativas a serem exercidas pelas diretorias e de outro a função judicante, de caráter administrativo e não jurisdicional, a ser exercida pelo Tribunal da Concorrência. A Agência exerceria função de grande envergadura pois o Projeto estabelece que os atos de concentração teriam que ser *previamente* examinados pela Agência e não mais *a posteriori* como é hoje (Lei 8884/94, art. 54, par. 4.)

O Projeto tal qual se apresenta para Consulta Pública, não deixa claro o *status* jurídico e nem a independência administrativa do Tribunal da Concorrência. Somente um Tribunal com poderes para executar suas decisões, com autonomia administrativa e orçamentária poderá formular uma Jurisprudência em matéria concorrencial que sirva de paradigma para as empresas, sejam elas nacionais ou estrangeiras, no exercício de suas atividades econômicas, como ocorre em todos os países de civilização ocidental. Para que haja uma economia saudável e estável não basta apenas haver estabilidade econômica, moeda forte, déficit público controlado, e confiança nos fundamentos econômicos.

É preciso que haja estabilidade jurídica com regras sobre função social da propriedade, defesa da concorrência, repressão ao abuso do poder econômico que tenham plena eficácia e que sejam interpretadas e aplicadas por tribunais (judiciais ou administrativos) de forma clara, equânime e independente, possibilitando a credibilidade na seriedade dos órgãos públicos no cumprimento das regras, seja em âmbito interno ou em âmbito internacional, bem como o planejamento de investimentos futuros pôr parte dos agentes econômicos.

O ideal seria, portanto que o Tribunal de Concorrência não estivesse subordinado à Agência. Assim teríamos dois órgãos: a Agência com funções investigativas e o Tribunal da Concorrência com funções judicantes. O Tribunal teria as funções que hoje são exercidas pelo CADE, preservando o seu status jurídico, com algumas modificações (a seguir examinadas) e a Agência exerceria funções que hoje são exercidas pela SDE e pela SEAE, possuindo natureza de autarquia submetida a regime jurídico especial,

Outra questão a ser salientada diz respeito às relações entre as funções administrativas e judicantes a serem exercidas pela Agência e pelo Tribunal. O Projeto de Lei ao absorver as competências do CADE, da SDE e da SEAE transformou algumas que hoje cabem ao órgão colegiado — CADE — em competências exclusivas do Diretor Geral da Agência. O art. 10, Parágrafo único, incisos abaixo mencionados do Projeto de Lei diz que:

Art.10. Compete ao Diretor-Geral:
IV — cumprir e fazer cumprir suas decisões, as da Diretoria Colegiada e as do Tribunal da Concorrência; Parágrafo único. Compete ainda ao Diretor-Geral, no âmbito da Lei no 8.884, de 1994, exercer as seguintes competências: IV — decidir pela insubsistência dos indícios, arquivando as averiguações preliminares X — celebrar, nas condições que estabelecer, compromisso de cessação de prática, submetendo-o ao Tribunal da Concorrência, e fiscalizar o seu cumprimento; XII — celebrar, nas condições que estabelecer, acordo relativo a controle de concentração de empresas, submetendo-o ao Tribunal da Concorrência, e fiscalizar o seu cumprimento; XIII — celebrar, nas condições que estabelecer, acordo de leniência;

Algumas destas competências (art. 10, incisos, IV, parágrafo único, inciso IV, X, XII do Projeto de Lei — o inciso XIII não é hoje contemplado pela lei) são hoje exercidas pelo CADE, devido ao fato de que representam decisão definitiva em matéria jurídico-administrativo-concorrencial estando previstas pela atual redação da Lei 8884/94 no art.7, incisos VI, VII, XII, XV e art.14, VII e passariam a ser exercidas pelo Diretor Geral.

Não haveria o tão salutar reexame pelo órgão colegiado, com fundamentação jurídica e econômica como é hoje.

Assim sugerir-se-ia que o Projeto fosse alterado para que todos os atos citados acima quando realizados pelo Diretor —Geral da Agência estivessem sujeitos à possibilidade de competência avocatória permanente. O Diretor Geral toma a decisão, ela é publicada e o Tribunal de Concorrência após dez dias da publicação pode avocar a decisão para reexame. Tal proposta estaria em conformidade com nossa tradição jurídica: toda a decisão monocrática deve poder ser revisada pelo órgão colegiado.

Esta modificação é necessária tendo em vista que os nossos princípios jurídicos são claros: nas vias administrativas toda decisão monocrática deve ser passível de revisão pôr órgão colegiado sendo que somente as decisões colegiadas não necessitariam de revisão. Isto é necessário sob pena de tais decisões acabarem pôr ser revisadas pelo Poder Judiciário, a pedido do interessado ou do Ministério Público, o que terminaria por desgastar o ainda Projeto de Agência e tornar menos célere do que é hoje o procedimento tendo em vista as atuais dificuldades pelas quais passa o Poder Judiciário.

Em recente artigo publicado pelo Jornal Valor Econômico[235] o ex-Secretário Adjunto da SEAE alega que a revisão de atos da SDE e SEAE pelo CADE é contraproducente e custosa para, em defesa do Projeto, argumentar sua contrariedade à revisão destes atos do Diretor Geral da futura Agência pelo Tribunal de Concorrência. Esquece-se o ex-Secretário que a titular do objeto jurídico disciplinado pela Lei 8884/94 é a coletividade, uma vez que seu objeto jurídico torna a defesa de concorrência uma utilidade pública e social, e não os concorrentes ou o interesse do Estado ou do governante no Poder para intervir ou omitir-

---

235. CORREIA, P. — Poderes Equilibrados numa Nova Agência. *Jornal Valor Econômico* .n.152 em 06.01.2001.

se relativamente à concentração empresarial excessiva ou a qualquer ato que venha ofender os ditames legais. Segundo o Projeto o Diretor da Agência é nomeado pelo Presidente e seu mandato deve ser sempre coincidente com o do supremo mandatário da República.

O Poder excessivo dado a um só agente público, especialmente quando envolve negócios privados expressos em milhões de reais como são os atos de concentração, é contraproducente: a impossibilidade de revisão nas vias administrativas geraria permanente dúvida que nada contribuiria para o crescimento econômico, a defesa da concorrência e a estabilidade jurídica do país. Pôr isso mesmo é necessária a possibilidade de revisão pôr um órgão colegiado, sob pena de comprometer a transparência de todo procedimento garantindo a todos concorrentes, coletividade, Estado a segurança jurídica. Copiar o sistema americano, tal qual sugere o Secretário em seu artigo, pode resultar em grandes problemas porque a *Common Law* possui um sistema diferente e tradicional de regulação onde grupos sociais participam da criação e condução da utilidade pública através das *Authorities*, afora um eficiente sistema de *checks and balances* que são exercidos pelo Congresso e também pelo Judiciário, que tem e exerce um poder fiscalizatório sobre os atos do Poder Executivo, especialmente aqueles em matéria econômica, muito maior e diverso que o verificado em qualquer outro Estado que segue o Presidencialismo, a começar do nosso.

Devido a esta necessidade de independência do Tribunal da Concorrência seria adequado que a sua vinculação ao Ministério da Justiça como ocorre nos EUA com a Divisão Antitruste do Departamento de Justiça (USDOJ), porque este possui experiência de interface com organismos internacionais e estrangeiros. Já a Agência Nacional de Defesa da Concorrência poderia estar vinculada tanto ao Ministério da Justiça, quanto ao Ministério da Fazenda. Como se sabe, os procedimentos e órgãos previstos pela atual Lei 8884/94 são também utilizados para apurar denúncias internacionais e realizar investigações antitrustes, bem como impor medidas *antidumping e punições* contra empresas estrangeiras, medidas estas que poderão posteriormente vir a ser apreciadas pela OMC (Organização Mundial do Comércio).

Esta interface entre regras e órgãos internos com regras e organismos internacionais será intensificada com a integração do país à economia global. E nestes casos o reexame das medidas decretadas por organismos internos será realizado segundo as regras jurídicas previstas na Ata Final da Rodada Uruguai e seus Anexos que privilegiam sua legalidade, independência do órgão que as profere e conformidade com a Ata e os compromissos internacionais assumidos pelo Brasil e não com os fundamentos sólidos da economia do Brasil ou o personalismo deste ou aquele Diretor e sua vinculação com o Presidente. Mais uma vez a necessidade da juridicidade das decisões e da formação de uma Jurisprudência interpretativa, bem como da articulação com organismos internacionais é essencial para que haja um Sistema de Defesa de Concorrência à altura da dinamicidade da economia brasileira que se quer ver inserida na economia global.

Primeiramente o Projeto de lei "Cria a Agência Nacional de Defesa do Consumidor e da Concorrência" e não uma "Agência Nacional de Defesa da Concorrência". Será adequado tratar de interesse dos consumidores em conjunto com a defesa da concorrência? Ou será que já existe no país um sistema bastante avançado de proteção do consumidor que prescindiria da modificação das regras que se pretende realizar?

A Lei 8884/94 estabelece no seu artigo primeiro que a prevenção e a repressão às infrações contra a ordem econômica, sendo orientada pelos princípios constitucionais da liberdade de iniciativa;livre concorrência;função social da propriedade;defesa dos consumidores; e repressão ao abuso do poder econômico. Disto não se pode concluir que será necessária uma mesma agência para disciplinar as relações de consumo e a concorrência nem que haja necessidade de que um órgão nacional discipline as políticas e as relações de consumo num país tão grande e com hábitos tão díspares de consumo conforme se observa as diversas regiões do Brasil.

Por outro lado, há no país uma legislação avançada e plenamente aplicada, a Lei 8078/90, conhecida como Código de Defesa do Consumidor, que o Projeto pretende reformular pôr inteiro, um órgão, o Ministério Público, que é descentralizado, pois cada Estado da Federação possui seus promotores e procuradores com titularidade para defender os interesses do Consumidor através da da propositura da ação civil pública, há órgãos administrativos, os Procons, responsável pôr atender e orientar consumidores em seus direitos e também as associações de defesa do consumidor que são inúmeras e também podem propor ação civil pública.

O Código de Defesa do Consumidor, Lei 8078/90, está em vigor a mais de dez anos e demonstrou extraordinária eficácia. É possível dizer que o Código revolucionou todo a fabricação, fornecimento e o comércio de bens, criando na indústria e no comércio uma cultura de valorização do consumidor através da produção de bens de melhor qualidade, realização de trocas de produtos ou suas partes, como o *recall* da indústria automobilística, melhoria na realização de contratos ligados ao consumo com a proibição das chamadas cláusulas abusivas.

Tornou-se um imperativo para uma empresa, na concorrência com outras, a valorização do consumidor. A concorrência com bens importados, a melhoria tecnológica em muitos setores da produção que muitas empresas se viram obrigadas a implementar para competir num mercado globalizado, o controle da inflação que possibilitou ao consumidor ter uma noção do valor do produto, tudo isso contribuiu para a melhoria das relações de consumo, criando um consumidor mais exigente com os bens que compra e consciente de seus direitos.

Por outro lado, o Ministério Público, os Procons, o Judiciário, as associações de consumidores e até a imprensa têm realizado um excelente trabalho, seja para coibir práticas lesivas ou para alertar o consumidor de tais práticas no comércio de bens.

O grande problema da implementação do Código de Defesa do Consumidor tem sido verificado com relação à produção e comércio de serviços, principalmente os serviços legalmente regulamentados e os serviços públicos, exercidos diretamente pelos entes públicos ou com exercício concedido a terceiros que hoje são fiscalizados pôr Agências Regulatórias.

Em recentes reportagens[236] a imprensa tem divulgado constantemente que são as empresas de serviços as campeãs de reclamações dos usuários nos Procons: bancos, empresas de cartão de crédito, concessionários de serviços públicos de telecomunicações e de energia elétrica em algumas localidades do país, empresas de planos de saúde, empresas de seguro, empresas de transporte aéreo, empresas de ônibus urbanos, serviços municipais de abastecimento de água, concessionárias de pedágios nas rodovias, car-

---

236. GAZETA MERCANTIL LATINO-AMERICANA. 1000 Maiores Empresas da América Latina. Ano I, N° 2, Setembro, 2000.

téis de postos de distribuição de petróleo e adulteração de combustível e serviços prestados pôr profissionais liberais.

Enquanto o comércio de bens sofreu concorrência estrangeira, beneficiou-se da melhoria tecnológica e principalmente é muito melhor protegido pelo Código de Defesa do Consumidor (responsabilidade objetiva do fabricante e do fornecedor), o comércio de serviços no caso dos profissionais liberais é regido pela responsabilidade subjetiva e no caso de serviços públicos a regulação pertence às agências, algumas ainda em fase de criação como a ANAC (Agência nacional da aviação Civil), ANA (Agência nacional de Águas), ANVISA (Agência Nacional de Vigilância Sanitária), ANSS (Agência Nacional de Saúde Suplementar). Uma vez criadas as Agências, é preciso que sua regulação seja democrática e tenha por objetivo a criação de uma utilidade pública e não apenas buricratize a prestação do serviço.

A experiência da prestação de serviços públicos pôr concessionárias privadas é bastante nova, principalmente nos casos da infra-estrutura como telecomunicações, energia elétrica, petróleo e planos de saúde. Em outros casos como transporte rodoviário, aéreo e pedágios é antiga, mas não há uma regulação sobre a prestação do serviço pôr parte do concessionário. Em terceiros casos os serviços são, em grande proporção, exercidos pelos entes públicos descentralizados, em âmbito municipal como transporte urbano e abastecimento de água, inexistindo regras e impossibilitando a aplicação do Código de Defesa do Consumidor à prefeituras falidas.

Aos bancos que são fiscalizados pelo Banco Central vem sendo timidamente aplicado o Código de Defesa do Consumidor, mas os resultados não têm sido muito animadores porque como punir um banco pôr cobrar juros extorsivos se não há regulamentação que defina o que são juros extorsivos? E o caso de profissional liberal cuja regulamentação da atividade e a fiscalização e punição de condutas profissionais é delegada pelo Estado aos órgãos representativos de classe? Como e a quem reclamar e pedir providência contra a má qualidade de serviços médicos em hospitais? Reclamar ao CRM, à ANSS, ao Procon, ao Ministério Público, ao Ouvidor da futura ANCC, à Secretaria da Saúde ou à SDE? E quais as providências que serão tomadas, se é que alguma pode ser tomada?

O Projeto pretende criar uma série de mudanças no Código de Defesa do Consumidor, bem como criar duas Diretorias no âmbito da Agência, Diretoria de Controle de Práticas Abusivas nas Relações de Consumo e Diretoria de Políticas e Relações de Consumo, para tratar de questões de consumo como casos de *recall*, de propaganda enganosa, de casos de defesa do consumidor que atinjam mais de um Estado da Federação. Trata-se aqui sim, de algo desnecessário: bastaria apenas substituir no art. 106 da Lei 8.078/90 os termos: *Departamento Nacional de Defesa do Consumidor da Secretaria Nacional de Direito Econômico pôr Diretoria de Consumo da ANCC* que recepcionaria as atuais competências da SDE previstas no art. 106 do CDC.. Não há necessidade de duas Diretorias para tratar das relações de consumo. O atual sistema de Defesa do Consumidor que é descentralizado tem se demonstrado bastante eficiente no que se refere à produção e comércio de bens.

O essencial seria uma regulamentação que articulasse a Agência de Defesa da Concorrência com as Agências Regulatórias para assegurar a concorrência no fornecimento dos serviços públicos exercidos por concessionários, assegurando boa qualidade e preços e condições justas de prestação. Trata-se de uma questão bastante espinhosa. Em primeiro lugar a prestação de serviços públicos por concessionários privados em quase todos os setores é feita em forma de oligopólio, por causa do alto investimento prévio que estas atividades exigem. São serviços cuja prestação é regulamentada pôr lei e sua fiscalização e regulação cabe à uma autarquia de regime especial criada para tal fim. Esta autarquia tem poderes para analisar e impor padrões tecnológicos mínimos, regras para a universalização dos serviços, o cumprimento de metas, o reajuste de tarifas bem como aprovar ou não as modificações no controle acionário das empresas concessionárias. E como fica a atual competência do CADE, da SEAE, da SDE e como ficará a competência da futura Agência Nacional de Concorrência e do Tribunal da Concorrência frente às Agências Regulatórias?

O setor das telecomunicações considerado o serviço público que melhor vem se adaptando ao novo regime tem adotado algumas posturas e terá problemas se o atual Projeto de Lei for adotado sem as modificações necessárias.

Em 1997 foi introduzida a concorrência no setor de telecomunicações, através de um regime jurídico misto: o Estado permaneceu com sua atividade reguladora e fiscalizadora, realizada através da ANATEL e transferiu para a iniciativa privada a capacidade empreendedora. A ANATEL foi criada pela Lei 9472/1997 — Lei Geral de Telecomunicações (LGT) — que estabeleceu que os serviços de telecomunicações serão organizados para permitir a livre, ampla e justa competição entre todas as prestadoras de serviços devendo a ANATEL reprimir as infrações de ordem econômica neste setor.[237]

---

237. Art. 7. Da LGT- As normas gerais de proteção à ordem econômica são aplicáveis no setor de telecomunicações quando não conflitarem com o disposto nesta lei.

Paragrafo primeiro: Os atos envolvendo prestadora de serviços de telecomunicações, no regime público ou privado, que visem a qualquer forma de concentração econômica, inclusive mediante fusão ou incorporação de empresas, constituição de sociedade para exercer o controle

Assim, segundo a LGT no seu art. 7. diz que apenas as competências originárias do CADE tal como disciplinadas pelo art. 54 da Lei 8884/94, que representem concentração econômica serão examinadas pôr este órgão, enquanto aquelas competências tradicionalmente exercidas pela SDE e SEAE passaram a ser exercidas pela ANATEL qual seja, a instrução dos processos para repressão de condutas infratoras da ordem econômica, a emissão de pareceres jurídicos (SDE) e econômicos (SEAE) sobre atos e contratos disciplinados no art. 54 da Lei 8884/94. A ANATEL tem inclusive competências ampliadas conforme o art. 71 da LGT: pode impor requisitos para transferir atos de outorga (concessões) a outras companhias, desde que elas não impliquem em alteração de controle acionário das companhias, competência esta que hoje pertence ao CADE. Poderia haver proibição de transferência caso o CADE não concordasse com os requisitos impostos?

Trata-se de questão altamente importante: a LGT estabelece que as companhias que participaram das privatizações e receberam concessão de serviço público de telecomunicações, as empresas que receberam concessões de celular, bem como as chamadas "empresas espelho" não poderiam alterar o controle acionário durante cinco anos e nem realizar acordos e parcerias estratégicas com outras operadoras. Afinal a lei queria criar um regime de concorrência privada onde antes imperava um monopólio estatal. Após este período que vence em 2003 as companhias que atingirem as metas poderão operar em outras áreas que não

---

de empresas ou qualquer forma de agrupamento societário, ficam submetidas aos controles, procedimentos e condicionamentos previstos nas normas gerais de proteção à ordem econômica.

Parágrafo segundo: Os atos de que trata o parágrafo anterior serão submetidos à apreciação do CADE por meio do órgão regulador.

aquelas da concessão originária e poderão mudar o controle acionário, bem como criar parcerias e novas empresas. Quem fiscalizará, apurará e decidirá sobre os atos de concentração que irão ocorrer uma vez que os resultados recentes de algumas empresas-espelho sugerem que não há mercado para a quantidade de empresas que temos hoje?

Outro problema que se nota hoje é a frequente queixa dos usuários dos serviços de telecomunicações sobre o custo dos serviços. O art. 103 da LGT estabelece que compete à ANATEL estabelecer a estrutura tarifária para cada modalidade de serviço. Porém transcorridos três anos após a celebração do contrato, a Anatel poderá, desde que exista efetiva concorrência, submeter a concessionária ao regime de liberdade tarifária, nos termos do art. 104 da lei. Caso haja práticas anticompetitivas ou aumento arbitrário de lucros, o parágrafo 2. do art. 104 da LGT ordena à ANATEL o restabelecimento do regime tarifário anterior. Ocorre que o art. 20, inc. III da Lei 8884/94 estabelece que o aumento arbitrário de lucros é prática anticompetitiva, cabendo ao CADE a imposição de penalidade. Assim apurado o aumento arbitrário de lucros a ANATEL deverá informar ao CADE para a aplicação das penalidades cabíveis. E se o CADE entender não haver infração de aumento arbitrário de lucros, isto obrigaria a ANATEL a restabelecer a liberdade tarifária?[238] Problemas semelhantes irão acontecer na área do fornecimento de energia elétrica.

Se no atual regime já se antevê algumas complexidades, o que dizer do que é proposto pelo Projeto, que pretende alterar as competências que hoje são do CADE, dividindo-

---

238. A discussão do Caso foi realizada pôr STUBER, W.D. & FUKUGAUTI, N.M. e ARMANI, F.D — *A ANATEL e a Defesa da Ordem Econômica* IN *Boletim Latino Americano de Concorrência* n.6. maio. 1999, pág. 13-18.

as entre um Tribunal de Concorrência e o Diretor Geral, sem fazer qualquer referência às modificações nas regras que criaram as ditas Agências Regulatórias, contrariamente ao que fez relativamente ao CDC, de forma desnecessária, sem sequer mencionar as relação entre a ANCC e as Agências regulatórias?.

Em suma: o Projeto que cria a Agência de Defesa do Consumidor e da Concorrência pretende proteger as relações de consumo já alcançadas pelo Código de Defesa da Consumidor e sequer faz referência às relações que versam sobre uso e universalização de serviços públicos e de serviços regulamentados, que são prestados por grandes empresas em forma de oligopólio. Pôr serem mercados naturalmente concentrados, o mercado ligado à prestação de serviços públicos essenciais deve ser objeto de cuidadoso regramento jurídico e fiscalização. Na realização desta regulamentação não se poderá olvidar o que prescreve a Ata Final da Rodada Uruguai de 1993 no seu Anexo 1B — GATS — Acordo sobre Serviços, bem como dos Acordos Especiais: Telecomunicações, Energia Elétrica, Transporte marítimo e Aéreo bem como a questão das Medidade de Investimento Relacionadas ao Comércio (TRIMS) e temas conexos aos serviços como propriedade Intelectual (TRIPS). Eles fazem menção à questão do acesso à mercados, incremento da concorrência e proibição de discriminação e não poderão ser ignorados nas decisões do CADE, do órgão que venha a substituí-lo (Tribunal da Concorrência) e das Agências Regulatórias .

O ideal seria que, ao invés de mudar o Código de Defesa do Consumidor o Projeto que cria a ANCC criasse uma disciplina jurídica mínima no que se refere à nova articulação entre as Agências regulatórias e a ANCC e coloque a atribuição de realizar a articulação entre ANC e Agências sob a égide uma Diretoria de Consumo, unificando as duas diretorias propostas pela Projeto. Por outro lado, se um Tribunal da Concorrência, independente e autônomo, com competência avocatória permanente, absorvesse todas as competências exercidas hoje pelo CADE os conflitos de competência seriam diminuídos, pois ele poderia avocar não somente as decisões da ANC, mas decidiria sobre atos de concentração que se verificassem nos setores oligopolizados ligados à prestação de serviços públicos.. Seria a melhor proteção ao consumidor brasileiro que o Projeto de Lei poderia realizar. Afinal todos são potenciais usuários dos serviços de abastecimento de água que será regulado e fiscalizado pela ANA, de telecomunicações, de energia elétrica e de petróleo, regulados por ANATEL, ANEEL e ANP. É mister salientar que este não será um trabalho fácil: a nossa experiência na regulação dos serviços públicos prestados por concessionários privados é bastante recente.

A criação da ANC, tal qual presente no atual Projeto, demandará mudanças a serem realizadas na Lei 8884/94. Algumas destas mudanças são polêmicas merecendo cuidados do legislador, tendo em vista que a atual Lei 8884/94 possui regras consoantes as práticas concorrenciais que são verificáveis numa sociedade democrática, com um bom sistema de controle de atos de concentração e é uma regra em muito semelhante às regras internacionais, bem como compatível com as regras que disciplinam condutas e procedimentos anticoncorrenciais sob a égide da OMC. A primeira modificação polêmica diz respeito à disciplina jurídica de infrações e condutas, a outra diz respeito a atos de concentração e procedimentos para sua verificação.

A atual lei 8884/94 tipifica no seu art. 20 quatro infrações, com ressalvas expressas nos parágrafos do mesmo artigo. São eles: "*I — limitar falsear ou de qualquer forma prejudicar a livre concorrência e a livre iniciativa; II —*

dominar mercado relevante de bens ou serviços (com ressalvas e presunção de 20% do controle de mercado); *III — aumentar arbitrariamente os lucros; IV — exercer de forma abusiva posição dominante"*.

No seu art. 21 precitada Lei estabelece uma série de condutas que tendo relação com os atos previstos no art. 20 constituirão condutas lesivas à concorrência. Este rol é exemplificativo, podendo haver outras condutas que dariam margem à infrações previstas no art. 20. Ou seja, é um sistema de tipificação das infrações bastante fechado, em quase tudo semelhante à tipologia penal. Dá-se maior importância à prática de atos do que às finalidades, lesão efetiva a direitos de terceiros e à coletividade.

O Projeto de Lei propõe a criação de dois tipos diferentes de infração à ordem econômica, as absolutas e as relativas. As infrações absolutas presentes na nova proposta de redação seriam:

"Art.20.Constituem infração absoluta da ordem econômica, independentemente de culpa, e são nulos, os atos sob qualquer forma manifestados, adotados mediante acordo, arranjo ou conluio entre concorrentes, que tenham por objeto ou possam produzir quaisquer dos seguintes efeitos, ainda que não sejam alcançados:
I — fixar, elevar, concertar ou manipular, de forma direta ou indireta, preços de venda ou de compra de bens ou de prestação de serviços, ou trocar informações com o mesmo objeto ou efeito; II-estabelecer obrigações de produzir, processar, distribuir ou comercializar tão somente uma quantidade, qualidade ou variedade restrita ou limitada de bens ou a prestação de um número, volume, freqüência, qualidade ou variedade restrita ou limitada de serviços; III-dividir, distribuir ou impor porções ou segmentos de um mercado atual ou potencial de bens ou serviços, mediante, dentre outros,

a alocação de clientes, fornecedores, territórios ou períodos, determinados ou determináveis; IV-estabelecer, comcertar ou coordenar preços, condições, vantagens ou abstenção em licitação pública administrativa."

Pela nova proposta as únicas condutas que seriam sempre objeto de exame pôr parte de órgãos governamentais seriam o aumento arbitrário de lucros e *dumping* (inciso I), o *dumping* e o cartel (inciso II) e o cartel (inciso III), ou seja as chamadas infrações clássicas à ordem econômica. As condutas hoje disciplinadas como anticompetitivas tornam-se infração relativa com possibilidade de excludentes de conduta e são previstas no art. 21.

"Art.21. Constituem infração relativa da ordem econômica, independente de culpa, excetuadas as hipóteses previstas no art. 20, os atos sob qualquer forma manifestados, que tenham por objeto ou possam produzir quaisquer dos seguintes efeitos, ainda que não sejam alcançados:
I — limitar, falsear ou de qualquer forma prejudicar a livre concorrência ou a livre iniciativa; II — dominar mercado relevante de bens ou serviços; III — aumentar arbitrariamente os lucros; IV — exercer de forma abusiva posição dominante.
§ 1º A conquista de mercado resultante de processo natural fundado na maior eficiência de agente econômico em relação a seus competidores não caracteriza o ilícito previsto no inciso II.
§ 2º A caracterização da infração prevista no inciso III do caput deste artigo dependerá da constatação de abuso posição dominante do infrator.
§ 3º Para efeito do disposto no inc.o IV do caput dêste artigo e conforme as características do mercado em

questão, inclusive no que se refere às barreiras à entrada de novas empresas e à parcela de mercado dos concorrentes, ocorre posição dominante quando uma empresa ou grupo de empresas controla parcela substancial de mercado relevante, como fornecedor, intermediário, adquirente ou financiador de um produto, serviço ou tecnologia a ele relativa.

§ 4º São excludentes da ilicitude das infrações previstas neste artigo os benefícios econômicos decorrentes da conduta subjacente à infração, desde que tais benefícios tenham por objeto, cumulada ou alternativamente, propiciar a eficiência e o desenvolvimento econômico, cabendo ao representado o ônus da prova, e que, cumulativamente: I-não possam ser obtidos de outro modo que implique menores riscos ou prejuízos à livre concorrência; II-os benefícios gerados não sejam meramente pecuniários, mas impliquem efetiva economia de recursos produtivos; e III-que tais benefícios compensem as restrições causadas à livre concorrência".

Nota-se aqui a maciça influência das regras e do sistema norte-americano sobre a defesa da concorrência. Ele se constitui de um sistema mais ou menos aberto, onde a descrição de condutas não é impositiva (salvo *dumping*, cartel e aumento arbitrário de lucros) devendo ser verificadas as condutas em função de suas as finalidades, lesão a direito de terceiros e condicionantes do ato em exame . Numa economia que se abre para a inserção internacional a modificação do sistema *poderá* ser benéfica. Uma economia que está disposta a participar do mercado global precisa ter escala, muitos parceiros e acordos para conseguir disputar o mercado global. O exame tal qual proposto pela nova redação dos artigos 20 e 21 permitirá um maior número de acordos e negócios no setor privado e uma fiscalização voltada para as finalidades do ato, possibilitando ao agente público maior liberdade de ação, mas demandando maiores responsabilidades. Enfim uma tipificação aberta de condutas demanda um sistema de defesa da concorrência eficiente e equilibrado, visando evitar poderes excessivos para este ou aquele órgão e em consequência a insegurança jurídica e a falta de transparência sobre os procedimentos e sobre as decisões.

A primeira modificação diz respeito ao Acordo de Leniência. Trata-se de prática internacional consagrada e a disciplina jurídica dele somente deixa a desejar quando diz que não há necessidade de que o Acordo de leniência deva ser examinado pelo Tribunal de Concorrência bem como acompanhada a sua executoriedade pelo mesmo. Seria aconselhável a modificação da proposta de inclusão na redação da futura lei 8884/94 de um Artigo 35 B no seu parágrafo 4, colocando sob a aprovação do Tribunal o Acordo de Leniência, já que o mesmo constitui causa extintiva de ação ou de diminuição de dois terços da pena e, neste último caso, somente o Tribunal de Concorrência teria titulação para aplicar ou não penalidades[239]. Das outras modificações uma já foi analisada neste trabalho. Trata-se da questão ligada impossibilidade de Tribunal da Concorrência de analisar o Ato do Diretor Geral ligados a Atos de

---

239. "Art.35-B. A Agência, por intermédio do Diretor-Geral, poderá celebrar acordo de leniência, com a extinção da ação punitiva da administração pública ou a redução de um a dois terços da penalidade aplicável, nos termos deste artigo, com pessoas físicas e jurídicas que forem autoras de infração absoluta à ordem econômica, desde que colaborem efetivamente com as investigações e o processo administrativo e que dessa colaboração resulte:

....

§4º A celebração de acordo de leniência não se sujeita à aprovação do Tribunal da Concorrência, competindo-lhe, no entanto, quando do julgamento do processo administrativo, verificado o cumprimento do acordo.

Concentração. Este somente poderá atuar a pedido do Diretor ou se o Ouvidor Geral, provocá-lo caso em que o Tribunal somente poderá conhecer do pedido se houver unanimidade entre seus membros. Configura-se um grande absurdo porque para condenar o Ato não há necessidade de decisões unânimes. Para fazer o menos, é preciso unanimidade, para fazer o mais, não.? Para estes casos sugere-se a instituição da competência avocatória permanente das Decisões do Diretor Geral relativas à aprovação, não aprovação, dispensa, aprovação provisória, acordo de leniência e até de aprovação por decurso de prazo, sobre atos de concentração. Tal competência poderia ser exercida pôr quaisquer dos conselheiros desde que seu exercício fosse aprovado in casu pôr maioria simples do plenário do Tribunal de Concorrência.

Outras modificações são tremendas: segundo o parágrafo XII, inciso IV do art. 54 se não for examinada a operação de concentração num prazo de trinta dias após a notificação ela estará automaticamente aprovada. Tem-se aqui um ato de concentração empresarial aprovado por decurso de prazo. O Tribunal não pode apreciá-la por meio da avocatória e somente atuará se houver reclamação do ouvidor. Abre-se aqui um precedente muito perigoso porque o excesso de poder hodiernamente manifesta-se menos pela ação e mais pela omissão na prática de atos que geram enormes prejuízos à coletividade.

Enfim, cria-se uma tipologia aberta para apurar os atos que possam infringir a concorrência, bem como para apurar atos de concentração e se permite a aprovação de um ato desta magnitude pôr decurso de prazo sem qualquer possibilidade de reexame obrigatório pôr um órgão colegiado.[240]

---

240. Art.54. Os atos de concentração de empresas sob qualquer forma-manifestados que possam criar ou reforçar uma posição dominante ou dequalquer forma limitar ou prejudicar a livre concorrência, deverão ser submetidos à apreciação da Agência.

5.2. Empresas Transnacionais e Lex Mercatoria

Neste século com a transformação do mercado nacional que deixa de ser isolado e torna-se interdependente de outros mercados, surge um mercado global e surgem também as megaempresas conhecidas como multinacionais ou transnacionais, que se transformaram em importantes atrizes do cenário econômico global. A globalização pode ser caracterizada como um processo em que capitais e tecnologia privados, cujos titulares são grandes corporações empresariais transnacionais, circulam em todo o globo, independentemente das fronteiras nacionais.

Seu objetivo é a produção de um maior número de produtos a menor preço e com maior qualidade que possam disputar com outros concorrentes no mercado mundial, bem assim a obtenção de maiores lucros em investi-

---

§12. A Agência procederá à análise da notificação logo após a sua recepção, em até trinta dias:

I-se o Diretor-Geral concluir que a operação de concentração notificada não é abrangida pelo presente artigo, não conhecerá da operação, arquivando de imediato o procedimento administrativo;

II-se o Diretor-Geral verificar que a operação de concentração notificada, apesar de abrangida pelo presente artigo, não pode criar ou reforçar uma posição dominante ou de qualquer forma limitar ou prejudicar a livre concorrência, decidirá não se opor a essa operação, autorizando-a;

III-se, ao contrário, o Diretor-Geral verificar que a operação de concentração notificada é abrangida pelo presente artigo e apresenta indícios de que possa criar ou reforçar uma posição dominante ou de qualquer forma limitar ou prejudicar a livre concorrência, poderá requerer informações adicionais à análise.

IV-se nenhuma das hipóteses previstas nos incisos anteriores ocorrer dentro do prazo fixado neste parágrafo, ficará a operação automaticamente autorizada, sem prejuízo da apuração de responsabilidade funcional, se for o caso, na forma da legislação específica.

....

mentos realizados nos mercados financeiros. Esse processo é incrementado pela evolução da tecnologia nos meios de transportes, que permitem que cada etapa de produção de um bem seja efetuada em um país diferente, e das comunicações, que eliminam as distâncias na realização das decisões empresariais. Neste cenário torna-se difícil fazer menção a capitais ou tecnologia nacionais, e até mesmo à aplicação imperativa de leis nacionais a negócios internacionais[241].

Neste contexto, as empresas transnacionais desempenham um papel de destaque, sucitando a emergência de uma *nova lex mercatoria*. De acordo com Luis Olavo Baptista a empresa transnacional é uma entidade que não possui personalidade jurídica própria. É composta por um certo número de subsidiárias e tem uma ou mais sedes, constituídas em diversos países, de acordo com a legislação local que lhes dá personalidade jurídica e, sob certo aspecto, nacionalidade. Neste sentido, Baptista continua argumentando que, sob o prisma estritamente jurídico-positivo, não existe a empresa transnacional, razão pela qual a descrição que dela fazem os economistas é útil para sua conceituação "um complexo de empresas nacionais interligadas entre si, subordinadas a um controle central unificado e obedecendo a uma estratégia global"[242].

A transnacional aproxima-se, assim, do conceito jurídico de grupo de sociedades, mas com o acréscimo de que é um grupo constituído por sociedades sediadas em países diferentes, constituídas sob leis diversas, cada qual com

---

241. FIORATI, J.J. — As Inovações no Direito internacional Privado Brasileiro presentes no Projeto de Lei de Aplicação das Normas Jurídicas in *Revista de Estudos Jurídicos*. Franca. UNESP. 1996, págs. 125 e seguintes.
242. BAPTISTA, Luís Olavo. *Empresa Transnacional e Direito*. São Paulo: Editora Revista dos Tribunais, 1987, pág. 17.

certa autonomia, agindo por sua conta, mas em benefício do conjunto. Diferencia-se, portanto, das chamadas companhias internacionais por serem organizações econômicas privadas, cujas atividades atravessam fronteiras nacionais e sistemas jurídicos estatais.

Apesar de seu vínculo aos sistemas jurídicos nacionais, é possível a ênfase que o controle das empresas transnacionais é predominantemente exercido de forma extralegal, pois a matriz, ou melhor dizendo, a sede real da empresa, mantém forte influência na direção das subsidiárias, interferindo, na prática, em suas estratégias e decisões.

Outro aspecto a ser salientado é que de acordo com o *"modus operandi"* há dois tipos de empresas transnacionais: o primeiro é a empresa que trata cada país como uma unidade independente e assemelha-se muito mais à *holding company* do direito interno mas agindo internacionalmente. Esta, geralmente, não cria problemas sérios para os governos hospedeiros uma vez que respeitam suas peculiaridades. O outro tipo é aquele que tende a integrar todas as operações das diversas filiais e centralizar a sua política e controle. Para esta empresa, o mercado mundial é o seu objetivo como um todo e de cada subsidiária em particular.

Celso Lafer, em seu prefácio á obra de Baptista afirma que a empresa transnacional, que detém o poder de controle de investimentos em diversos sistemas econômicos nacionais, através dos quais organiza e explora a produção de bens e serviços para a venda nos respectivos mercados internos e nos mercados de outros países, é uma unidade econômica que tem como atributo a capacidade de alocar recursos em escala mundial[243]. Por essa razão, o que ela

---

243. BAPTISTA, L. O. *Empresa Transnacional e Direito*. São Paulo: Editora Revista dos Tribunais, 1987, pág. 3.

almeja é liberdade para operar transnacionalmente, o que juridicamente se traduz na aspiração do reconhecimento da legitimidade e da legalidade de um Direito não-estatal.

Este *direito* eminentemente baseado nos usos e costumes é chamado de uma nova *lex mercatoria*, que, no mundo globalizado, é elaborado pela prática das próprias empresas transnacionais, principais atores do comércio internacional. Neste sentido, as empresas internacionais almejam reger suas relações sem a interferência de lei interna ou de lei internacional, pelo jogo da autonomia da vontade, através de contratos e da arbitragem, conforme ainda argumenta Celso Lafer.[244] Há, assim, um esforço de codificação dessas práticas, com uma idéia de autocontrole por meio da estandardização das regras.

As empresas transnacionais desempenham um papel de destaque, sucitando a emergência de uma *nova lex mercatoria*. Elas são consideradas importantes atores do comércio internacional na chamada "economia globalizada". Dada a sua grande influência, a análise do papel das empresas e corporações multinacionais e transnacionais tem sido feita, quase sempre, segundo um modelo cheio de emocionalidades, principalmente quando vislumbramos sua atuação em economias em desenvolvimento.

Tendo como antecedentes a *Lex Rhodia — Lei do Mar de Rodes (300 a.C.)* e o *Jus Mercatorum (séc. XIV)*, a "lex mercatoria" nasceu das feiras da Idade Média, em resposta aos direitos feudais que, com seus inúmeros privilégios, entravavam as relações comerciais da época. Foi Berthold Goldman quem, em 1964, detectando a existência desse direito costumeiro internacional, nascido das práticas comerciais internacionais, trouxe à tona a doutrina da nova

---

244. BAPTISTA, L O. *Empresa Transnacional e Direito*. São Paulo: Editora Revista dos Tribunais, 1987, pág. 4.

lex mercatoria, em trabalho publicado nos *Archives de Philosophie du Droit*, n.º 09, intitulado "Frontières du droit et *lex mercatoria*". O estudo efetuado pelo Prof Goldman é considerado o estudo clássico sobre o tema. Todos os outros realizados posteriormente como o de Kahn, de Scmittoff, de Paul Lagarde, de Antoine Kassis e no Brasil, o estudo de Irineu Strenger dele partem como premissa, concordando ou discordando das proposições, mas sem jamais deixar de conceder-lhe a primazia. Por isso, neste trabalho, serão as conclusões de Goldman sobre o conceito, o conteúdo e a natureza jurídica *da lex mercatoria* que serão comentadas.

Foi neste estudo que Goldman lançou as bases para uma ardente e profunda discussão sobre a nova *lex mercatoria* e sua caracterização como *fonte* do direito do comércio internacional[245]. Ele, em seu texto, propõe colocar à prova de uma experiência contemporânea, alguns dos critérios aos quais se pode sonhar em se referir às fronteiras do direito. E esta experiência é a das normas originais do comércio internacional (*lex mercatoria*) as quais cobrem todo o conjunto das relações econômicas internacionais.

Para Goldman ai se engloba, *"em outros termos, as relações internacionais de troca nas quais participe pelo menos uma empresa privada (ou uma empresa pública que não faça uso das prerrogativas das quais ela está investida como tal) — e a outra participante podendo ser ou uma empresa da mesma natureza, ou uma pessoa moral de direito público, como uma organização internacional, ou mais praticamente um Estado ou uma coletividade pública subordinada (portanto, na hipótese freqüente, e de grande inte-*

---

245. Kahn P- "Droit international économique, droit du développement, lex mercatoria: concept unique ou pluralisme des ordres juridiques?", in *Le droit des relations économiques internationales: études offertes à Berthold Goldman*, Paris: Librairies Thechiniques, 1982, p. 97.

resse, dos investimentos nos países em via de desenvolvimento)"[246].

Assim a cada dia mais, essas relações parecem escapar à influência de um direito interno estatal, ou até mesmo de um direito uniforme integrado na legislação dos Estados que a ele aderiram, por serem regidas e governadas por normas de origem profissional, ou regras costumeiras e princípios internacionais revelados notadamente pelas sentenças arbitrais.Internacionais ou não, as trocas econômicas, nas palavras do Prof. Goldman, encontram seu principal molde contratual na *venda*; elas se acompanham de operações de *crédito*, e se traduzem materialmente pelo *transporte* de pessoas ou de bens; por pouco que eles sejam importantes, seus atores são *sociedades*, antes que pessoas físicas. É à vista dessas operações e desses "operadores" que ele verificou primeiramente o arranjo autônomo deles, quando eles são internacionais.

O internacionalista lembrou *"que os litígios que deles decorrem são muito freqüentemente regulados de maneira igualmente específica, no quadro da arbitragem comercial: constatação importante, porque se é verdade que o direito ultrapassa largamente o contencioso, é igualmente seguro que um conjunto de modos de conduta humana não pode formar um sistema de direito, a menos que exista uma jurisdição apta para velar à sua interpretação e à sua observação"*[247].

---

246. Goldman, B. "Frontières du droit et lex mercatoria", *in Archives de Philosophie du Droit*, n.º 09, Paris: Sirey, 1964, p. 177. Nota: a tradução do texto original em francês foi feita de forma livre por Valério Mazzuolli.

247. Goldman, B. *"Frontières du droit et lex mercatoria", in Archives de Philosophie du Droit*, n.º 09, Paris: Sirey, 1964, p. 178. Nota: a tradução do texto original em francês foi feita de forma livre por Valério Mazzuolli.

Segundo Goldman, apesar de se poder perfeitamente conceber que a *venda comercial internacional* dependa *sempre* da lei de um determinado Estado, designada por uma regra de conflito, em casos bastante numerosos constata-se, igualmente, que no comércio internacional, sócios, negociantes, vendedores e compradores procuram muito freqüentemente fugir da influência de leis internas estatais, submetendo o contrato às normas de uma outra origem, visto que as necessidades do comércio internacional não se adequam, muitas vezes, às lei comerciais nacionais existentes nos diversos ordenamentos jurídicos dos Estados — mesmo aqueles industrializados — bem como não encontram nos sistemas de direito internacional privado uma *certeza* de sua designação[248].

Por estes motivos é que no século XX não viu nascer, mas *renascer*, segundo ele, usos profissionais comuns da venda internacional, tendo em vista que em outras épocas, o comércio internacional havia seguido suas próprias normas, como por exemplo, nas operações entre cidadãos e peregrinos, encontrando-se tais costumes provavelmente na origem dos contratos de boa-fé do direito romano, ou ao *jus mercatorum* e ao direito das feiras do fim da Idade Média e do início da época moderna[249].

Berthold Goldman começa o seu rol de exemplos lembrando os costumes comerciais internacionais nascidos com a London Corn Trade Association. *"Mas para limitar-se ao nosso tempo, nós lembraremos que a London Corn Trade Association, criada em 1877 e refundada em 1886 se*

---

248. Goldman, B. *"Frontières du droit et lex mercatoria"*, in *Archives de Philosophie du Droit*, n.º 09, Paris: Sirey, 1964, p. 178-179. Nota: a tradução do texto original em francês foi feita de forma livre por Valério Mazzuolli.
249. Goldman, B. *"Frontières du droit et lex mercatoria"*, in *Archives de Philosophie du Droit*, n.º 09, Paris: Sirey, 1964, p. 179.

propôs, entre outras, 'provocar a introdução no comércio de cereais da uniformidade nas transações, favorecer a adoção de usos fundados sobre princípios justos e eqüitativos, e isso mais particularmente para os contratos, cartas-partes, nota de despacho de mercadorias e polícias de segurança; estabelecer, provocar, encorajar a difusão e a adoção de fórmulas-tipos para os contratos, para os outros documentos pré-citados e em geral todos aqueles dos quais fazem uso o comércio dos cereais'".

O Professor de Paris continua:*"Este programa foi totalmente realizado, uma vez que a London Corn Trade Association estabeleceu e colocou à disposição dos negociantes de cereais várias dezenas de contratos-tipo, cuja difusão e aplicação são consideráveis: nós os utilizamos, com efeito, em numerosas vendas internacionais, independentemente de toda participação de empresas inglesas, e até mesmo de membros da Associação"*[250].

Tais contratos-tipo foram amplamente divulgados também a outros domínios do comércio internacional, a exemplo do comércio de produtos agrícolas, florestais, mineiros, petroleiros, siderúrgicos, têxteis e bens de equipamento. São eles emanados de "de associações profissionais, ou de agrupamentos de empresas mais estreitamente integradas, até mesmo isoladas, mas poderosas; e na última época, vários foram elaborados, sob a égide da Comissão Econômica para a Europa das Nações Unidas, essencialmente para servir de quadro às relações comerciais entre o Leste e o Oeste"[251].

---

250. Goldman, B. "*Frontières du droit et lex mercatoria*", in Archives de Philosophie du Droit, n.º 09, Paris: Sirey, 1964, p. 179. Nota: a tradução do texto original em francês foi feita de forma livre por Valério Mazzuolli.
251. Goldman, B. "Frontières du droit et lex mercatoria", in Archives de Philosophie du Droit, n.º 09, Paris: Sirey, 1964, p. 179. Nota: a

Segundo o Prof.Goldman, estes fatos comprovam, portanto, a existência *"de uma rede densa e extensa de documentos, cobrindo a maioria dos países com um bom número de bens trocados no comercio internacional; e a considerar o fenômeno sem idéia pré-concebida, constatamos que os contratos aí referidos não são regidos nem pela lei de um Estado, nem por uma lei uniforme adotada por uma Convenção entre Estados, mas sim pelos próprios contratos-tipo"*. Segundo ele: "É preciso ainda sublinhar que estes [contratos] não se limitam a codificar usos preexistentes: eles consagram também normas novas, diferentes daquelas dos direitos estatais tradicionais, algumas vezes inspirados, é verdade, pelo interesse dos parceiros mais poderosos, mas em outros casos também pelo interesse comum dos contratantes"[252].

O valor significativo de tais exemplos poderia, segundo o citado internacionalista, ser contestado à primeira vista, porque, poder-se-á dizer, as partes neste caso, referindo-se aos contratos-tipo, estão fazendo uso simplesmente da liberdade contratual que lhes reconhecem os sistemas jurídicos dos seus respectivos Estados. Os contatos concluídos por tais partes tornar-se-iam, então *"normas individuais"* para cada uma delas — concepção kelseniana — sem se integrar às respectivas ordens jurídicas nacionais, mais precisamente nas normas de direito internacional privado que designam a regra de conflito a ser aplicada[253].

---

tradução do texto original em francês foi feita de forma livre por Valério Mazzuolli.
252. Goldman, B. *"Frontières du droit et lex mercatoria"*, in Archives de Philosophie du Droit, n.º 09, Paris: Sirey, 1964, p. 179-180. Nota: a tradução do texto original em francês foi feita de forma livre por Valério Mazzuolli.
253. Goldman, B. *"Frontières du droit et lex mercatoria"*, in Archives de Philosophie du Droit, n.º 09, Paris: Sirey, 1964, p. 180.

E o Professor Goldman, rebatendo esta colocação, que poderia à primeira vista parecer correta, assim leciona:"*Mas na verdade, semelhante objeção ultrapassa o domínio da descrição do fenômeno, para contestar, a não ser que ele possa ser qualificado como um conjunto de normas jurídicas "individuais", pelo menos a especificidade dessa qualificação. Nós a encontraremos, sob este ângulo. Limitemonos aqui a dizer que a visão que ela exprime não presta contas do arranjo concreto do comercio internacional; É certo, com efeito, que quando eles se referem aos contratos-tipo seus "atores" decidem regular — e em todos os casos não-contenciosos, regulam efetivamente — sua conduta segundo normas outras que as leis estatais. Não é seguro, nós o veremos, que esta decisão somente possa receber eficácia da liberdade contratual sobre a qual convergem um certo número de direitos estatais; mas seria ela mesmo assim, ainda que não se pudesse, entretanto, negar que as normas concretas escolhidas no exercício dessa liberdade fossem diferentes por sua origem, e freqüentemente também por seu conteúdo, daquelas que as partes expressamente, ou melhor, tacitamente, extraíram de um direito estatal, se elas aí fossem citadas*".

E finaliza o seu raciocínio dizendo o seguinte:

"*Acrescentemos que do ponto de vista descritivo, que é por enquanto o nosso, não é mais possível considerar tais normas como 'individuais' .Se referindo a isso, os contraentes não têm, com efeito, nem a intenção, nem o sentimento de criar vínculos jurídicos singulares, mas sim de submeter uma operação particular e concreta à regras gerais e abstratas. Isto é tanto mais verdade que para a própria interpretação dos termos empregados, os contratos-tipo em uso no Leste como no Oeste se referem freqüentemente aos Incoterms (Internacional Comercial Terms) da Câmara de Comercio Internacional. Este documento, que não é aliás, so-*

bre todos os pontos, um simples 'glossário' fornece assim, aos quadros gerais, que já são os contratos-tipo, um quadro mais geral ainda, submetendo-os a um método uniforme de interpretação. É necessário então admitir que, na realidade, as operações do comercio internacional que largamente às leis estatais, sem prejulgar aqui o caráter jurídico ou não das normas ou dos 'modos de conduta' que se substituem a elas, se desenrolam nesses quadros, por assim dizer concêntricos, escapam"[254].

Os *transportes internacionais*, da mesma forma, formam também o objeto de um complexo de normas profissionais geralmente muito aplicadas. Já se falou das cartas-partes e dos conhecimentos-tipo da *London Corn Trade Association*; no domínio do transporte marítimo, a prática inglesa — leciona Goldman— propõe outras normas, correntemente empregadas entre os contraentes dos quais nenhum é inglês, e não têm sequer algum vínculo com a Inglaterra[255].

O mesmo ocorre com o transporte aéreo internacional, que é regulado pelos contratos-tipo da *International Air Transport Association* (IATA), utilizado pela quase totalidade das companhias aéreas. Como leciona o Prof.Goldman: "Ao tratar do funcionamento das sociedades internacionais, observa-se de início, que não se trata, aqui, de estudar aquelas sociedades cujo funcionamento escapa realmente a todo o direito interno estatal, mas que buscam

---

254. Goldman, B. *"Frontières du droit et lex mercatoria"*, in *Archives de Philosophie du Droit*, n.° 09, Paris: Sirey, 1964, p. 180-181. Nota: a tradução do texto original em francês foi feita de forma livre por Valério Mazzuolli.

255. Goldman, B. *"Frontières du droit et lex mercatoria"*, in *Archives de Philosophie du Droit*, n.° 09, Paris: Sirey, 1964, p. 180-181. Nota: a tradução do texto original em francês foi feita de forma livre por Valério Mazzuolli.

o conjunto de regras que as governam nos tratados internacionais que as instituíram, porque, neste caso, o caráter jurídico de seu estatuto somente poderia então ser controverso com o do direito internacional público no seu conjunto, que permanece fora desse nosso propósito"[256].

Goldman parte da análise daquelas sociedades que, embora criadas por tratados internacionais constitutivos, são reguladas pelos seus estatutos e, subsidiariamente, pelas leis do país de sua sede social. Para ele, os estatutos são, *"efetivamente, nesse caso, obra de empresas associadas, distintas dos Estados dos quais elas se libertam; quanto à lei de referência subsidiária, ela somente permanece estatal em aparência, porque ela é 'cristalizada' em seu estado no dia da constituição da sociedade, e suas modificações ulteriores não podem ser impostas a esta. Ela é assim conduzida por uma coletânea de normas supletivas de natureza mais próxima dos estatutos de uma sociedade, que do ato legislativo de um Estado soberano"*[257].

Mais característico ainda, segundo ele, é o caso daquelas sociedades que, criadas ou não por convenções internacionais, referem-se deliberadamente aos "princípios comuns" de várias legislações, até mesmo a fontes ainda indeterminadas, para preencher eventuais lacunas de seus estatutos. Foi o que aconteceu com a União Carbonífera Sarro-Lorraine (Saalor), sociedade franco-alemã regida, nos termos do artigo 1º de seus estatutos, pelo Tratado franco-ale-

---

256. Goldman, B. *"Frontières du droit et lex mercatoria"*, in Archives de Philosophie du Droit, n.º 09, Paris: Sirey, 1964, p.180-181. Nota: a tradução do texto original em francês foi feita de forma livre por Valério Mazzuolli.

257. Goldman, B. *"Frontières du droit et lex mercatoria"*, in *Archives de Philosophie du Droit*, n.º 09, Paris: Sirey, 1964, p. 180-181. Nota: a tradução do texto original em francês foi feita de forma livre por Valério Mazzuolli.

mão de 27 de outubro de 1956, "pelos presentes estatutos e pelos *princípios comuns do direito francês e do direito alemão*". Segundo o professor na ausência de disposições dos tais textos e de tais princípios comuns, o tratado levaria em consideração *"para a interpretação dos estatutos e para a solução das questões não reguladas por estas, o espírito de cooperação que inspirou a transformação da sociedade em sociedade franco-alemã"*. Da mesma forma — leciona ele —, *os estatutos da sociedade "Air Afrique" dispõem que esta será regida pelo tratado que a criou, pelos próprios estatutos, e "a título subsidiário, e somente na medida em que eles sejam compatíveis com as disposições do tratado e dos estatutos, pelos princípios comuns da legislação dos Estados signatários do tratado"*[258].

Lembra Goldman, enfim, o exemplo do *Scandinavian Airlines System*, "consortium" criado por uma convenção entre companhias de transporte aéreo, não se ligando a nenhuma lei nacional: as cláusulas de seu contrato constitutivo são pouco numerosas, e não se vê quase nada para completá-las senão os *princípios comuns* às três legislações escandinavas, e mais geralmente talvez o direito comum das sociedades internacionais se se admite a existência delas[259].

Mas aqui fica uma pergunta: quem descobrirá tais "princípios comuns"? Segundo Goldman, a questão aparece, para as sociedades, *"porque os seus estatutos a eles*

---

258. Goldman, B. *"Frontières du droit et lex mercatoria"*, in *Archives de Philosophie du Droit*, n.° 09, Paris: Sirey, 1964, p.182-183. Nota: a tradução do texto original em francês foi feita de forma livre por Valério Mazzuolli.

259. Goldman, B. *"Frontières du droit et lex mercatoria"*, in *Archives de Philosophie du Droit*, n.° 09, Paris: Sirey, 1964, p.183. Nota: a tradução do texto original em francês foi feita de forma livre por Valério Mazzuolli.

apelam expressa ou implicitamente, mas a questão se põe, na realidade, também para os contratos do comércio internacional, na medida em que pode ser necessário completar ou interpretar as normas dos contratos-tipo ou das "Regras e Costumes", em que se recusa a buscar [resposta], exclusivamente para isso, em um sistema jurídico estatal cujas partes pretenderam se separar"[260].

A resposta definitiva à indagação competirá ao juiz do contrato, ou da estrutura e do funcionamento da sociedade, "porque se ele não for pego de surpresa, a lacuna das "normas específicas" terá sido facilmente preenchida, ou a dificuldade de interpretação resolvida sem o recurso de um aparelho de aspecto jurídico". Este juiz é, para os contratos de sociedades que nos ocupam, quase sempre um tribunal arbitral. Assim, sendo, "é a arbitragem comercial internacional que nos colocará na presença do aspecto contencioso do fenômeno que nós acabamos, assim, de descrever, antes de tentar qualificá-lo[261]".

Em resumo, as operações internacionais de *venda, crédito, transporte* e de *sociedades*, já bastam para indicar a existência real de uma nova *lex mercatoria* a reger a sociedade internacional dos comerciantes. O fato é que, segundo tem atestado a experiência, os árbitros não têm procurado resposta para o caso concreto submetido à sua apreciação, em uma lei estatal nem em um tratado internacional, mas sim em um "direito costumeiro" do comércio interna-

---

260. Goldman, B. "*Frontières du droit et lex mercatoria*", in *Archives de Philosophie du Droit*, n.º 09, Paris: Sirey, 1964, p.183. Nota: a tradução do texto original em francês foi feita de forma livre por Valério Mazzuolli.

261. Goldman, B. "Frontières du droit et lex mercatoria", in Archives de Philosophie du Droit, n.º 09, Paris: Sirey, 1964, p. 183. Nota: a tradução do texto original em francês foi feita de forma livre por Valério Mazzuolli.

cional — chamado de *lex mercatoria* — sendo inútil perquirir se tais julgadores apenas a *constatam* ou se, ao contrário, a *elaboram*, posto que estas duas diligências estão, segundo Goldman, intimamente misturadas, como toda vez que um juiz exerce uma tal atividade.

A esse respeito assim leciona Goldman: "Algumas decisões arbitrais, publicadas ou analisadas, ilustram esta tendência. Assim, na sentença relativa ao caso entre Petrolium Development (Trucial Coast) Ltd. e o Cheik d'Abu Dhabi, Lord Asquith of Bischopstone, constatando que a lei d'Abu Dhabi, teoricamente competente para reger o contrato litigioso, não continha um 'corpo estabelecido de princípios jurídicos utilizáveis para a interpretação de instrumentos comerciais modernos', decidiu-se, em relação igualmente à vontade das partes, que é conveniente aplicar, neste caso, os 'princípios buscados no bom senso e na prática comum do conjunto das nações civilizadas, uma espécie de 'modern law of nature''. Este apelo a um "direito comum das nações" ou pelo menos, a elaboração e a aplicação de princípios próprios ao comércio internacional encontram-se também na sentença do MM. Ripert et Panchaud, de 2 de julho de 1956, que decidiu que a garantia contra a depreciação monetária deve ser presumida num contrato internacional. Da mesma forma, em uma sentença não publicada, relativa a um litígio entre uma organização internacional e uma sociedade comercial, o árbitro considerou a presunção de que o signatário de um contrato tomou conhecimento das condições gerais às quais ai é feita referência, e por outro lado, a sanção do abuso de direito, como regras costumeiras internacionais. Os 'princípios gerais do direito' e os 'usos seguidos na indústria petroleira' foram, de maneira semelhante, invocados na sentença propalada pelos juízes MM. Sauser-Hall, Hassan e Saba Habachi, aos 23 de agosto de 1958, para resolver o litígio entre Aramco e o governo da Arábia Saudita"[262].

E conclui, da seguinte maneira: "Os exemplos poderiam ser multiplicados, tirados notadamente das sentenças prolatadas sob a égide de uma importante instituição de arbitragem, e que testemunham a busca constante dos árbitros, do outro lado do conflito, entre as leis estatais, de um direito 'transnacional', receptáculo dos princípios comuns aos direitos nacionais, mas amalgama também das regras específicas tiradas do comércio internacional. Lembramos, enfim, que o lugar que deve ser cedido, pelo regulamento dos litígios nesse domínio, aos 'usos do comércio' foi igualmente marcado — embora bastante timidamente — pela Convenção Européia sobre a Arbitragem Comercial Internacional, assinada em Genebra aos 21 de abril de 1961"[263].

A última constatação que faz é que os contraentes não deixam freqüentemente de convidar os árbitros para julgarem seus litígios, recusando-se a escolher uma lei estatal para reger as suas relações, até mesmo declarando expressamente que não querem a tais leis se referir. Mas como esclarece o Professor, *"a despeito de uma confusão tenaz, isto não significa que nos seu espírito os contraentes querem concluir um "contrato sem lei", nem mesmo que o contrato, considerado como um conjunto de "normas individuais", deva inteiramente bastar-se a si mesmo; eles sentem, ao contrário, embora confusamente, a necessidade de colocá-lo*

---

262. Goldman, B. "Frontières du droit et lex mercatoria", in Archives de Philosophie du Droit, n.º 09, Paris: Sirey, 1964, p183-184. Nota: a tradução do texto original em francês foi feita de forma livre por Valério Mazzuolli.

263. Goldman, B. "Frontières du droit et lex mercatoria", in Archives de Philosophie du Droit, n.º 09, Paris: Sirey, 1964, p. 184. Nota: a tradução do texto original em francês foi feita de forma livre por Valério Mazzuolli.

no quadro de normas gerais, mas pensam também que estas normas podem ser encontradas no direito profissional, nos usos ou nos princípios gerais [de direito] ultrapassando as fronteiras nacionais"[264].

A arbitragem é, assim, um dos instrumentos fundamentais da nova *lex mercatoria*, e não pode deixar de ser levada em consideração quando se trata de analisar a ordem mercatória sob a ótica do sistema jurídico[265]. A efetividade da decisão arbitral não repousa na força do Estado, mas na da corporação em que se integram as partes litigantes. O vencido que não acatar os mandamentos do laudo arbitral, de tal corporação será automaticamente excluído, ante a falta de credibilidade e de confiabilidade que passará a caracte-

---

264. Goldman, B. "*Frontières du droit et lex mercatoria*", in *Archives de Philosophie du Droit*, n.º 09, Paris: Sirey, 1964, p.184-185. Nota: a tradução do texto original em francês foi feita de forma livre por Valério Mazzuolli.. Nas palavras do Prof. José Carlos de Magalhães: "A *lex mercatoria* não compete com a lei do Estado, nem constitui um direito supranacional que derroga o direito nacional, mas é um direito adotado, sobretudo, na arbitragem comercial internacional ou outra forma de resolução de controvérsias, *ad latere* do sistema estatal. Este o sentido e a amplitude da chamada *lex mercatoria*. Mesmo porque, como notou Christoph W. O. Stoecker, os tribunais nacionais não a aceitam como corpo de lei alternativa a ser aplicado em um litígio. Acatando-a, estaria o Estado abdicando de parte de sua soberania em favor de mãos invisíveis de uma comunidade de mercadores em constantes mudanças. Na verdade, a aplicação da *lex mercatoria* por juízes nacionais não é compatível com a própria concepção da *lex mercatoria*, lastreada no caráter corporativo da comunidade de profissionais ou dos operadores do comércio internacional. Daí o vínculo estreito entre a *lex mercatoria* e a arbitragem" ("*Lex Mercatoria*: evolução e posição atual". In: *Revista dos Tribunais, vol. 709* (doutrina cível), São Paulo, novembro de 1994, p. 43).
265. Cf. Kahn, P "Droit international économique, droit du développement, *lex mercatoria*: concept unique ou pluralisme des ordres juridiques?" In: *Le droit des relations économiques internationales: études offertes à Berthold Goldman*, Paris: Librairies Thechiniques, 1982.p. 106.

rizá-lo perante os demais atores do comércio internacional.[266]

Entretanto, nem a constatação material da existência de uma nova *lex mercatoria*, nem a constatação psicológica da referência que a ela é feita, não bastam a Goldman para conferir a estas normas costumeiras do comércio internacional o caráter de *regras de direito*, sendo necessário verificar se a nova *lex mercatoria* é merecedora ou não desta qualificação.

Para tanto, Goldman transita à segunda parte de seu estudo, a fim demonstrar os diversos métodos que podem ser empregados para caracterizar o direito. Ou seja, sua proposta é verificar quais são os critérios determinadores das condutas humana, as que constituem *regras* (isto é, que não são seguidas de maneira unicamente espontânea, mas que se deve seguir) e além disso, as que constituem regras *jurídicas*. Para o professor, pode-se "definir a regra de direito por seu domínio ou por seu objetivo — o que vem a ser, de uma ou outra maneira, a incorporação à sua substância; mas pode-se também qualificá-la por meio de critérios formais — buscados, deve-se compreender, na sua origem, no seu alcance e na sua utilização[267]". *E é sob este duplo esclarecimento que Goldman coloca, alternadamente, a ex-*

---

266. Magalhães, J. C. — "*Lex Mercatoria*: evolução e posição atual". In: *Revista dos Tribunais, vol. 709* (doutrina cível), São Paulo, novembro de 1994, p. 43. *Vide*, ainda, Philippe Kahn, "Droit international économique, droit du développement, *lex mercatoria*: concept unique ou pluralisme des ordres juridiques?", In: *Le droit des relations économiques internationales: études offertes à Berthold Goldman*, . Paris: Librairies Thechiniques, 1982, pág. 102-103.

267. Goldman, B. "Frontières du droit et lex mercatoria", in Archives de Philosophie du Droit, n.° 09, Paris: Sirey, 1964, p. 185. Nota: a tradução do texto original em francês foi feita de forma livre por Valério Mazzuolli.

periência descrita anteriormente, para indagar se ela depende ou não do direito.

A primeira constatação que o professor de Paris faz aqui, é que o direito se compõe das regras do jogo econômico, onde estariam incluídos os princípios, as disposições e contratos-tipo e os usos seguidos no comércio internacional. "Pode-se primeiramente estimar que o direito se compõe das regras do jogo econômico — embora esta concepção pareça ter somente valor estatístico: porque se é verdade que a maioria das normas jurídicas dizem respeito às relações econômicas, está, entretanto, claro, que o direito intervém para proteger interesses afetivos ou morais cuja repercussão patrimonial é nula ou pelo menos muito indireta. Mas, seja como for, os princípios, as disposições e contratos-tipo e os usos seguidos no comércio internacional, se situam incontestavelmente no domínio econômico, de modo que eles mereceriam, nesse ponto de vista, ser considerados como jurídicos"[268].

E assim conclui o internacionalista francês: "De maneira mais variada — e a nosso ver mais justa — observou-se que o círculo da família e os vínculos de amizade, se eles não são inteiramente impermeáveis ao direito, englobam, entretanto, amplas zonas de 'não-direito', e que pode ser mesmo assim quando as situações que se formam não são desprovidas de toda incidência econômica (como por exemplo nas disposições testamentárias precatórias, ou o transporte gratuito). Ainda aí, tais limitações não poderiam evidentemente excluir as relações comerciais internacionais do domínio do direito, admitindo mesmo uma certa forma de

---

268. Goldman, B. "Frontières du droit et lex mercatoria", in Archives de Philosophie du Droit, n.º 09, Paris: Sirey, 1964, p. 185. Nota: a tradução do texto original em francês foi feita de forma livre por Valério Mazzuolli.

'amizade' (que deveria, de preferência, chamar-se 'confraternidade' ou 'solidariedade profissional') que unem os que aí participam, e explica, entre outros fatores, a observação espontânea de normas não-estatais[269]".

Esta última constatação, entretanto, segundo Goldman, não autoriza concluir que se submetendo a tais normas, os participantes do comércio internacional teriam o sentimento de se colocarem em uma *situação de puro fato*. O exportador de trigo, por exemplo, que vende se referindo a um contrato-tipo da *London Corn Trade Association*, ou o banqueiro que confirma um crédito documentário segundo as Regras e Costumes da C.C.I pensa — se está de boa-fé — que deverá seguir as prescrições desses documentos. Para ele, eles não se consideram, em absoluto, "à margem" do mundo jurídico[270].

O primeiro passo do Professor, então, para caracterizar, por critérios formais, a *lex mercatoria* como direito, foi o de definir o conteúdo do termo *regra*, e para tanto, tomou emprestada a conceituação, àquele tempo ainda inédita, de Batiffol, para quem uma *regra* "é uma prescrição de caráter geral, formulada com uma precisão suficiente para que os interessados possam conhecê-la antes de agir"[271].

E a esse respeito o Professor Goldman leciona: "Admitiremos, sem dificuldade, que as cláusulas dos contratos-

---

269. Goldman, B. "Frontières du droit et lex mercatoria", in Archives de Philosophie du Droit, n.º 09, Paris: Sirey, 1964, p. 185-186. Nota: a tradução do texto original em francês foi feita de forma livre por Valério Mazzuolli.
270. Goldman, B. *"Frontières du droit et lex mercatoria", in Archives de Philosophie du Droit*, n.º 09, Paris: Sirey, 1964, p. 186.
271. Goldman, B. "Frontières du droit et lex mercatoria", in Archives de Philosophie du Droit, n.º 09, Paris: Sirey, 1964, p. 187-188. Nota: a tradução do texto original em francês foi feita de forma livre por Valério Mazzuolli.

tipo, ou os usos codificados correspondem a esta definição, pelo menos no que concerne à generalidade, à precisão e à publicidade. A hesitação é, sem dúvida, permitida quanto trata-se das 'regras' costumeiras do comércio internacional, como aquelas das quais nós citamos alguns exemplos: se se pode notadamente, considerar que a sanção do abuso de direito ou a oponibilidade das cláusulas impressas têm sido realmente tiradas pelo árbitro de um fundo comum preexistente e conhecido, senão formulado com precisão, é mais difícil de admiti-lo, por exemplo, para a presunção de garantia de troca nos contratos internacionais. Mas, para dizer a verdade, a dificuldade não é específica às normas do comércio internacional. Ela se encontra cada vez que o juiz passa insensivelmente da interpretação de uma regra preexistente — escrita ou não, mas certa e conhecida, ou pelo menos conhecível — para a elaboração de uma regra nova; em resumo, para contestar o caráter de regras às normas ou princípios extraídos pelos árbitros do comércio internacional, poder-se-ia também recusá-los para a 'presunção de responsabilidade' do guarda, da qual ninguém sustentará que ela foi extraída do Código Civil. Dir-se-á que estas normas ou princípios são menos conhecidos que as soluções constantes da jurisprudência estatal? A observação é exata, mas não revela uma diferença fundamental, porque as soluções arbitrais não são realmente ignoradas no meio profissional ao qual elas dizem respeito[272]".

A indagação que Goldman coloca aqui é a seguinte: de onde vem, entretanto, que se decide mal, sob o ângulo da

---

272. Goldman, B. "Frontières du droit et lex mercatoria", in Archives de Philosophie du Droit, n.º 09, Paris: Sirey, 1964, p. 188. Nota: a tradução do texto original em francês foi feita de forma livre por Valério Mazzuolli.

regra, em equiparar inteiramente estas normas às leis ou aos costumes dependendo de uma ordem jurídica estatal?

Segundo Goldman, inicialmente pode-se hesitar em admitir que as regras da *lex mercatoria* sejam efetivas *prescrições* — porque esta noção implica na de *comando*. As cláusulas dos contratos-tipo ou os usos codificados não se impõem às partes, poderia se pensar, em virtude de sua livre adesão; e esta não é, ela própria, constrangida senão em virtude de uma lei estatal — o artigo 1.134 do Código Civil francês, e os textos correspondentes nos outros países. Para ele, encontra-se aqui "a objeção precedentemente reservada, que recusaria às normas estudadas, o caráter de regras (partindo-se das regras de direito) porque a abstração mesmo feita com toda a investigação de uma sanção, elas são, em si, radicalmente incapazes de comandar[273]".

Mas tal objeção, para o Professor de Paris, não é sem réplica. Nas suas palavras: "A experiência concreta do comércio internacional parece realmente estabelecer que de fato, 'os pequenos são obrigados a seguir as regras estabelecidas pelos grandes' — em outros termos, que a maioria das empresas deverá realmente, se elas querem participar do comércio internacional, adotar os contratos-tipo elaborados pelas organizações profissionais ou pelas maiores empresas do seu ramo de atividade. Por outro lado, de um ponto de vista menos rasteiro, não é de modo algum correto que as partes em um contrato internacional observem suas cláusulas (elas próprias emprestadas de um contrato-tipo) porque cada qual estima que sua lei estatal da qual ela depende a constrange, nem que seja por referência mais ou

---

273. Goldman, B. "Frontières du droit et lex mercatoria", in Archives de Philosophie du Droit, n.º 09, Paris: Sirey, 1964, p. 188. Nota: a tradução do texto original em francês foi feita de forma livre por Valério Mazzuolli.

menos implícita a uma tal lei estatal que árbitros imporão eventualmente o respeito; encontra-se, de certo modo, tanto em uns como nos outros, a consciência de uma regra comum do comércio internacional, muito simplesmente expressa no adágio pacta sunt servanda. E pouco importa,, para nosso propósito, que esse adágio coincida com as regras estatais do tipo do artigo 1.134 do Código Civil; porque se é dele que os contratos-tipo e os usos codificados emprestam sua força constrangedora, eles são prescrições, da mesma maneira que as regras supletivas de um direito interno"[274].

Na seqüência de seu raciocínio, o Professor faz a seguinte colocação: *"Permanece, entretanto, que a existência, hipoteticamente admitida, de uma regra comum pacta sunt servanda não basta para conferir ao conjunto das normas do comércio internacional, no estágio atual de seu desenvolvimento o caráter de um sistema de direito"*. E conclui: "Assim, por exemplo, não se encontrará regras relativas à capacidade dos contraentes ou aos vícios do consentimento — cuja necessidade é, além do mais, bastante teórica; mas, praticamente, a medida dos poderes dos órgãos ou dos representantes de uma sociedade comercial é determinada de maneira variável pelas diversas leis estatais, sem que se aperceba como uma regra costumeira comum poderia unificá-las; a mesma observação vale para a prescrição liberatória, e se poderia dizer sem dúvida lhe encontrar outras ilustrações"[275]

---

274. Goldman, B. "Frontières du droit et lex mercatoria", in Archives de Philosophie du Droit, n.° 09, Paris: Sirey, 1964, p. 188-189. Nota: a tradução do texto original em francês foi feita de forma livre por Valério Mazzuolli.
275. Goldman, B. "Frontières du droit et lex mercatoria", in Archives de Philosophie du Droit, n.° 09, Paris: Sirey, 1964, p. 189. Nota: a

Está provavelmente aí — segundo ele — a segunda explicação do mal estar que se prova querendo assimilar completamente as normas das quais se trata para regras de direito. Ela procede do sentimento mais ou menos definido de que somente é verdadeira *regra de direito*, aquela que se integra em um *sistema* completo e que se basta a si mesma. A regra isolada, para Goldman, parece capenga, que deve se apoiar em uma muleta buscada em uma ordem diferente.

A conclusão que chega o professor da Faculdade de Direito de Paris, aqui, é a seguinte: "Tomar partido nessa exigência suplementar da definição do direito, ultrapassaria o quadro dessas observações. Notemos somente que ela não impediria que em si, cada norma específica do comércio internacional tivesse realmente as características de uma regra; é somente seu conjunto que não formaria um sistema de direito. Mas observamos também que uma concepção monista da ordem jurídica das relações econômicas faria desaparecer a objeção: admitiria-se então, que um contrato do comércio internacional seja submetido às suas próprias regras, ultrapassando as fronteiras dos Estados eventualmente completadas por regras estatais. E é aqui o momento de acrescentar que sendo obra de árbitros internacionais, a designação destas regras estatais poderia progressivamente ser feita em virtude de um sistema de solução dos conflitos ele mesmo comum, em vez de ser fundada sobre o direito internacional privado de um país determinado, mas cuja escolha não é jamais isenta de arbitrariedade[276]."

---

tradução do texto original em francês foi feita de forma livre por Valério Mazzuolli.
276. Goldman, B. "Frontières du droit et lex mercatoria", in Archives de Philosophie du Droit, n.º 09, Paris: Sirey, 1964, p. 189. Nota: a

A conclusão aqui, é no sentido de que o caráter de *regras* não pode ser recusado aos elementos constitutivos da *lex mercatoria*", embora esta não forma um *sistema* inteiramente autônomo.O exemplo dado pelo Professor Kahn das *"cláusulas de estabilização da legislação apresentadas nos contratos de investimento concluídos nos anos 60 com o Estados africanos, mas que não são mais aceitas hoje por esses mesmos Estados, leva a maior reserva. Enfim, se não se pode negar que os agentes do comércio internacional procuram sempre sua inspiração fora dos direitos estatais, e organizam uma rede de direitos e obrigações que os direitos estatais abandonam o mais freqüentemente à sua autonomia, não resulta necessariamente que o arranjo assim realizado por uns, fossem os mais numerosos ou os mais importantes, tenha valor de norma para os outros".*[277].

A *lex mercatoria* pode ser entendida como um "conjunto de normas" formadoras de um *sistema jurídico*. Em trabalho publicado em 1979 Goldman chegou a afirmar que *"a lex mercatoria preenche realmente a função de um conjunto de regras de direito"*. A diferença entre esta afirmação e a doutrina contida no artigo anterior, de 1964, objeto deste estudo, teria consistido, segundo Lagarde, "na absorção pela lex mercatoria dos princípios gerais do direito no sentido do art. 38 do Estatuto da Corte Internacional de Justiça. E como esses princípios cobrem o conjunto do direito das obrigações contratuais e extra-contratuais e do procedimento, a lex mercatoria que os utiliza teria portanto vocação para reger o conjunto dessas questões e merece-

---

tradução do texto original em francês foi feita de forma livre por Valério Mazzuolli.

277. Lagarde, P.-. "Approche critique de la *lex mercatoria*". In: *Le droit des relations économiques internationales: études offertes à Berthold Goldman*. Paris: Librairies Thechiniques, 1982, pp. 129-130.

ria, então, o caráter de ordem jurídica no sentido de conjunto organizado de normas, salvo algumas exceções pouco significativas como a capacidade ou os vícios do consentimento²⁷⁸"

Esta demonstração, da maneira em que foi colocada a questão, permitiria aos "princípios gerais do direito" fazer nascer a *lex mercatoria*, permitindo aos árbitros, quando chamados a resolver os litígios dela advindos, deduzir desses princípios gerais, cuja positividade estaria garantida pelo art. 38 do Estatuto da CIJ, as soluções a serem dadas

---

278. P Lagarde, P.-. "Approche critique de la lex mercatoria". In: Le droit des relations économiques internationales: études offertes à Berthold Goldman. Paris: Librairies Thechiniques, 1982, p. 131. Como destaca o Prof. Lagarde: "Deve-se observar bem o raciocínio pelo qual esta anexação dos princípios gerais à lex mercatoria se encontra realizada. Por diversas vezes, em seu artigo de 1979, o Sr. Goldman afirma que os princípios gerais, no sentido do art. 38 [do Estatuto da CIJ] são um elemento constitutivo da lex mercatoria. A dificuldade existe, evidentemente, porque esses princípios gerais são os do direito internacional tal como o encara o dito art. 38, portanto de uma ordem jurídica cujos sujeitos principais são os Estados e não os agentes do comércio internacional. E de fato, o Sr. Goldman recusa a idéia como as empresas privadas pretendiam se referir, 'de maneira precisa e limitativa, ao art. 38 do Estatuto da Corte, texto de direito internacional público para o qual sua atenção sem dúvida não está geralmente propensa'. Mas deve-se acrescentar logo que, 'esses princípios (...) se inserem realmente nesse direito econômico comum que forma, precisamente, a lex mercatoria, e na verdade o dominam'. A prova dela seria que esses princípios do art. 38 [do Estatuto da CIJ] são tirados do direito das obrigações e do direito processual, em resumo, do que faz a trama das relações de comércio internacional. Em outros termos, os princípios gerais do direito internacional, do qual não se pode negar o caráter positivo, uma vez que eles são consagrados pelo art. 38, derivariam eles próprios dos princípios de um direito econômico comum cuja sociedade internacional tomaria progressivamente consciência, pela jurisprudência internacional propriamente dita, enriquecida por aquela dos tribunais arbitrais de direito privado" Tradução livre de Valério Mazzuolli).

ao caso concreto, na ausência de regras precisas advindas da prática espontânea dos agentes do comércio internacional.[279].

Resta saber, então, se as regras da *lex mercatoria* são jurídicas pela sua *origem*, ou seja, se emanam de uma *autoridade*. Para o Professor Goldman: "Colocar a questão é postular que uma tal 'proveniência' é indispensável para que uma norma seja jurídica — e este postulado não é universalmente admitido. As escolas históricas do direito vêem neste um fenômeno espontâneo, nascido do "espírito do povo" (Volksgeist); e a escola sociológica, vê um fato social. E parece efetivamente difícil unir indissoluvelmente direito e autoridade: não se chegaria assim a negar que o direito costumeiro seja [parte] do direito, ou pelo menos a não lhe reconhecer este caráter senão a partir do momento em que ele é consagrado por uma aplicação judiciária, o que seria de novo confundir direito e contencioso? A mesma observação valeria para amplos setores do direito inter-

---

279. Lagarde, P.-. "Approche critique de la *lex mercatoria*". In: *Le droit des relations économiques internationales: études offertes à Berthold Goldman*. Paris: Librairies Thechiniques, 1982, p. 131. Lagarde discorda deste raciocínio. *"Se a lex mercatória constitui um conjunto de regras, este conjunto é distinto daquele constituído pelo direito internacional. Não é porque os princípios do direito internacional — como aliás os das ordens jurídicas estatais — derivam de categorias comuns, que se deve reconhecer um caráter de positividade a tudo o que poderia ser deduzido desse fundo comum. A positividade dos princípios do direito internacional, como a dos princípios dos direitos estatais, se configura porque esses direitos são, eles próprios, direitos positivos. Parece difícil afirmar que os princípios gerais da lex mercatoria têm valor de direito positivo, se previamente não se colocou que a lex mercatoria constituía uma ordem jurídica positiva. Ora, seria necessário para aí chegar, um outra demonstração quanto à realidade positiva desses mesmos princípios"* (Tradução livre de Valério Mazzuolli).

nacional público — que se hesita, entretanto, a considerar sempre como estranhos ao domínio do direito".[280]

O professor continua: *"De resto, as cláusulas dos contratos-tipo, como os usos codificados do comércio internacional não são, em seu estado atual, frutos de uma elaboração espontânea, mas sim de uma 'edição', ou de uma constatação 'informadora'. Estas emanam, o mais freqüentemente, de organismos profissionais que não são certamente autoridades públicas (embora no caso importante dos contratos-tipo da Comissão Econômica para a Europa das Nações Unidas, seja a instituição internacional suprema que tenha suscitado e orientado sua elaboração); mas os 'operadores' do comércio internacional não as consideram como menos qualificadas para definir suas normas. Ora, admitindo mesmo que para merecer, sem reserva, o qualificativo de 'jurídico', uma regra deva ter sido editada ou formulada por uma autoridade — ou pelo menos que um conjunto de regras permaneceria à margem do direito se nenhuma delas tivesse uma tal origem — semelhante condição somente se justificaria porque ela traduziria, com outras (a precisão, a generalidade, a publicidade e a sanção) a necessidade de certeza, de previsibilidade e de efetividade da regra do direito. Mas seria então satisfeito, entretanto, que a regra seja obra de uma autoridade profissional, ou de uma autoridade pública"*[281].

---

280. Goldman, B. "Frontières du droit et lex mercatoria", in Archives de Philosophie du Droit, n.º 09, Paris: Sirey, 1964, p. 190. Nota: a tradução do texto original em francês foi feita de forma livre por Valério Mazzuolli.

281. Goldman, B. *"Frontières du droit et lex mercatoria"*, in *Archives de Philosophie du Droit*, n.º 09, Paris: Sirey, 1964, p. 190. Nota: a tradução do texto original em francês foi feita de forma livre por Valério Mazzuolli.

Apesar de ser verdade que numerosos contratos-tipo são obra singular de uma única empresa, suficientemente poderosa para impô-los aos seus co-contraentes, não se pode considerar, segundo Goldman, que as cláusulas de tais documentos emanam de uma autoridade *exterior* aos contratos concluídos pela própria empresa; e fica difícil admití-la, mesmo que um tal contrato-tipo seja utilizado em contratos particulares aos quais esta empresa permaneceria estranha. E isto porque, "por mais poderosa que ela seja, esta pode, com efeito, ser considerada como uma força na profissão, mas não como uma autoridade profissional. Quando muito se admitirá que uma ampla difusão de um tal contrato-tipo poderia conferir com o decorrer do tempo, às suas cláusulas, o caráter de regras costumeiras, buscando sua efetividade no consensus da profissão; mas exemplos de uma tal evolução parecem ter sido pouco citados"[282].

Nas palavras do Professor Goldman: "*De maneira mais geral, uma outra reserva poderia ser empregada para uma qualificação 'jurídica' das normas profissionais, mesmo emanando de órgãos representativos ou de associações: afirmou-se, com efeito, que elas não seriam de toda maneira aplicadas, em cada país, a não ser que a autoridade pública desse país admita a sua aplicação. Fontes juris originais por sua proveniência material, as novas fontes do direito comercial internacional*" não o seriam se se considera o poder de comando que elas manifestam. Ao nível da aplicação não contenciosa das normas, esta afirmação parece muito discutível; ela retomaria, efetivamente, nos parece, sua 'fixação'

---

282. Goldman, B. "Frontières du droit et lex mercatoria", in Archives de Philosophie du Droit, n.º 09, Paris: Sirey, 1964, p. 190. Nota: a tradução do texto original em francês foi feita de forma livre por Valério Mazzuolli.

já contestada em uma regra de liberdade contratual dependendo de uma ordem jurídica interna. A menos que se sustente que, mesmo uma regra comum pacta sunt servanda não poderia ser seguida senão porque cada Estado quer realmente admiti-la, em seu território; mas é bom levar em conta a psicologia dos que a aplicam e também, recusar a hipótese de um direito comercial internacional porque excluiu-se dela, antecipadamente essa possibilidade"[283].

A conclusão do Professor aqui, é no sentido de que não é seguro que a observação esteja fundada em relação à aplicação contenciosa das normas pelos árbitros do comércio internacional. Para ele, a experiência ensina que estes não agem no interior de uma ordem jurídica estatal, mas se colocam, ao contrário, imediatamente, no nível da comunidade internacional dos comerciantes[284].

A dificuldade vinda do fato de que a *lex mercatoria* não é um sistema jurídico completo, e acrescenta-se, também, que ela não diz respeito a uma coletividade politicamente organizada, que só pode ser dotada de uma força coercitiva irresistível. Mas isso não é suficiente — segundo Goldman — para constatar que pelo menos algumas das normas que a compõem — e em verdade todas, com exceção dos contratos-tipo emanado de empresas isoladas — são realmente "regras gerais de direito", e não simples normas individuais presas à uma regra estatal reconhecendo força obrigatória aos contratos. Tampouco se pode desconhecer — ainda segundo Goldman — o seu movimento em direção a

---

283. Goldman, B. *"Frontières du droit et lex mercatoria"*, in *Archives de Philosophie du Droit*, n.º 09, Paris: Sirey, 1964, p. 190-191. Nota: a tradução do texto original em francês foi feita de forma livre por Valério Mazzuolli.
284. Goldman, B. *"Frontières du droit et lex mercatoria"*, in *Archives de Philosophie du Droit*, n.º 09, Paris: Sirey, 1964, p. 191.

uma sistematização certamente incompleta, mas crescente[285].

A conclusão a que chegou Goldman em seu primoroso trabalho foi a de que a lex mercatoria situa-se, tanto substancial como formalmente, no domínio do direito, tendo ainda a finalidade de cuidar para que os interesses que ela persegue para sua satisfação permaneçam suficientemente equilibrados para garantir a legitimidade de suas prescrições[286].

Seria possível concluir portanto que a lex mercatoria é consubstanciada por um conjunto de regras costumeiras,

---

285. Goldman, B. *"Frontières du droit et lex mercatoria"*, in Archives de Philosophie du Droit, n.° 09, Paris: Sirey, 1964, p. 191"A experiência prova, não somente que as sentenças arbitrais são na maioria das vezes executadas espontaneamente, o que já atestaria a efetividade das regras que elas colocam em prática se fossem despojadas de sanções aplicáveis pela coletividade dos comerciantes; mas também que tais sanções existem. Um notável inventário delas foi recentemente preparado: encontram-se aí, notadamente, sanções disciplinares aplicadas pelos agrupamentos corporativos, a sanção de ordem moral (mas com repercussão profissional e material) consistindo na publicidade da sentença, das sanções diretamente profissionais como a eliminação de uma bolsa de comércio ou de algumas operações comerciais, até mesmo das sanções pecuniárias garantidas por consignações prévias. Certamente — salvo às do último tipo, praticamente limitadas, parece, a cobrança de despesas da arbitragem — estas diversas 'sanções' são, de preferência, meios de assegurar *indiretamente* a execução da sentença do que procedimentos de execução forçada propriamente ditos; mas que elas sejam primeiramente cominatórias não devem dissimular seu caráter praticamente coercitivo. Será conveniente, também, que a licitude de algumas dentre elas possa ser discutida, e foi efetivamente recusada pelos tribunais, em particular na França; mas essas dificuldades dizem respeito, na maioria das vezes, às modalidades de aplicação das sanções profissionais em lugar de seu próprio princípio".Tradução livre de Valério Mazzuolli.
286. Goldman, B. "Frontières du droit et lex mercatoria", in Archives de Philosophie du Droit, n.° 09, Paris: Sirey, 1964, p. 191.

compostas por usos e princípios, de direito material (e não por regras de conflito de leis no espaço) que são criadas espontaneamente, durante as atividades do comércio internacional, ou elaboradas pela jurisprudência arbitral, quando através de interpretação alargada, aplicam estes costumes à solução dos conflitos. É a Lex Mercatoria que rege as relações comerciais das grandes empresas transnacionais por meio de contratos-tipo, inclusive das grandes empresas que recebem em concessão o dever de prestar e prover os serviços públicos.

5.3. Investimentos Internacionais e Empresas Transnacionais

No contexto do mundo globalizado, os países em desenvolvimento defrontam-se com questões vitais ligadas ao financiamento do seu progresso, como as decisões sobre quanto e onde investir, que hoje fogem ao controle doméstico, tanto pela presença cada vez mais ostensiva das empresas transnacionais quanto pela volatilidade do capital financeiro internacional. Como exemplo, dentre as 1000 maiores empresas latino-americanas, 58% delas são de capital majoritariamente estrangeiro, ante 34.7% de empresas de capital privado nacional e 7.3% de estatais[287].

As empresas transnacionais, atualmente, se estabelecem nos países hospedeiros por meio de contratos de *joint ventures*. Strenger[288] define a *joint venture* como a fórmula contratual que consente na instauração de uma relação de

---

287. GAZETA MERCANTIL LATINO-AMERICANA. 1000 Maiores Empresas da América Latina. Ano I, Nº 1, Setembro, 1999.
288. STRENGER, I — *Contratos Internacionais do Comércio*. São Paulo: LTR, 1998. p. 399).

colaboração ocasional sem determinação obrigatória de um esquema societário. As *joint ventures* surgiram no contexto de crescimento industrial dos Estados Unidos no final do século XIX. Neste sentido, configuram-se em uma parceria de empresas tendo como objetivo a criação de uma terceira empresa.

Deve-se, assim, distinguir, de acordo com os ensinamentos de Strenger[289] as motivações que acompanham as estipulações dos contratos *joint ventures* e a constituição das *joint ventures corporations* em países de economia avançada e países em via de desenvolvimento. No caso de investimentos em países de economia avançada, a *joint venture* constitui instrumento de concentração pela coordenação interna de largo espectro de possibilidades de intervenção, aberta aos investidores.

A situação é, todavia, completamente outra nos países em desenvolvimento, nos quais, em grande parte, as joint-ventures constituem instrumento de cooperação industrial para realizar finalidades econômicas de crescente importância e também uma forma de regulamentação dos investidores estrangeiros com o escopo de favorecer a participação local na sua gestão e assim garantir constante presença no plano do desenvolvimento nacional. No Brasil, as *joint ventures* podem ser estabelecidas através de sociedades limitadas ou sociedades anônimas.

Se comparados às empresas nacionais, os acionistas ou sócios têm importância relativa na formação do capital da empresas transnacionais, uma vez que estas podem obter os recursos de que necessitam no mercado financeiro. Não se pode olvidar também que o capital nas empresas trans-

---

289. STRENGER, I — *Contratos Internacionais do Comércio*. São Paulo: LTR, 1998 pág. 400.

nacionais apresenta a peculiaridade de ser originário de países diferentes.

Comparato, citado por Baptista[290] afirma que outro aspecto típico da formação do capital da "macroempresa" é o desligamento da empresa pelo acionista, que a vê na maioria das vezes como fonte de investimento, desvinculando-se das questões relativas à administração e políticas adotadas pela empresa.

O empresário é aquele que planeja e executa, ou seja, quem conduz a empresa. Nas macroempresas, inclusive a transnacional, estas atividades são executadas pela diretoria, normalmente constituída por homens especializados em administração de empresas, o que se denomina "gestão profissional". Este tipo de gerência desvincula-se (ou vincula-se em menor grau a) de laços familiares e sentimentais, pelo menos se comparada à administração das empresas familiares ou empresas de menor porte.

Outro aspecto relacionado à gestão das empresas transnacionais é que esta pode ser realizada por profissionais trazidos das matrizes. Todavia, há uma forte tendência à utilização de profissionais provenientes dos países hospedeiros que apresentam a vantagem de conhecerem bem o mercado e, principalmente, os aspectos culturais que, com certeza, influenciam a "performance" da empresa.

Os trabalhadores têm o mesmo papel em todas as empresas, todavia nas transnacionais são em geral nativos dos diferentes países em que estas atuam. O acesso à mão de obra mais barata é considerado como uma das motivações para a instalação de empresas transnacionais em países em desenvolvimento. Em contraposição, o processo de globalização impõe a utilização de tecnologias cada vez mais avan-

---

290. BAPTISTA, Luís Olavo. *Empresa Transnacional e Direito*. São Paulo: Editora Revista dos Tribunais, 1987, pág. 20.

çadas, alterando esta realidade. Faz-se, assim, necessária a qualificação da mão de obra, até mesmo a dos países em desenvolvimento, como condição *sine qua non* para o aumento da produtividade e eficiência da empresa transnacional, mantendo-a em situação de competitividade no mercado internacional.

Importa ressaltar que na "sociedade global", as medidas tomadas pelas transnacionais em relação aos trabalhadores de cada país repercutem nos demais. Além disto, vislumbra-se um processo de automação constante destas empresas e de diminuição da mão de obra utilizada por elas, o que vem resultando em alterações nas relações de trabalho, culminando com a flexibilização das legislações trabalhistas, muitas vezes, em favor dos interesses do capital e visando apenas e tão somente a manutenção do nível de emprego da mão de obra.

Há, ainda, dois importantes componentes relacionados às empresas transnacionais: os consumidores e fornecedores.Na atual "economia globalizada", os consumidores ou clientes norteiam as políticas das empresas, especialmente as transnacionais. O cliente passou a ser o foco primordial de todas as estratégias empresariais e está cada vez mais exigente quanto à qualidade e preço dos produtos. Esta situação acentua-se com a concorrência cada vez mais acirrada entre as empresas. Deste modo, no mercado globalizado o consumidor tem a opção de escolher entre diversas marcas, composições, passando também a considerar as formas de fabricação dos produtos, especialmente relacionadas à preservação do meio ambiente e às condições de trabalho.

Para atuar neste cenário, as empresas passaram a adotar programas de qualidade total e a adicionar valor agregado a seus produtos, diferenciando-os dos demais. Outro aspecto cada vez mais acentuado é a tendência à utilização de grandes campanhas publicitárias tendo em vista a conquista contínua do consumidor. No caso das empresas transnacionais, adiciona-se a estes fatos o aspecto cultural. Neste sentido, o marketing destas empresas deve estar direcionado às características específicas do cliente em cada país.

Os fornecedores são, também, um importante componente na cadeia produtiva das empresas transnacionais. Todavia, o poder de barganha destes fornecedores com relação às grandes corporações, especialmente às empresas transnacionais, apresenta-se cada vez mais prejudicado. A concorrência e a abertura dos mercados das economias dos países em desenvolvimento são fatores que contribuem para a diminuição do âmbito de negociação de fornecedores nacionais com grandes empresas transnacionais

No Brasil, as primeiras empresas que começaram a esboçar um esquema de multinacionalização de suas atividades foram casas comerciais importadoras, principalmente as que vendiam, em várias partes do mundo, artigos de consumo de luxo. A Galeria Lafayette, ainda no século XIX, com matriz em Paris, instalou filiais no Rio, São Paulo, Buenos Aires, além de outras em países europeus. Especializava-se em artigos para senhoras, principalmente de alta moda, importados de Paris e distribuídos pelas suas filiais. Também a Casa Mappin começou com sede em Londres e desenvolveu toda uma rede de filiais na América Latina, para vender de preferência, artigos destinados à população masculina[291].

Vieira & Camargo citam, ainda, que as mencionadas empresas, eminentemente comerciais, dirigiam-se a uma clientela dotada de alto poder de compra, a classe rica. Mas, à medida que a inflação alta nos países latinoamerica-

---

291. VIEIRA, D.T, & CAMARGO, L. C. *Multinacionais no Brasil: diagnóstico e prognóstico*. São Paulo: Editora Saraiva, 1976.pág. 79.

nos aliada à desvalorização do câmbio, tornou mais difícil as importações e principalmente depois que, para proteger as indústrias de tecidos e de perfumarias nacionais, as tarifas alfandegárias foram altamente elevadas, para dificultar a entrada destes tipos de artigos, os acionistas estrangeiros desinteressaram-se do negócio e o controle acionário foi passado para os nacionais dos países onde as filiais se haviam instalado, até a sua completa nacionalização.

Todavia, no pós-guerra e, principalmente, a partir de 1957, o governo brasileiro, para implantar a indústria automotora, permitiu a entrada de fábricas completas, sem pagamento de direitos alfandegários e, iniciou uma política tarifária de elevação gradativa e crescente de direitos para dificultar a entrada de maquinaria e produtos importados. Foram, então, instaladas várias empresas transnacionais no Brasil.

Outro aspecto da instalação de transnacionais no país é a garantia, ao mesmo tempo, da independência de operações locais das filiais e a exportação para terceiros países, em condições mais vantajosas como no caso da ALALC e, mais recentemente, do MERCOSUL.

Baptista assevera que a maioria dos países tem admitido, de fato ou de direito, que uma empresa originária do exterior possa realizar atos isolados em seu território. Para isso, a mais universal das exigências é a de que a sociedade estrangeira que vai praticar o ato esteja devidamente constituída em seu país de origem, é o que se denomina Teoria da Hospitalidade Perfeita para atos isolados[292].

Já a atuação permanente ocorre com a criação da filial ou da subsidiária. A filial foi a mais utilizada no começo deste século e fins do século passado. Neste contexto, a

---

292. BAPTISTA, Luís Olavo. *Empresa Transnacional e Direito*. São Paulo: Editora Revista dos Tribunais, 1987, pág. 79.

empresa estrangeira pedia licença para atuar no país através de uma filial que funcionava como simples departamento da firma estrangeira e, por isso, gozava de direitos limitados e obrigações especiais. As filiais levaram à instalação de subsidiárias segundo a lei do país hospedeiro.

Baptista[293] informa, nesta perspectiva, que a legislação brasileira previu duas situações e mandamentos diferentes: o da filial ou escritório, ou representação da empresa estrangeira que, cumprindo determinados requisitos, adquire personalidade jurídica perante as leis do Brasil. O outro regime é o daquela empresa que, tendo trazido o seu capital para o país regularmente, registrando-o no Banco Central, tem garantido o direito e repatriá-lo, bem como aos lucros, e assegurada a sua atuação em termos igualitários com os brasileiros, constituindo uma sociedade sob as leis do Brasil.

Os requisitos para a autorização são muitos e refletem a preocupação do controle governamental. A primeira exigência é a de que a postulante prove ser regularmente constituída no país de origem, anexando seus estatutos, relação de acionistas e sócios, exceto quando forem ações ao portador. Verifica-se, assim, que a personalidade jurídica e existência da sociedade devem ser provadas, sendo que essa prova deve ser feita segundo as leis do país de origem: "locus regit actum". É também exigida a autorização pela assembléia de acionistas ou da reunião de administradores (conforme imponham os estatutos da pessoa jurídica) da criação da filial no Brasil e destacando o capital para esse propósito.

Outro requisito importante é o de designação de representantes, que deverão ser domiciliados no Brasil, com os

---

293. BAPTISTA, Luís Olavo. *Empresa Transnacional e Direito*. São Paulo: Editora Revista dos Tribunais, 1987, pág. 97.

mais amplos poderes para agir pela sociedade e para aceitar quaisquer condições impostas pelo Governo para conceder autorização. Atendidos estes e outros requisitos de menor importância, chega-se à fase da publicidade: a filial deve dar a público todas as operações que no seu país o são, e mais aquelas que o devam ser, segundo a lei brasileira.

Considerando o caráter e a amplitude das exigências para a instalação das filiais, o recurso à criação de subsidiárias tornou-se mais comum, pelas maiores facilidades. Neste caso, a constituição da sociedade, segundo as leis brasileiras, atribui-lhes, para efeito de obediência à lei, nacionalidade brasileira.

Leandro Amaral Lopes citado em Silva argumenta que o processo de transferência de capitais é bastante longo no tempo. Desde a época colonial, os países capitalistas em processo de desenvolvimento, como a Inglaterra, já para possibilitar a realização de sua produção, buscavam implantar nos países coloniais da época sua produção. Esse processo evoluiu e caminhou por diversas etapas. Passou pela etapa de invasão e exploração de matéria prima e passou também pela etapa de exploração de serviços públicos, energia elétrica, petróleo, etc...Assim, esta transferência sempre se caracterizou por uma busca das empresas, apoiadas por seus países de origem, de manutenção das suas taxas de lucros elevadas[294].

Desta forma, na análise deste processo contínuo de transferência de capitais faz-se necessário considerarmos a diferença entre a empresa transnacional implantada num país desenvolvido e a empresa transnacional implantada num país em desenvolvimento, sobretudo pelo tamanho dessas empresas e seu poder. Em muitos casos, seu fatura-

---

294. SILVA, P. V. da et. al. O *Papel das Multinacionais no Desenvolvimento*. Brasília: Editora Gráfica Ipiranga, 1988, pág. 31.

mento supera o produto nacional bruto de diversos países menores. Neste sentido, as empresas transnacionais devem ser encaradas como empresas especiais, pelo seu tamanho, pelo seu controle e pelo controle que exercem em diversos setores da nação.

Num primeiro momento após a instalação das empresas, pode até ocorrer transferência de capitais, uma vez que quando a empresa vem se implantar, em geral, ela traz algum capital. Todavia, no processo que se deu nos anos 50 no Brasil, observa-se que houve uma implantação de empresas, mas com vantagens muito grandes oferecidas pelo país que, em geral, aceitava equipamentos já depreciados como equipamentos novos para possibilitar essa transferência.

Por outro lado, se nesse primeiro momento ocorreu a transferência de capitais para o país, em momentos posteriores a remessa por conta de lucros e royalties foi considerável. Ressaltar-se-á, ainda, que sob a forma de *joint ventures* atuando em países em desenvolvimento, muitas vezes as empresas transnacionais conseguem recursos de agências financiadoras dos países hospedeiros para financiar suas atividades.

Nos países de economia desenvolvida, as empresas transnacionais têm produzido resultados positivos, principalmente em termos econômicos. Nestes países, a transferência de tecnologia é realizada através de pesquisas introduzidas, inovações em técnicas de produção e administrativas, treinamento de pessoal, as quais são transmitidas às empresas locais pelos trabalhadores. Magalhães[295] assevera, assim, que as empresas que se dedicam a áreas que dependem de pesquisas e estudos científicos, por exemplo, como

---

295. MAGALHÃES, J. C-. Empresa Multinacional. Descriminação analítica de um fenômeno contemporâneo. In: *RDM*, n. 14, pp. 82.

computadores, instrumentos eletrônicos, produtos químicos e farmacêuticos e outros, geralmente promovem uma infra-estrutura de conhecimentos que se reflete na comunidade através de consumidores, fornecedores e competidores em termos altamente positivos, resultando em crescimento da economia.

Todavia, não se pode afirmar que o mesmo ocorre com a mesma intensidade para os países em desenvolvimento. Considerando que estes países são carentes de infra-estrutura para absorver a tecnologia trazida, esta acaba sendo utilizada apenas por um pequeno número de empresas estrangeiras. Além disto, a mão de obra, na maioria das vezes desqualificada, tem dificuldades de absorver as novas técnicas e, portanto, de disseminá-las para as empresas locais.

Neste sentido, a presença da transnacional resulta, para os países em desenvolvimento, em uma crescente dependência tecnológica com relação ao exterior. Com a concentração dos poderes de decisão na matriz, a qual coordena as atividades de todas as subsidiárias e formula a estratégia global da empresa, ela mantém o controle das pesquisas e desenvolvimento tecnológico. Isto tende a frustar esforços nacionais de desenvolvimento autônomo, matando, muitas vezes, iniciativas locais em favor de inovações já testadas no exterior, com o conseqüente desestímulo, do espírito criador local[296].

Outro aspecto diz respeito à questão cultural, da comunicação e da publicidade. As empresas transnacionais ocupam um grande espaço na mídia, o que aumenta o poder de influência e de controle destas sob os órgãos de comunicação. Ainda, com a dependência tecnológica, os países das

---

296. MAGALHÃES, J. C.- Empresa Multinacional. Descriminação analítica de um fenômeno contemporâneo. In: *RDM*, n. 14, pp. 85.

subsidiárias são perpetuamente condenados a exercer o papel de imitadores, ao invés de inovadores. Há uma influência social e política negativa neste sentido. Acresce-se ao fato, a motivação popular para produtos de origem estrangeira, refletindo padrões e gostos alienígenas e a criação de necessidades não essenciais. Deste modo, o reflexo cultural é, em grande parte, causado pela distorção da economia local.

As tensões surgem tendo em vista a inadequação ou a inexistência de um ordenamento jurídico internacional. Deste modo, cada Estado, seja aquele sob o qual está sujeita a matriz, sejam os governos hospedeiros das subsidiárias, aplicam sua diretriz política às unidades da empresa aque lhes são submetidas. Entretanto, essas políticas entram, forçosamente, em choque com a empresa transnacional no sentido de que, para cada país, há uma política econômica ou social diferente, uma orientação e metas de poder que quase nunca coincidem, e quase sempre divergem das da empresa que busca o seu interesse global. Assim, quanto maior for o grau de integração entre as filiais de uma empresa, tanto mais cada uma das filiais se tornará uma espécie de refém para o governo que a abriga.

Em contraposição, as empresas transnacionais tendem a levar ao país hospedeiro a filosofia econômica e política do seu país de origem. Há assim, uma preocupação do Estado Hospedeiro com a existência de um controle ou intervenção estrangeira sobre sua economia, interferindo em sua soberania.Observa-se, entretanto, a volta da interferência mínima do Estado na economia e a regulação do comércio internacional por meio de organismos internacionais, como a OMC, no mundo globalizado, o que aumenta ainda mais o poder de atuação e barganha das empresas transnacionais, especialmente se comparado ao poder de países em desenvolvimento e subdesenvolvidos.

5.4. Investimentos Estrangeiros, Concorrência e a Prestação do Serviço Público de Telecomunicações no Brasil

No início de 2002 novas questões jurídico-econômicas que somente se fariam presenciar em 2003 passam a necessitar de um pronunciamento dos órgãos públicos reguladores de serviços públicos e de defesa de concorrência.

Durante estes quatro anos em que houve a implementação da prestação de serviços públicos tal qual examinado, segundo as normas previstas pela Lei Geral de Telecomunicações, algumas situações não contempladas em seu texto têm modificado a compreensão do Estado e das empresas interessadas no que se refere à prestação de serviço público de telecomunicações por meio de concessão a empresas privadas.[297]

O primeiro diz respeito à universalização do sistema de telecomunicações previsto na LGT. Houve muitos ganhos para o usuário: não há mais longas filas para se obter uma linha de telefonia fixa, os preços dos telefones celulares os tornaram populares inclusive entre as classes de menor renda, a infra-estrutura melhorou com serviços de melhor qualidade, bem como a popularização da transmissão de dados como a internet e a transmissão móvel de dados.

Por outro lado, quando os contratos foram realizados e foram fixadas as metas de universalização elas não levaram em conta a baixa renda de muitos dos novos usuários dos serviços que não conseguem pagar pelo custo dos mesmos, elevando a inadimpência do setor. Isto vem acarretando prejuízos enormes para algumas companhias, em especial as de longa distância que têm dificuldades para realizar a cobrança dos serviços prestados. Em decorrência dos pre-

---

297. www.valoronline.com.br quarta-feira, 27 de março de 2002 — Ano 3 — Nº 475. 1. Caderno.

juízos muitas estão investindo menos no setor. Alguns setores propõem uma espécie de subsídio a ser pago pelo FUST às classes de renda mais baixa, retirando o subsídio cruzado que existe hoje na telefonia fixa.[298]

---

298. www.valoronline.com.br Sexta-feira, 8 de fevereiro de 2002 — Ano 3 — N. 444. 1. Caderno. *Ipsis litteris* "Agora, as empresas estão montando uma radiografia do que ocorreu nos anos pós privatização e já têm um esboço de diagnóstico que remete ao que consideram equívocos do modelo. Os contratos trazem compromissos de universalização dos serviços de telefonia, mas na definição das metas não se levou em conta que a população atendida pela universalização não dispõe de renda para pagar o acesso ao serviço. Com isso, os investimentos feitos criaram uma capacidade ociosa da ordem de 20% (incluindo as empresas espelho) e uma inadimplência que gerou perdas de R$ 2, 2 bilhões no ano passado, até setembro (cifra que inclui a inadimplência ocorrida mais as provisões para calotes futuros). Está aí, portanto, um item que os empresários que seja tratado na discussão sobre as revisões contratuais: redefinir o conceito de universalização e, também, quem paga o "subsídio" dado às classes C, D e E. Um estudo feito pela empresa de consultoria Booz Allen indica que os consumidores de classes mais altas (A e B) e sobretudo clientes corporativos bancam o subsídio cruzado implícito na conta das classes mais baixas, da ordem de R$ 2, 5 bilhões/ano. As empresas pensam que esse subsídio deveria ser pago pelo Fust (fundo de universalização), cujos recursos são repassados para o Tesouro. Com o Fust, a União deve financiar a colocação de computadores e internet nas escolas públicas. Em 2001 a receita total do setor foi de R$ 78 bilhões, segundo dados da McKinsey. Com ICMS, PIS e Cofins foram pagos R$ 18 bilhões. Mais R$ 1 bilhão foi alocado no Fust e no Funtel e outros R$ 54 bilhões cobriram custos totais das companhias, depreciação e pagamento de Imposto de Renda da Pessoa Jurídica. Sobraram, portanto, R$ 5 bilhões a título de lucro operacional. O lucro correspondeu a 6, 4% do capital empregado, o que os empresários do setor consideram muito baixo. Essa rentabilidade, segundo as empresas não é suficiente para fazer investimentos superiores à depreciação do capital, o que representaria no futuro redução no estoque de investimentos. Os ganhos para o consumidor, obtidos com o atual modelo, são inegáveis tanto na oferta de serviços quanto nos indicadores qualitativos. Mas os empresários alegam que tudo isso foi feito à custa de tarifas baixas, se

Algumas companhias, como já foi observado, passam por dificuldades financeiras e têm feito acordos operacionais, que envolvem mudanças societárias e alterações no controle acionário das companhias telefônicas, bem como contratos de operacionalização dos serviços que se regem pelos princípios da *lex mercatoria*. Estas operações têm sido permitidas pela ANATEL, apesar da Lei Geral de Telecomunicações que autorizou a venda do controle da Telebrás não permitir mudança de controle acionário das empresas privatizadas até 2003, segundo a LGT.

Em novembro de 1998 foi arrematado pelo consórcio ATL a Banda B da telefonia celular do Rio de Janeiro. A

---

comparadas à de outros países. Não falam em reivindicar um tarifaço, mas acham que terá de haver alguma recomposição de preço para viabilizar novos investimentos. Os dados que sustentam essa tese foram preparados pela McKinsey: no Brasil a tarifa de assinatura é de US$ 10,10. Nos EUA são US$ 20, no México US$ 16,60 e na Argentina, US$ 14,26. A tarifa da chamada local aqui é de US$ 0,025 por minuto, cifra que sobe para US$ 0,03 nos EUA e Argentina e US$ 0,04 no México. Para as chamadas de longa distância, porém, a situação se inverte. A tarifa no Brasil é de US$ 0,70 por minuto, enquanto nos EUA ela é de US$ 0,12, no México US$ 0,30 e, na Argentina, US$ 0,56. Outro aspecto da discussão que as empresas querem abrir refere-se ao recorrente tema da elevada carga tributária. A média da carga tributária nos países da América Latina é de 21% sendo que a maior é de 23% no Uruguai. Na Europa, a média é de 30%, sendo que a mais elevada é a da Dinamarca: 38%. No Brasil são 40%. Soma-se a esse conjunto de questões que estão sendo sistematizadas para orientar o debate, o fato de que a demanda reprimida, que em 1998 correspondia a 15,9 milhões de linhas, zerou em 2001, quando lucro operacional sobre o capital empregado é decrescente. Dados preliminares de 2001 comparados a 2000 indicam que essa relação caiu de 8,3% para 7,6% na Telefônica; de 7,9% para 4,3% na Embratel; de 4,3% para 3,8% na Brasil Telecom; e de 3,6% para 3,5% na Telemar".

Como são estudos feitos por consultorias privadas, sua citação tem apenas valor informativo, visando informar ao leitor os argumentos utilizados pelas companhias (N.A).

ATL é constituída pela Lightel (Grupo Algar de Minas Gerais) com 51%do capital, pela SK telecom (da Coréia) com 20% e pela Construtora Queiroz Galvão com 29%. Ainda em 1998 a Anatel autorizou a retirada da Queiroz Galvão, ficando 70% do capital para a Lightel e 30% para a SK Telecom. Após cinco meses, a Anatel autorizou o Grupo Willians (EUA) a comprar 19% da empresa, retornando a Lightel para 51% do capital. Logo após a Lightel e a SBC (Telecom Américas) criaram um consórcio chamado Algar Novaco que assumiu 51% da Lightel. Hoje o capital nacional possui pouco mais da metade das ações com direito a voto na ATL[299].

Outro caso curioso é o da Maxitel (empresa de telefonia celular da Banda B em Minas Gerais, Sergipe e Bahia) que assinado em abril de 1998 foi assinado pel Vicunha Telecomunicações, sócia majoritária e pela Telecom Italia Hoje o grupo é controlado pela Telecom Itália, antes minoritária no consórcio[300].

Em janeiro de 1999 a Anatel autorizou as Organizações Globo e o Bradesco a vender 50% do capital que possuíam na Tele Celular Sul e da Tela Nordeste Celular ao seu outro sócio no Consórcio UGB, a Telecom Itália, entendendo tratar-se de um remanejamento de ações entre sócios[301].

A ANATEL autorizou no mês de abril de 2002 a compra de 83% por cento do capital total da Global Telecom (empresa da banda B de celulares que opera em Santa Catarina e no Paraná) para a Telesp Celular, cujo contrato

---

299. In FOLHA DE SÃO PAULO. Ed. Folha da Manhã. Caderno B. de 24/04/2002. p. 4.
300. In FOLHA DE SÃO PAULO. Ed. Folha da Manhã. Caderno B. de 24/04/2002. p. 4.
301. In FOLHA DE SÃO PAULO. Ed. Folha da Manhã. Caderno B. de 24/04/2002. p. 4.

de concessão foi assinado em abril de 1998. A Telesp celular promoveu um acordo de acionistas com os controladores da Global Telecom que juridicamente continuam com 51% das ações com direito a voto da companhia. Ocorre que a Telesp Celular tem um contrato particular com os acionistas, que consta inclusive do balanço da Global Telecom, em que ela se compromete a comprar o restante das ações que a eles pertencem. Para a Anatel a Telesp não possui controle sobre a Global Telecom, porque apesar de possuir 83% do capital, a Telesp celular não possui, no que se refere a 49% das ações nenhum membro no Conselho de Administração[302].

Em todos estes casos entendeu a Anatel que seria possível que parte dos acionistas se retirassem das companhias, desde que 51% das ações com direito de voto permanecessem com empresas brasileiras. Há outro caso de concentração que é quase que ignorado pela Anatel, é o que envolve quatro empresas da banda B de telefonia celular: ATL (Rio de janeiro), Tess (interior de São Paulo), Americel (região Centro Oeste) e Telet (Rio Grande so Sul). Todas possuem em maior ou menor grau participação de capital da Telecom Américas, formada pela BCI (Canadá) América Movil (México) e SBC (EUA). Entende a Anatel que as quatro empresas não estão sob controle da Telecom Américas porque ela participa do controle da ATL, mas possui menos de 20% do capital com direito a voto na Tess. Por outro lado quem adquiriu o controle da Americel e da Telet é a BCI, que embora sendo membro da Telecom Américas, não tem coligação com a ATL[303].

---

302. In FOLHA DE SÃO PAULO. Ed. Folha da Manhã. Caderno B. de 24/04/2002. p. 4.
303. In FOLHA DE SÃO PAULO. Ed. Folha da Manhã. Caderno B. de 24/04/2002. p. 4.

Um outro problema também recorrente é o caso da TIM (Telefônica Itália Móbile) que comprou concessões das bandas D e E de telefonia celular que abrangem todo o país. Ocorre que a TIM não pode colocar este serviço a disposição do público porque a Brasil Telecom, empresa de telefonia fixa da qual a Telecom Itália é acionista majoritária não antecipou as metas de universalização de 2003. A Anatel aventou a possibilidade da TIM começar a operar ainda este ano, causando protestos da Telemar que também obteve concessões da banda D[304].

Em julho de 2002, explodiu o escândalo envolvendo a World Com, controladora da Embratel, nos Estados Unidos, onde a empresa é acusada de fraudar balanços para esconder colossal dívida. A especulação sobre falência da empresa controladora colocou em cheque no Brasil, a atividade da empresa controlada, a Embratel, que já tinha problemas em virtude da não regulação do *unbundling* pela Anatel[305].

O *unbundling* pode ser definido como o compartilhamento da infra-estrutura básica de telecomunicações, a chamada rede. Quando houve o processo de venda da Telebrás, as empresas-concessionárias que prestam os serviços locais de telefonia fixa tornaram-se proprietárias das redes locais, restando às empresas concessionárias dos serviços de telecomunicações de longa distância pagar tarifas de interconexão para utilizar as redes locais. Estes acordos são acompanhados pela Anatel porque dizem respeito à

---

304. In FOLHA DE SÃO PAULO. Ed. Folha da Manhã. Caderno B. de 24/04/2002. p. 4. Hoje a Tim já vendeu sua participação na Brasil Telecom para o Banco Opportunity.
305. In FOLHA DE SÃO PAULO. Ed. Folha da Manhã. Caderno B. de 24/04/2002. p. 4.

eficiência e custos dos serviços prestados e se configuram num *unbundling* parcial.

Para o compartilhamento total da rede, separando a propriedade da rede da prestação do serviço, não há regulação no Brasil. Isto torna as concessionárias de serviços locais dominantes em relação às concessionárias de longa distância, bem como em relação às empresas espelho. Somente a União Européia começou a implementar o *unbundling* em 2002, após dez anos de discussões para regulamentação do tratado de Maastrich. Observa-se conseqüentemente que a regulação do *unbundling* é antes de tudo, uma matéria do direito de concorrência e sua implementação depende da organização societária, empresarial e das modalidades de contratuais utilizadas pelas empresas, ou seja dos contratos-tipo, regidos pela *lex mercatoria*. Daí a necessidade de uma articulação entre a Agência Reguladora, o CADE e os grupos interessados, empresas, consumidores e cidadãos.

Capítulo VI

Breve conclusão

A OMC e toda sua regulamentação sobre comércio internacional representaram a maior inovação realizada no âmbito do Direito Internacional na década de 1990. Configurando o comércio internacional livre um bem público internacional pretende a OMC congregar os Estados desenvolvidos, em desenvolvimento e subdesenvolvidos em torno de paradigmas para o comércio internacional que permitam a liberalização comercial, o aumento da produção de bens e serviços e em decorrência a melhoria da qualidade de vida as populações.

Apesar de contar com um aparato normativo as regras da OMC, negociadas por consenso, permitem que no futuro novos temas venham a ser regulamentados e outros tenham a atual regulamentação modificada. Como o comércio é dinâmico, as regras da OMC, fundadas no consenso e na confiança, as regras da OMC poderão ser adensadas em futuras negociações comerciais.

Em sua regulamentação sobre o comércio internacional a OMC não estabeleceu paradigmas no que se refere à relação existente entre os fluxos de comércio e os fluxos de investimento. Esta ausência foi muito parcial e timidamente preenchida pela chamada TRIMS e no que se refere à fluxos de investimento e finanças, que tanto interessam aos Estados em Desenvolvimento, cabe ainda sua disciplina ao Acordo de Bretton Woods, que criou o FMI. A criação da OMC e sua regulamentação tornaram urgente uma revisão no Acordo de Bretton Woods, pois sem ela será muito difícil para os Estados em desenvolvimento adequarem-se às regras de livre comércio.

Haveria necessidade de se tratar as Medidas de Investimento em consonância com o tema de Investimentos Internacionais, eliminação de práticas anticompetitivas internacionais e disparidades de desenvolvimento entre Estados. Seria necessário um regramento que envolvesse comércio internacional, investimentos, concorrência internacional, havendo uma mudança no tratamento de restrições quantitativas, subsídios, salvaguardas e propriedade intelectual, bem como uma cooperação maior entre a OMC, a ONU, através da UNCTAD e UNCITRAL e as Instituições de Bretton Woods, notadamente o FMI. Não há como dissociar estabilidade na balança de pagamentos, taxas de câmbio e fluxos de capital, investimento, comércio internacional e tecnologia. Também não há como esquecer toda a sorte de desigualdades entre Estados, muitas delas inaceitáveis.

No que tange ao Acordo de Serviços pode-se dizer que ele foi considerado um avanço, apesar de ter caráter de Acordo Quadro e para que tenha seu efetivo cumprimento dependa dos Compromissos Específicos assumidos pelos Estados. Em relação ao Acordo de Telecomunicações, o mesmo apresentou um avanço no Estados Desenvolvidos e uma verdadeira revolução nos Estados em Desenvolvimento, modificando inclusive o arcabouço econômico constitucionalmente definido. Poucas vezes um conjunto tão singelo de regras alterou tão seriamente a configuração da prestação de um serviço público e em conseqüência, alterou diretamente a vida de milhões de pessoas e um dos maiores setores de atividade econômica, o setor de telecomunicações.

No Brasil, o processo de reformulação das comunicações iniciou-se com a modificação do artigo 21 da Constituição Federal, flexibilizando o monopólio estatal do Sistema Telebrás e abrindo ao capital privado a possibilidade de explorar os serviços públicos de telecomunicações. Em 1997 foi, enfim, promulgada a *Lei Geral de Telecomunicações*, considerada a espinha dorsal do novo sistema de competição e universalização, criando ainda a Anatel (Agência Nacional de Telecomunicações) e revogando o Código Brasileiro de Telecomunicações.

Durante estes anos de implementação da Lei Geral das Telecomunicações, houve resultados positivos como a melhoria da infra-estrutura do setor de telefonia tanto fixa como celular, a expansão de toda as atividades ligadas diretamente às telecomunicações, a universalização dos serviços e sua extensão a todas os rincões do país, o surgimento e a disseminação de novos serviços possibilitados pelo univeralização como a Internet. Houve também resultados negativos: os serviços melhoraram mas o seu custo foi bem maior do que a inflação, o que elevou a inadimplência de muitos usuários que não tinham como pagar pelos serviços, havendo conseqüências para a saúde financeira de algumas prestadoras de serviços. Há uma dificuldade para a aplicação do Código de Defesa do Consumidor para os usuários de serviços públicos.

Em 2003 ocorrerão mudanças no sistema implantado em 1998, com o aumento de fusões e aquisições. Todos estas questões demonstram a necessidade de uma regulação que contemple as mudanças ocorridas no setor de telefonia, bem como um novo paradigma na atuação dos órgãos reguladores e nos órgãos de defesa da concorrência. Apontam também para eventuais problemas na futura prestação destes serviços e deixam claro que não basta uma regulação estanque, feita apenas pela Agência Reguladora. Mostra também a necessidade de articulação entre o CADE e a Agência, bem como a insuficiência da atual LGT.

É necessária uma compatibilização entre a LGT e Lei 8884/94, que estabelece a defesa da concorrência. E para que a defesa de concorrência se realize é necessário que a regulação crie uma utilidade pública. Uma das possibilidades para a criação desta utilidade pública seria a implementação o *unbundling*. Portanto é preciso que seja contemplada a especificidade do *modus operandi* das empresas e que as mesmas também participem da criação das regras. Não há, no setor de telecomunicações a possibilidade de uma regulação exclusivamente nacional, assim como não há essa possibilidade para a regulação da concorrência. Neste sentido a própria OMC possui um Grupo de Trabalho responsável pelos estudos em relação à aplicação das regras de concorrência já existentes e positivadas, mas que não são sistematizadas como um conjunto de regras sobre defesa de concorrência (antidumping, subsídios, medidas compensatórias e salvaguardas) ao comércio de serviços, em especial dos serviços de telecomunicações.

Serão estes os próximos desafios para as autoridades estatais, para os empresários, os consumidores e os cidadãos, numa atividade econômica complexa que é ao mesmo tempo uma utilidade e um serviço públicos. Há uma enorme quantidade de interesses em jogo.

Cabe aos Estado soberano como titular regulamentador dos serviços públicos, criar órgãos reguladores fortes e autônomos, que ao fiscalizar a prestação do serviço, exigem das empresas qualidade e pontualidade nos serviços, o que por sua vez pode comprometer os interesses econômicos das empresas, em sua maioria empresas de capital estrangeiro. Por outro lado, os Estados, sujeitos do Direito Internacional buscam a coordenação da regulamentação do serviço de telecomunicações na OMC, visando criar regras internacionais para uma atividade econômica, que é por sua própria natureza sem fronteiras.

Ao mesmo tempo, os Estados Desenvolvidos e em Desenvolvimento possuem interesses divergentes entre si e tentam (os Estados ricos) negociar acordos que beneficiem seus interesses e de suas empresas, forçando a abertura dos mercados considerados fechados (em sua maioria de Estados em Desenvolvimento). Não se pode deixar de considerar o poder econômico e político das empresas de telecomunicações, que buscam reagir, pressionando os governos a defenderem seus interesses em âmbito internacional.

Neste enorme jogo de interesses, o indivíduo e a sociedade civil aparecem cada vez mais organizados, forçando as empresas, através de organizações não-governamentais, a oferecerem melhores serviços com menores preços. Com seu poder de escolha o usuário pode influir na atividade econômica, escolhendo empresas que prestam melhores serviços por menores preços.

Bibliografia

1. Livros

ALBUQUERQUE MELLO. C. — *Curso de Direito Internacional Público*. 2. Vol. Rio de Janeiro . Renovar. 10ed. 1994.

ANDRADE, Christiano J. — *Hermenêutica Jurídica no Brasil*. São Paulo. RT. 1991.

ANTONELLI,C. — *Localized technological change in the network of networks: the interaction Between regulation and evolution of technology in telecommunications*. Industrial and Corporate Change vol.4. Oxford. Clarendon Press.1995

ARENDT, Hannah — *A Condição Humana*. São Paulo. Forense Universitária. 1987.

———. *Entre o Passado e o Futuro*. São Paulo. Perspectiva Universitária.1972

ARIÑO, G. — *Economia y Estado: crisis y reforma del sector publico*. Madrid, Espanha, Marcial Pons, 1993.

ASTOLFI, A. — *Il Contratto di "joint venture"*. Milano. Giuffré. 1981

BAPTISTA, L. O. — *Empresa transnacional e direito*. São Paulo, RT, 1987.

———*Os Investimentos Internacionais no Direito Comparado e Brasileiro*. Porto Alegre: Livraria do Advogado, 1998.

BAPTISTA, L.O.& DURAND-BARTHEZ, P. — *Les associations d'entreprises (joint ventures) Dans le commerce international.* 2.ed. Paris. LGDJ.1991
BAPTISTA, L.O. & SIERRALTA RIOS, A. —*Aspectos Juridicos del Comercio International* Lima. Academia Diplomatica del Peru. 1992
BARBER, R. J. — *Empresas Multinacionais: poder, Economia, estratégia.*São Paulo, Atlas, 1972.
BATIFFOL, H. — *Les Conflits de Lois en Matiére de Contrats.* Paris. Librarie du Recueil. Sirey.1938
BERGSTEN, C. F. — *Toward a new international economic order.* Lexington, E.U.A., Lexingtin Books, 1975.
BOBBIO, N. — *A Era dos Direitos.* Trad. de C. Coutinho. Rio de Janeiro. Ed. Campus.1992.
_____ *Della Struttura alla Funzione.* Milano. E. di Comunitá. 1977
_____*Il futuro della Democrazia.* Torino. Einaudi. 1995
BONVICINI,D. — *Le joint ventures; tecnica giuridica e prassi societaria.* Milano. Giuffré.1977
BRITO, M. — *Subsídios para a História da Telefonia no Brasil,* NEC, Rio de Janeiro, 1976.
BROWNLIE, Ian — *Principles of Public International Law.* Oxford. Clarendon Press. 1966
CABANELLAS, G. — *Contratos de licencia y de transferencia de tecnologia en el derecho privado.* Buenos Aires. Heliaste.1980
CARREAU, D. & FLORY, T. & JUILLARD, P. — *Manuel droit international économique.* 3.ed. Paris. LGDJ. 1990
CARRIÓ, G. — *Notas Sobre Derecho y Lenguage.* 2. ed. Buenos Aires. Abeledo Perrot.1979
CASELLA, P.B. & MERCADANTE, A,A — *Guerra Comercial ou Integração Mundial pelo Comércio: a OMC e o Brasil.* São Paulo. LTR.1998.
COLLIARD, C.A. — *Cours de Droit International Public.* Paris. D.E.S. 1974.
COSTA, L. M. — *OMC: Manual Prático da Rodada Uruguai.* São Paulo Saraiva. 1996
COSTA, L. M. & GRISI, C.C.H.(coord.) — *Negociações Internacionais e a globalização.* São Paulo, Ltr, 1999.

COUTINHO, L.(coord.) — *Estudo da Competitividade da Indústria Brasileira*. IE/Unicamp e IEI/UFRJ. 1993

CROMME, J. — *Reshaping the World Trading System*. Géneve. WTO. 1995

DALAUME. *Transnational Contracts: Applicable Laws and Settlement of Disputes*.New York. Oceana. 2 vols. 1975

DAM,K.W. — *The GATT Law and international economic organization*. Chicago-London. Chicago University Press. 1970

_____*The Rules of the game: reform and evolution in the international monetary system* Chicago University Press. 1982

DAVID, R. — *Le Droit Comparé, droits d'hier, droits de demain*. Paris. Dalloz. 1984

DELBRÜCK,J. & WOLFRUM,R. & DAHM,G. — *Völkerrecht*. Berlin. W.Gruyter. 1989. 2 vol.

DELORME,H. & CLERC,D. — *Un noveau GATT? Les échanges mondiaux après L 'Uruguay* Round. Paris. 1993

DENNIN, J. F. — *Law&Practice of the World Trade Organization (WTO)*. Dordrecht. Oceana Publications. 1995

DEUTSCHE, Karl — *Análise das Relações Internacionais*. Brasília. UNB Ed. 1978

DI PIETRO, M. S. Z. *Parcerias na Administração Pública*.São Paulo, Atlas, 1996.

DUTRA, P. P. A. — *Controle de Empresas Estatais*. Ed. Saraiva, São Paulo, 1990.

EBKE, W. & GOCKEL, M. — *European Corporate Law*. NY. The International Lawyers. 1990

ENGISCH, K. — *Introdução ao Pensamento Jurídico*. Trad. de J.B. Machado. 3. ed. Lisboa. Caloueste Gulbenkian. 1969.

FAGUNDES,J.L.S.S. — *Serviços de Telecomunicações: Progresso Técnico e Reestruturação Competitiva*. Rio de Janeiro.IEI.1995

FARIA, J. F. — Desenho e Globalização Econômica. Implicações e Perspectivas. São Paulo. Malheiros. 1986.

FERRAZ JR., T.S. — *Introdução ao Estudo do Direito: Técnica, Decisão e Dominação*. São Paulo. Atlas. 1988.

_____. *Teoria da Norma Jurídica*. São Paulo. Forense. 1978.

FERRERO GONZALEZ, M.J. — *O Brasil e o Banco Mundial. Um Diagnóstico das Relações Econômicas*: 1949-1989. IPEA. 1990

FIORATI, J.J. — *A Disciplina Jurídica dos Espaços Marítimos na Convenção das Nações Unidas De1982 e na Jurisprudência Internacional.* Rio de Janeiro. Renovar. 1999

FIORATI, J.J. & MAZZUOLI, V.O. — Novas Vertentes do Direito do Comércio Internacional. São Paulo. Manole. 2003.

FONSECA JR., G. & CASTRO, S.H.N. — *Temas de Política Externa.* São Paulo. Paz e Terra. 1994

FRIEDMANN, W. — *The Ghanging Structure of International Law.* New York. Columbia University Press. 1964

GARCIA DE ENTERRIA,E. — *Curso de Derecho Administrativo.* Madrid. Civitas.1983

GRAU, E.R. — *O Direito Posto e o Direito Pressuposto.* São Paulo. Malheiros. 2000

GUGGENHEIN, P. — *Traité de Droit International Public.* Paris. Sirey.1967.

GÜNDLING, L. — *Die 200 Seemeilen in Wirtschaftszone.* Berlin.Springer Verlag.1983, pág.185

HABERMAS, J. — *Faktizität ung Geltung: Beiträge zür DisKurstheoris des Rechts und desdemokrastischen Rechtsstaat.* Frankfurt am Main. Suhrkamp Verlag. 1992

HANNIKAINEM, L. — *Peremptory Norms (Jus Cogens) In International law.* Lakimiesliiton Kustannus. Helsinki. Finnish Lawyers Publishing Company. 1988

HART, H.L.A. — *El Concepto de Derecho.* Trad. G. Carrió.Buenos Aires. Abeledo Perrot. 1968

HERDERGEN, M. *Internationales Wirtschaftsrecht.* München. C.H. Becks'sche Verlag.1995

HIRSCHMANN, A. — *Rival Views of Market Societies and othes essays.* Cambridge. Harvard. University Press. 1992

_____. *Un certain Pechant a l'autosubversion.* Paris. Fayard. 1995

_____. *Saída, Voz e Lealdade.* São Paulo. Perspectiva. 1973

HOBBES, T. — *Leviatã.* São Paulo. Perspectiva Universitária.1969

HOBSBAWM,E.J. — *A Era dos Impérios 1875-1914.* Tradução de Sieni M. Campos e Yolanda S. Toledo. Rio de Janeiro. Paz e Terra. 1988

_____. *A Era dos Extremos: o Breve Século XX.* Tradução de Marcos Santarrita São Paulo. Cia. das Letras. 1995

HUCK, H.M. — *Contratos com o Estado: Aspectos de Direito Internacional.* São Paulo. Aquarela. 1991
_____. *Sentença estrangeira e lex mercatoria: horizontes do comércio internacional.* São Paulo: Saraiva, 1994.
HUDEC, R. E. — *The GATT legal system and world trade diplomacy.* New York- London. Pra eger Publishers. 1975
IANNI, O. — *O colapso do populismo no Brasil.* 3ª ed. Rio . Civilização Brasileira. 1975
JACKSON, J. H. — *The World Trading System.* Cambridge. M.I.T. Press. 1992
JACKSON, J.H. & DAVEY, W.J. & SYKES, A. O. — *Legal Problems of International Economic Relations.* 3. Ed. St. Paul. West Publishings. Co. 1995
JESSUP, P.C. — *Transnational Law.* New Haven. Yale University Press. 1956
JOHNSON, B. B. et alli. — *Serviços Públicos no Brasil — Mudanças e Perspectivas: Concessão, Regulamentação, Privatização e Melhoria da Gestão Pública.* São Paulo, Edgar Blücher, 1996.
JUSTEN, M. — *Concessões e Permissões de Serviços Públicos.* São Paulo, Dialética, 1997.
KRAUS, J. — *The GATT Negotiations — A business guide to the results of the Uruguay Round.* Paris. ICC Publication. N. 533. 1994
KÜBBER & SCHIMIDT — Gesellschaftsredcht und konzentration. München. C.H.Beck Ver lag. 1988.
LAFER, C. — *A OMC e a Regulamentação do Comércio Internacional: uma visão brasileira.* Porto Alegre. Livraria do Advogado.1998
LARENZ, K. —*Metodologia da Ciência do Direito.* Tradução de J.S. Brito/ J.A.Veloso. Lisboa. Calouseste Gulbenkian Ed. 1969.
LONG, O. — *Law and its Limitations in the GATT Multilateral Trade System.* Dordrecht. Niyhoff. 1987
LOUSSOUARN, Y. & BREDIN, J.D. —*Droit du Commerce International.* Paris. Sirey. 1969
MAGALHÃES, J. C. — *Do Estado na Arbitragem Privada.* São Paulo. Max Limonad. 1988
MARCOVITCH, J. — *O Futuro do Comércio Internacional: de Marrakesh a Cingapura.* São Paulo. USP/FIESP/MRE. 1996

MARTINS, G.G. — O Estado do Futuro, São Paulo. Pioneira. 1998.
MAXIMILIANO, C. —*Hermenêutica e Aplicação do Direito.* Rio de Janeiro. Forense. 1984
MCNAIR, A. — *Law of Treaties.* Oxford. Clarendon Press. 1961.
MELLO,C.A. B. — *Curso de Direito Administrativo.* São Paulo. 4.ed. Malheiros.1992
MERCADANTE, A. A (coord.) — *Acordo Geral sobre Tarifas Aduanairas e Comércio: GATT.* São Paulo. IDIRI. 1988
MANN, F.A. — *State contracts and international arbitration.* Oxford. Clarendon Press. 1973
MESSERLIN, P. — *La nouvelle organisation mondiale du commerce.* Paris. Dunod. 1995
MUKAI, T. — *Concessão e permissão de serviços públicos.*São Paulo, Saraiva, 1997, 2ª ed.
OLIVEIRA, G. — *Concorrência: Panorama no Brasil e no Mundo.* São Paulo. Saraiva, 2001
PESCATORE, P. & DAVEY, W. J. & LOWENFELD, A. — *Handbook of WTO/GATT Dispute Settlement. New York. Transnational Publishers. 1995*
PETERSMANN, E.H. — *The GATT/WTO Dispute Settlement System.* London. Kluwer Law International. 1997.
PETRAZZINI, B. A. — *The Political Economy of Telecommunications Reform in Developing Countries. Privatization and Liberalization in a Comparative Perspective.* USA, Praeger Publishers, 1995.
RANGEL, V. M — *Direito e Relações Internacionais.* São Paulo, Revista dos Tribunais, 1971.

_____. *Structures Federales et Supranationales et la Legislation sociale.*Bruxelas, Bélgica, Inst Interuniv Belge de Droit Social,1958.
RAWLS, J. — *Theory of Justice.* Oxford. Oxford University Press. 1980.
RECASÉNS-SICHES, L. — *La Nueva Filosofia de la Interpretacion del Derecho.* México. Porrua. 1973.
RECHSTEINER, B. W. — *Direito internacional privado: teoria e prática,* 4.ª ed., rev. e atual. São Paulo: Saraiva, 2000.
SALOMÃO F., C. — *Regulação da Atividade Econômica: Princípios e Fundamentos Jurídicos.* São Paulo. Malheiros. 2001

SILVA, Roberto Luiz. *Direito internacional público*, 2.ª ed. rev, atual. e ampl. Belo Horizonte Del Rey, 2002.
REUTER, P. — *Droit International Public*. 4. ed. Paris. P.U.F. 1973.
_____. *Introduction au Droit des Traités*. Paris. Armand Colin. 1972.
REZEK. J.F. — *Direito dos Tratados*. Rio de Janeiro.Forense.1984.
_____. *Curso Elementar de Direito Internacional Público*. São Paulo. Saraiva, 1991.
RODAS, J.G. — *Sociedades Comerciais e Estado*. São Paulo. Unesp/Saraiva. 1995.
RODIÉRE, R. — *Le Droit des Sociétés dans ses Rapports avec la Concentration*. Paris. P.U.F — 1969, pág. 13-14.
ROCHA, C.L.A. — *Estudo sobre concessão e permissão de serviço público no direito brasileiro*. São Paulo, Saraiva, 1996
ROESSLER, F. — *The Agreement Establishing the World Trade Organization*. Brussels. Europe an Interuniversity Press. 1996
SACERDOTI, Giorgio. — *Contratti tra Stati e Straniieri nel diritto internazionale*. Milão, Itália, Giuffre, 1972.
SAVIGNY, K.F. — *System des heutigen romischen Rechts*. Berlim. 1840.
SCHLESINGER, R.; BAADE, H; DAMASKA, M.R. & HERZOG, P. — *Comparative Law, Cases and Materials* . New York. The Foundation Press. 5. ed. 1988.
SCHIMITTHOF — *The Export Law Trade, the Law and Practice International Trade*. 6ed. London. Stevens & Sons Limited. 1975
SCHNEIDER, R. — *Brazil, Foreign Police of a Future World Power* Boulder.Westview, 1976.
SCHULTZ, G. et al. — *A Economia Mundial em Transformação*. Rio de Janeiro. Ed. da Fundação Getúlio Vargas, 1994.
SILVA, P. V. et al. — *O papel das multinacionais no desenvolvimento*. Brasília: Editora Gráfica Ipiranga, 1988.
SOUTO, M. J. V. — *Desestatização de serviços públicos*. Rio de Janeiro: Lumen Juris,1997.
STRENGER, I. — *Contratos Internacionais do Comércio*. São Paulo, RT, 1986.
_____. *Regime Jurídico da reparação do dano em Direito Internacional*. S. Paulo, Revista dos Tribunais, 1971.

_____. *Relações Internacionais*. São Paulo, Ltr, 1998.
THORSTENSEN,V. — OMC — *Organização Mundial do Comércio — As Regras do Comércio Internacional e a Rodada do Milênio*. São Paulo: Aduaneiras, 1999.
TRINDADE. A.A.C. — *Princípios do Direito Internacional Contemporâneo*. Brasília. UNB.Ed. 1981
VERDROSS, A. & SIMMA, B. — *Universelles Völkerrecht*. Berlin. Duncker & Humblot.1984.
VIANNA, G. — *Privatização das Telecomunicações*, Ed. Notrya, Rio de Janeiro, 1993.
VIEIRA, Dourival Teixeira & CAMARGO, Lenita Correa. — *Multinacionais no Brasil: diagnóstico e prognóstico*. São Paulo: Editora Saraiva, 1976.
VON MEHREN,A.T. & TRAUTMAN — *The Law of multistate problems: Cases and Materials On the Conflit of Law*. Boston. Little Brown. 1965.
WARAT, L.A. — *Mitos e Teorias na Interpretação da Lei*. Porto Alegre. Síntese.1979.
WOHLERS, M. & PLAZA, C. (org.) — *Informe Anual de Telecomunicações e Tecnologias da Informação*. São Paulo: CELAET, 2000.
ZWEIGERT,K. & KÖTZ, H. — *Einführung in die Rechtsvergleichung*. Tübingen. JCB Mohr. Verlag. 1996.

2. Artigos Especializados e Capítulos de Livros

ALDONAS, G.D. — The WTO: resolution in international trade dispute settlements. *Dispute Resolutionn J*. v.50.1995, pág. 73-79.
BAPTISTA, L.O. — Uma Introdução às "joint ventures". *RDP*. Vol. 15. 1982. p. 263-83.
CARVALHO, N.T.P. — Abusos dos direitos de Patente. *Revista da ABPI* n.12. jul/out. 1994 p. 44-105.
CORDAY, M.L. — GATT x WIPO. *Journal of the Patent and Trademark Office Society*. v.76, 1994. p.121-44
COSTA,L.M. — Estratégias de integração entre Empresas no Mercosul: o exemplo das "joint ventures". Porto Alegre. *Revista de Estudos Jurídicos* . n.26. 1993, pág. 125-34.

DAS, B. G. — Intellectual property Dispute: GATT,WIPO of playing by the game rules and rules of the game. *IDEA*. Vol.35, pág. 149-94.
DILLON,T.J. — The WTO: a new legal order for world trade? *Michigan International Law J*. Vol. 16. 1995. p. 349-402
FEKETE,E.K. — O Acordo sobre TRIPS. *Revista da ABPI*. N.11. 1994. p. 22-30
FIORATI,J.J. — As Inovações no Direito Internacional Privado Brasileiro Presentes no Projeto de Lei de Aplicação de Normas Jurídicas. *in Revista de Estudos Jurídicos*. UNESP. Ano 1. vol.1 1996, págs. 155-150
_____. Normas Imperativas de Direito Internacional: O Jus Cogens Internacional e a Criação de um Sistema Multilateral de Comércio. In: RIBAS, L ML R. (Org.). *O direito em Questão: Aspectos Principiológicos da Justiça*. Campo Grande, 2001, v.1, p.221-238.
_____. A Defesa da Concorrência no Brasil e o Projeto de lei que cria a ANCC: Aspectos polêmicos. *Revista de Informação Legislativa*, Brasilia, v.38, n.151, p. 67-83, 2001.
_____. O Processo de Formação de Normas no âmbito da Organização Mundial do Comércio. *Revista Paradigma*, Ribeirao preto, v. 10, p. 27-48, 2001.
_____. A importância da negociação internacional na formação das regras da OMC.
Brasilia: FUNAG e UNB, 2002. www.cenainternacional.com.br/lasso?
_____Dívida Externa e Investimentos na América latina: Um paralelo entre as atribuições do FMI e da OMC. São Paulo: Revista dos Tribunais, 2002. in SILVA, R.L&
FIORATI, J. J.; BATISTA, A.C.M. — Dumping Social e Direito Internacional. *Revista de Estudos Jurídicos*, Franca, v. 10, n. 1, p. 101-123, 2001
FIORATI, JJ; LEHFELD, L. S. — Os Serviços de Telecomunicações no Brasil e os direitos do usuário. *Revista de Informação Legislativa*, Brasília, v. 1, n. 147, p. 111-128, 2000.
FIORATI,J.J.; VENTURA, C.A. — Empresas Transnacionais, a economia internacional e Estados em Desenvolvimento. In: GONÇALVES, W. J. (Org.). *O Direito em Questão: Aspectos Obrigacionais*. Campo Grande, 2000, v. 1, p. 149-166.

_____. Os Serviços de Telecomunicações no Brasil:Responsabilidade do Estado e do Concessionário. *Revista de Estudos Jurídicos*, UNESP — Franca, v. n.7, pág. 5-90, 2000.

FIORATI, J.J.; VENTURA, C.A.; SILVA, E. L. C. — Empresas Transnacionais e seu papel na Economia Globalizada. *Montagem*,Ribeirão preto,v. 1, n. 4, p. 133-142, 2000.

FOOTER,M.E. — The international regulation of trade in services following completion of the Uruguay Round *The Business Lawyer*. v.29. 1995. p. 171-266

JASPERS, K. — Kant's "Zum Ewigenn Frieden". in K. Zweigler Wissen und Wirklichkeit. *Festschrift fúr Helmut Plessner*. Göttingen. 1957, pág. 131-152

GOLDMAN, B. — "Frontières du droit et *lex mercatoria*". In: *Archives de Philosophie du Droit, n.º 09 (Le droit subjectif en question)*, pp. 177-192. Paris: Sirey, 1964.

KAHN, P. "Droit international économique, droit du développement, *lex mercatoria*: concept unique ou pluralisme des ordres juridiques?". In: *Le droit des relations économiques in ternationales: études offertes à Berthold Goldman*, pp. 97-107. Paris: Librairies Thechiniques, 1982.

KIMMINCH, O. — The United Nation's Contribution to the Development of International Law. In *Law and State. 1996.* Vol. 53-54, 90-112

LAFER,C. — O GATT: a cláusula de nação mais favorecida e a América Latina. *RDM*. n.10, 1971. p. 41-56

Empresas Transnacionais. *RDP*. N.22 . 1989. p. 242-255

LAGARDE, Paul — "Approche critique de la *lex mercatoria*". In: *Le droit des relations* économiques *internationales: études offertes à Berthold Goldman*, pp. 125-150. Paris: Librairies Thechiniques, 1982.

LEÃES, L.G.P.B. — O "Dumping" como Forma de abuso de poder econômico. *RDM* . n.32. 1993. p. 5-15

LEONARDOS,L. — Marcas de Alto Renome. *Revista da ABPI*. n.11.mar,c/jun.1994, pág.80-92

LESGUILLONS,H. — Frustation, force majeure, imprevision, wegfall der geschäftsgrundläge. *DPCI. Vol. 4*. 1979. p. 507-532

___. ECC anti-dumping and anti-subsidy laws. The GATT framework. *RDAI* N.3 1988, pág. 389-414

MAGALHÃES, J C. — Empresa Multinacional. Descriminação analítica de um fenômeno com temporâneo. In: *RDM*, n. 14, pp. 61-86.

___. "*Lex Mercatoria*: evolução e posição atual". In: *Revista dos Tribunais*, vol. 709 (doutrina cível), pp. 42-45, São Paulo, novembro de 1994.

NASH,M. — Uruguay Round Conclusion. *AJIL.* .v.88. april 1994, pág. 320-352

NORDGREN, I. — The GATT panels during the Uruguay round: a joket in the negotiation game. *J. World Trade Law*. N.4 Aug. 1991 pág. 57-72

PLAZA, C. Evolução das Telecomunicações Mundiais. In: WOHLERS, M & PLAZA (org.), *Informe Anual de Telecomunicações e Tecnologias da Informação*. São Paulo: CELAET, 2000, pp. 15-56.

PHILIPPE,B.L. — L'europe verte en mutation. In *Conflits e négociations dans le commerce in Ternational: l'Uruguay round*. Paris. Economica. 1989. p. 303-314

PUCEIRO, Z. — O processo de globalização e a reforma do Estado, in FARIA, J. E. — *Direito e Globalização Econômica: implicações e perspectivas*. Malheiros Editores, 1996.

QURESHI, A. — The role of GATT in the management of trade blocs. An enforcement Perspective. *J. World Trade Law*. N.3 June. 1993-. p. 101-16

REICHMAN,J.H. — Universal minimum standards of intellectual property protection under the TRIPS component of the WTO Agreement. *The Business Lawyer*. V.29. 1995. p. 345-88

REUTER, P. — Quelques Réflexions sur le Vocabulaire du Droit International.*Melanges Louis Trotabas*.. Paris. LGDJ. 1972, pág.258-262.

SACERDOTI, G. — The New Arbitration Rules of ICC and UNCITRAL. in *JWTL*.1977. v.11, n.3, pág. 248-269

SNICOLAIDES, P. — Economic Aspects of Services: implications for a GATT agreement. *J. World Trade Law*. N. Feb. 1989. p. 125-136

STILE, K. W. — The new WTO regime: teh Victory of pragmatism. *Journal of International Law and Practice*. V.4 .1995. p. 3-41

SUNDFELD, C.A. — Regulação — Papel Atual e Tendências Futuras. IN; WOHLERS, M & PLAZA,C. (org) — *Informe Anual de Telecomunicações e Tecnologias da Informação*. São Paulo: CELAET, 2000, pp.145-152.

TAKASE, T. — The role of concessions in the GATT trade system and their implications for development countries. *J. World Trade Law*. N.5. Oct. 1987, pág. 67-89

TEIXEIRA, Egberto Lacerda — A nacionalidade e as Sociedades Comerciais no Brasil e no Estrangeiro. In *Revista dos Tribunais* n. 420, pp. 20-37.

VANDAMME,J.L. — L'Uruguay round dans le cadre des relations Etats-Unis/CEE. *CJFE*. V.11, n.5. 1990, pág. 1179-82

WALTER, W.M. — What's needed for the GATT after the Uruguay Round? *American Society Of International Law Proceedings Journal*. V.86. 1992. p.69-87

WALD, A. & MORAES,L.R. — Agências Reguladoras. In Revista de Informação Legislativa. N. 141.Brasília, 1999

WOLF, A. W. — The larger and economic role of the Tokyo round. *Law&Policy International Law Business*.12.1: 1-58. 1980

WOHLERS, M. & OLIVA, R. — Desempenho Recente das Telecomunicações no Brasil. IN;

WOHLERS, M. & PLAZA, C. — *Informe Anual de Telecomunicações e Tecnologias da Informação*. São Paulo: CELAET, 2000, pp.59-114.

3. Teses Acadêmicas

BAPTISTA, L.O. — *Aspectos jurídicos das Transferências Eletrônicas Internacionais de Fundos*. Tese de Livre-Docência. FADUSP. 1986

FIORATI, J.J. — *Jus Cogens: As Normas Imperativas de Direito Internacional Público como Modalidade Extintiva dos Tratados Internacionais*. Dissertação para Obtenção do Grau de Mestre pela Universidade Estadual Paulista. 1992

GENOVESIO, A. — *Trapporti Negoziali tra gli Stati Uniti e la Comunitá Europea nell'ambito Delle Tratative dell'Uruguay Round sui servizi*. Tese de Doutoramento. Universidade de Turim. 1993

INOUE, Cristina Y. A. — *Globalização, Organizações Não-Governamentais e Redes de Computador: Um Estudo Exploratório*. Dissertação apresentada à Universidade de Brasília como requisito parcial para a obtenção do grau de Mestre em Relações Internacionais, Brasília, Dezembro de 1995.

LEHFELD, L. S. — *As Novas Tendências na Regulamentação do Sistema de Telecomunicações pela Anatel*. 2001. Dissertação apresentada à Universidade Estadual Paulista. 2001

MACHADO. A. — *Da Evolução do Conceito de Subsídio no GATT*. Tese de Doutoramento na UFMG. 1990

MARTINS, M.A. — *O Brasil e a Globalização das Comunicações na Década de 90*. Dissertação apresentada à Universidade de Brasília como requisito parcial para a obtenção do grau de Mestre em Relações Internacionais, Brasília, 1999.

MOREIRA, K. — *Empresa privatizada e serviços públicos: uma análise dos resultados das privatizações*. Dissertação de Mestrado apresentada à Universidade Estadual Paulista 2002

NUSDEO, F. — *Da Política Econômica ao Direito Econômico*. Tese de Livre Docência apresentada à FADUSP. 1977

OLIVEIRA, J.C. — *O Papel do Estado nas Concessões de Serviços Públicos*. Tese de Doutora mento. Universidade Estadual Paulista (UNESP). 1995

STRENGER, I. — *Da autonomia da vontade em Direito Internacional Privado*. São Paulo, Faculdade de direito da USP, 1967.

VENTURA, C. A. — *Contratos de Concessão entre O Estado Brasileiro e Empresas transnacio Nais de Telecomunicações*. Dissertação de Mestrado apresentada à Universidade Estadu al Paulista 2001

4. Publicações

CONGRESSO NACIONAL. Documentos Oficiais
Emenda Constitucional n.8 de 1995

Lei de Licitações e Contratos. Lei n.8666/93
Lei de Licitações e Contratos. Lei n.8883/94.
Lei de Concessões e Permissões. Lei n.8987/95
Lei de Telecomunicações. Lei n.9295/96
Lei Instituidora da Anatel. Lei 9472/97

FIESP. GATT: Fiesp mostra como estão caminhando as negociações. FIESP/CIESP Notícias 20.08.90. p. 7-9.
INTERNATIONAL TRADE FORUM. The Final Act of the Uruguay Round: a summary. n.1. 1994.p. 4-21.
MINISTÉRIO DAS COMUNICAÇÕES. As Telecomunicações e o Futuro do Brasil: Flexibilização do Modelo Atual. Brasília, Secretaria Executiva, 1995.
ORGANIZATION DE COOPERATION ET DÉVELOPPEMENT ECONOMIQUE. Assessing the effects of the Uruguay round. Paris . OCDE. 1997.
UNITED NATIONS CENTRE ON TRANSNATIONAL CORPORATIONS.
CONFERENCE ON TRADE AND DEVELOPMENT. The Impact ot trade-related investiments measure on trade and development: theory, evidence and policy implications. N. York. United Nations. 1991.
UNC YEARBOOK. Anos de 1980 à 1996.

5. Obras de Referência

Atlas Geográfico Mundial. Folha de São Paulo. Ed. 1995
Atlas da História do Mundo. Folha de São Paulo. Ed. 1996
Deutschland Zeitschrift für Politik, Kultur, Wirtschaft und Wissenschaft. Diversos Números
Die Erde Atlas International. Verlagsgruppe Bertelsmann International. 1997
Enciclopaedia Britannica. London. 1984
Jornal Folha de São Paulo. Diversos Números. Folha da Manhã. Ed.
Jornal Gazeta Mercantil. Diversos Números. Gazeta Mercantil
Revista Veja. Diversos Números. Abril Ed.

Impresso em offset nas oficinas da
FOLHA CARIOCA EDITORA LTDA.
Rua João Cardoso, 23 – Tel.: 2253-2073
Fax.: 2233-5306 – Rio de Janeiro – RJ – CEP 20220-060